JEFFERSON COUNTY VIRGINIA

1802-1813 PERSONAL PROPERTY TAX LISTS

By
Patricia B. Duncan

HERITAGE BOOKS
2009

HERITAGE BOOKS
AN IMPRINT OF HERITAGE BOOKS, INC.

Books, CDs, and more—Worldwide

For our listing of thousands of titles see our website at
www.HeritageBooks.com

Published 2009 by
HERITAGE BOOKS, INC.
Publishing Division
100 Railroad Ave. #104
Westminster, Maryland 21157

Copyright © 2003 Patricia B. Duncan

All rights reserved. No part of this book may be reproduced or transmitted in any form or by any means, electronic or mechanical, including photocopying, recording or by any information storage and retrieval system without written permission from the author, except for the inclusion of brief quotations in a review.

International Standard Book Numbers
Paperbound: 978-1-58549-874-1
Clothbound: 978-0-7884-8093-5

TABLE OF CONTENTS

Introduction	i
1802 Tax List	1
1803 Tax List	16
1804 Tax List	32
1804 Merchant Licenses	46
1805 Tax List	47
1805 Merchant Licenses	64
1806 Tax List	65
1806 Merchant Licenses	81
1806 Free Negroes	81
1807 Tax List	82
1807 Store Licenses	96
1808 Tax List	98
1809 Tax List	99
1809 Merchant Licenses	114
1810 Tax List	115
1810 Free Negroes	129
1810 Store Licenses	130
1810 Ordinary Licenses	130
1811 Tax List	131
1811 Free Negroes	145
1812 Tax List	147
1812 Free Negroes	162
1813 Tax List	165
1813 Harpers Ferry	177
1813 Free Negroes	179
1813 Coaches, Carriages, Etc.	182
1813 Grist & Saw Mills	182
1813 Printing Presses, Tanyards, Ferries	183
1813 Ordinary Licenses	183
1813 Store Licenses	183

Jefferson County, Virginia Personal Property Tax List
Introduction

Introduction

The following is a partial transcription of the 1802 –1813 Jefferson County, Virginia Personal Property Tax Lists, with no tax required for the year 1808. Copies of these records were obtained on Library of Virginia Interlibrary Loan microfilm Reel 186, Department of Taxation, Personal Property Tax Books, Jefferson County 1802-1820.

The entries appear in the order they were presented in each book, except where noted. As each book was in general alphabetical order by letter category, I have provided no general index. Spelling was often done phonetically. Although every effort was made to transcribe the entries correctly, errors are inevitable. Handwriting is often difficult to read, and write-overs and ink blotches occurred.

The general information provided on these records included numeration of the following categories:
>number of white tithables 16 years old and upwards
>number of slaves 12 years old and under 16 years old
>number of slaves 16 years old and upwards
>number of horses, asses, mules, mares & colts
>number of ordinary licenses [omitted in 1811]
>number of stud horses
>price of stud horses
>number of carriages and coaches
>number of stage waggons
>number of 2 wheel carriages
>tax charged

Categories recorded varied each year. Transcription was made on only the first several categories, those primarily detailing number of people and horses.

Jefferson County, Virginia Personal Property Tax List
Introduction

The following are the yearly recapitulation for some of the categories.

1802:
Total tax: $3191.94
1500 whites
1484 blacks
3507 horses
22 ordinary licenses

1803:
Total tax: $2151.39
1664 whites
1484 blacks
3694 horses
26 ordinary licenses

1804
Total tax: $2736.02
1579 whites
1548 blacks
3528 horses
10 ordinary licenses

1805
Total tax: $2014.71½
1690 whites
1541 blacks
3693 horses
19 tavern licenses

1806:
Total tax: $1880.18
1509 whites
1260 slaves
3687 horses
15 ordinary licenses

1807:
Total tax: ___
___ whites
1420 blacks
3304 horses
4 ordinary licenses

1809:
Total tax: $1491.92
1617 whites
1612 slaves
3957 horses
22 ordinary licenses

1810:
Total tax: $1443.52
___ whites
1655 slaves
3711 horses
21 ordinary licenses

1811:
Total tax: $1410.50
1287 whites
1706 slaves
3694 horses

1812:
Total tax: $1507.32
1849 slaves
3748 horses

1813:
Total tax: $2360.09
1856 slaves
3675 horses
132 free Negroes

Jefferson County, Virginia Personal Property Tax List 1802

1802

Column numbers refer to: White males above 16 -- Black males above 12 & under 16 years old --Black males above 16 years of age -- Horses, Mares &c -- Ordinary Licenses

Name	Values	Name	Values
Angel, John	1-0-0-0-0	Byers, John	1-0-0-0-0
Ankrim, Archebald	1-0-0-1-0	Barnes, Alexander	1-0-0-0-0
Agle, Henry	0-0-0-0-0	Brewer, John	1-0-0-0-0
Annin, Samuel	1-0-0-2-0	Banks, John	2-2-3-6-0
Abert, John	1-2-1-0-0	Blue, William	1-0-0-2-0
Abbott, James	1-0-0-0-0	Bryson, Barney	1-0-0-1-0
Abbott, Samuel	1-0-0-0-0	Berry, John	1-0-0-0-0
Addy, William	3-0-0-5-0	Baker, Thomas	1-0-0-1-0
Augusta, John	1-0-0-5-0	Bennett, Mason	1-0-3-6-0
Agor, John	1-0-0-4-0	Banks, Samuel	1-0-0-1-0
Avis, Robert & son	2-0-0-6-0	Buckles, Daniel	2-0-2-3-0
Alder, Marcus	1-0-2-5-0	Bakus, Thomas	2-0-0-2-0
Athy, Elisha	1-0-0-2-0	Bennett, Van	1-1-1-2-0
Alstadt, Jacob	4-0-0-7-0	Bennett, William's heirs	0-0-2-5-0
Aukward, Alexander	2-0-0-1-0	Bishop, George Jr.	1-0-0-0-0
Armstrong, William	1-0-0-1-0	Bennett, Edward	1-0-0-0-0
Anderson, Matthias	2-0-0-2-0	Buyers, Joseph	2-0-0-4-0
Anderson, James	2-0-0-0-0	Buyers, John	1-0-0-2-0
Adams, Lucy	1-0-0-5-5	Burkitt, Michael Jr.	2-0-1-5-0
Ainsworth, William	1-0-0-0-0	Bonsor, John	1-0-0-0-0
Avis, David	1-0-0-3-0	Britain, William	1-0-0-2-0
Athon, Wilson	1-0-0-2-0	Bazil, John	1-0-0-1-0
Akey, Peter	1-0-0-1-0	Bennett, George	1-0-0-3-0
Athon, Townley	1-0-0-3-0	Brimhall, John	1-0-0-4-0
Alstadt, Adam	3-1-2-8-0	Bull, William	3-0-1-4-0
Avis, John's Exors	1-7-21-18-0	Burnett, Alexander	2-2-1-8-0
Allamon, Christian	2-1-0-4-0	Brown, James	2-0-1-5-0
Alexander, Gerard Heirs	1-1-13-12-0	Bridgeman, Frank	1-0-0-0-0
		Buckles, William	1-0-2-3-0
Anderson, John	1-0-0-0-0	Burr, Moses	1-0-0-1-0
Anderson, Malon	1-0-0-0-0	Buckles, William Jr.	1-0-0-3-0
Adams, James	1-0-0-2-0	Buckles, Robert Jr.	1-0-0-4-0
Bedinger, Jacob	0-0-1-2-0	Buckles, Henry	1-1-0-4-0
Boydstom, Benjamin	1-0-0-1-0	Buckles, John	1-0-0-2-0
		Buckles, Robert Sr.	1-0-0-4-0
Bowers, Frederick	1-0-0-2-0	Baker, Daniel	1-0-0-2-0
Byrne, Dennis	1-0-0-0-0	Buns, John	1-0-0-2-0
Byrne, Patrick	1-0-0-0-0	Bouser, Frederick	1-0-0-3-0
Barnes, David	1-0-0-0-0	Branson, T. Vincent	1-0-0-0-0

Jefferson County, Virginia Personal Property Tax List
1802

Name	Values	Name	Values
Blue, Ezekial	1-0-0-1-0	Bowers, John	1-0-0-3-0
Bushman, Henry	1-0-0-4-0	Bull, Ezekial	1-2-5-16-0
Bedeman, Tetrick	1-0-0-0-0	Byers, John	1-0-0-0-0
Bushman, David	1-0-0-0-0	Brininger, Andrew	1-0-0-1-0
Bell, Benjamin	2-0-0-1-0	Briscoe, Ann	0-1-4-3-0
Buckhanon, P. Alexander	1-0-3-7-0	Biggs, William	1-0-0-5-0
		Boggs, John	1-0-0-0-0
Brantner, Frederick	1-0-0-4-0	Baker, Peter	1-0-0-0-0
Buckles, James	1-0-1-5-0	Broos, Frederick	1-0-0-0-0
Barnhart, Henry	2-0-0-2-0	Bain, John	1-0-0-0-0
Brown, Adam	1-0-0-1-0	Barker, Michael	1-0-0-0-0
Brown, John's heirs	3-0-0-5-0	Brakenridge, Thomas	1-0-4-4-0
Blue, Michael	3-0-0-4-0		
Burr, James	2-0-0-5-0	Baylor, Robert	2-3-28-33-0
Butler, William	1-1-2-4-0	Bussell, Benjamin	1-2-1-5-0
Bell, William	1-0-0-1-0	Bond, Joseph	3-0-0-7-0
Bishop, George	1-0-1-0-0	Baylor, Lucy	0-0-12-12-0
Byers, Conrod	1-0-0-4-0	Baylor, Richard	1-4-14-19-0
Bryan, Charles	1-0-0-0-0	Baylor, Mary	0-0-0-0-0
Baker, Waller	1-1-3-6-0	Chill, Thomas	1-0-0-0-0
Bryan, John	2-0-7-9-0	Crofft, Jacob	1-0-0-0-0
Blackbourn, William	2-0-0-2-0	Cage, Andrew	1-0-0-2-0
Boley, John	1-0-3-5-0	Cage, John	1-0-0-2-0
Benton, Joshua	2-0-1-4-0	Cage, James	1-0-0-2-0
Briscoe, George	4-1-9-12-0	Cox, Samuel	1-0-0-0-0
Boston, George	1-0-0-7-0	Cox, William	1-0-0-0-0
Briscoe, John Esqr.	3-3-21-17-0	Crowl, Jacob	1-0-0-0-0
Bell, John	1-0-0-1-0	Coon, Christian	3-0-0-3-0
Bull, Abraham & Amos	2-0-0-3-0	Conn, Thomas	1-0-0-0-0
		Collins, William	1-0-0-0-0
Boly, Elizabeth	1-0-4-4-0	Cook, Giles Jr.	1-2-6-11-0
Bell, Joseph Sr.	2-0-0-6-0	Cook, Margaret	0-0-0-0-0
Bell, Joseph Jr.	2-0-0-6-0	Cross, Rezin	1-0-0-0-0
Beall, Hezekiah	2-0-7-8-0	Cage, Thomas	1-0-0-0-0
Bowen, Jesse	1-0-0-3-0	Canear, John	1-0-0-0-0
Baker, John (lawyer)	1-0-4-2-0	Chapline, Isaac	1-0-0-3-0
		Cox, Jacob	2-0-0-5-0
Beeler, Benjamin	3-0-6-15-0	Cruson, Jacob	2-0-0-4-0
Brown, William	1-0-2-1-0	Cruson, James	1-0-0-2-0
Buckmaster, Zackariah	2-0-0-0-0	Currant, John	1-0-0-4-0
		Cowan, David	1-0-0-4-0
Bradshaw, Joseph	1-0-0-0-0	Carson, James	1-0-0-1-0
Boroff, Henry	1-0-0-0-0	Cambell, John	2-0-3-7-0
Baker, John (weaver)	1-0-0-0-0	Cain, John	1-0-0-4-0
		Conn, Richard	2-1-1-5-0
Butts, Charles	1-0-0-0-0	Clawson, John	3-0-0-8-0

Jefferson County, Virginia Personal Property Tax List
1802

Name	Values	Name	Values
Cox, Thomas	1-0-0-2-0	(C. T.)	
Crimm, Peter	1-0-0-2-0	Crow, William	1-0-0-0-0
Carlisle, Benjamin	1-0-0-2-0	Cooper, Hyram	1-0-0-0-0
Cahill, Philip	2-0-0-1-0	Carmon, Henry	1-0-0-0-0
Cramer, Frederick	1-0-0-0-0	Cookeus, Michael Sr.	1-0-0-0-0
Chamberlain, James	1-0-0-1-0	Corl, Abraham	2-0-0-0-0
Carpenter, Thomas	2-0-0-1-0	Cress, Michael	1-0-0-0-0
Crimm, Michael	1-0-0-0-0	Crowl, Jacob	1-0-0-5-1
Crimm, Peter (Shalls)	1-0-0-4-0	Crofft, Philip	1-0-0-0-0
		Conner, Peter	1-0-0-0-0
Connell, Elizabeth	0-0-2-4-0	Cookeus, Henry	2-0-0-1-0
Crane, Joseph	2-5-9-16-0	Cammeron, Daniel	2-0-0-0-0
Conklin, Jacob Sr.	2-0-0-5-0	Cobler, Barnhard	1-0-0-0-0
Conklin, Jacob Jr.	1-0-0-1-0	Chopper, Nicholas	1-0-0-0-0
Craigg, John	1-0-0-1-0	Cline, Daniel	1-0-0-1-0
Cox, John	1-0-0-4-0	Correll, George	1-0-0-0-0
Cox, William	2-1-0-2-0	Cromwell, Hugh	1-0-0-1-0
Copes, Greenburry	2-0-0-3-0	Crossmuch, John	1-0-0-1-0
Conner, Charles	1-0-1-5-0	Craigg, Jonathan	1-0-0-1-0
Compton, William	1-0-0-1-0	Chamberlain, Elijah	2-0-0-9-0
Climer, Isaac	2-0-0-4-0	Clepper, Valentine	1-0-0-0-0
Cooper, Isaac	1-0-0-2-0	Clepper, Frederick	1-0-0-0-0
Clarke, Mima	0-0-0-2-0	Catlett, James	1-0-0-4-0
Cooper, Sarah	1-0-0-1-0	Cherry, William	1-0-0-0-0
Cooper, Thomas	1-0-0-2-0	Devanport, John	2-1-3-9-0
Crow, John	1-0-0-1-0	Doherty, Patrick	1-0-0-0-0
Cruson, Cornelius	1-0-0-0-0	Doyne, Jessee	1-0-0-1-0
Craigg, James	3-0-0-5-0	Drewer, Andrew	1-0-0-0-0
Cook, Giles Sr.	2-0-8-9-0	Duvoy, Michael	1-0-0-0-0
Craighill, Nathaniel	1-2-9-9-0	Doherty, Charles	1-0-0-0-0
Conway, Cornelius	1-0-0-1-0	Durst, John	1-0-2-7-0
Conway, William	1-0-0-1-0	Dovenbarger, Jacob Sr.	1-0-0-4-0
Conway, James	1-0-0-0-0		
Collins, Christopher	1-4-15-10-0	Dade, Baldwin	1-0-9-6-0
Cockrell, Peter	1-0-2-4-0	Downs, John	1-0-0-1-0
Coyle, William	1-0-0-0-0	Dellow, Peter	2-0-0-3-0
Coyle, James	1-0-0-2-0	Dellow, John	1-0-0-2-0
Carter, Robert	2-0-3-8-0	Dowden, Thomas	1-0-1-2-0
Collett, Daniel	4-0-0-9-0	Delenhoover, Michael	1-0-0-2-0
Cammell, S. Andrew	1-0-0-0-0	Dayley, John	1-0-0-0-0
Curry, Thomas	2-0-0-1-0	Dandridge, Stephen	1-2-11-10-0
Cruson, Derrick	1-0-0-1-0		
Clyma, Peter	1-0-0-1-0	Daneels, John	3-0-0-7-0
Crawley, James	1-0-0-0-0	Daniels, Samuel	1-0-0-4-0

Jefferson County, Virginia Personal Property Tax List
1802

Name	Values	Name	Values
Decker, William	1-0-0-4-0	Eversole, Abraham	3-0-0-9-0
Deevers, Isaac	2-0-0-0-0	Eversole, Daniel	1-0-0-2-0
Darke, Sarah	0-2-6-7-0	Eversole, David	1-0-0-2-0
Dulia, William	1-0-3-1-0	Eversole, Abraham Jr.	2-0-0-3-0
Daniels, John	2-0-0-5-0		
Downs, William	2-0-0-2-0	Eversole, Henry	1-0-0-0-0
Davis, Andrew	1-0-1-7-0	Epley, John	1-0-0-1-0
Duffee, John	1-0-0-0-0	Edwards, Joseph	1-0-2-6-0
Dellow, Joseph	1-0-0-3-0	Edwards, Andrew	1-0-0-2-0
Dellow, William	1-0-0-1-0	Eaty, Sebastian & Tool	2-0-0-1-0
Davis, Samuel	1-0-0-2-0		
Dorsey, John	1-0-0-1-0	Ensley, John	1-0-1-0-0
Duke, Robert & Joseph	2-0-0-0-0	Evans, Thomas	1-0-1-2-0
		Elicott, William	1-0-0-1-0
Devanport, Abraham	1-2-13-14-0	Eaton, Nebuchadnezer	1-0-0-2-0
Davis, W. Joseph	1-1-4-3-0	Eversole, Jacob	1-0-0-0-0
Davis, Leonard	1-0-2-3-0	Elzey, Lewis	1-0-1-1-0
Davis, Thomas	1-1-3-3-0	Entler, William	1-0-0-0-0
Davis, William	1-0-1-3-0	Entler, Philip	2-0-0-0-0
Davis, Leonard Sr.	3-0-6-6-0	Eaty, William	3-0-0-0-0
Dellon, John	1-0-0-1-0	Entler, Martin	2-0-0-0-0
Dobson, Samuel	1-0-0-1-0	Eckhart, Julianna	0-0-0-0-1
Dorsey, James	1-0-0-1-0	English, John	1-0-0-1-0
Dorsey, William	1-0-0-1-0	English, James	1-0-0-1-0
Demett, John	2-0-1-8-0	Eckhart, John	1-0-0-0-0
Devanport, Samuel	1-2-4-7-0	Egsix?, Joseph	1-0-0-0-0
Dunn, Richard	1-0-0-0-0	Foreman, John	1-0-0-0-0
Durst, Paul	1-0-0-4-0	Francis, Thomas	1-0-0-0-0
Durst, Daniel	1-0-0-1-0	Francis, Arnold	1-0-0-0-0
Deen, Ezekial	1-0-0-1-0	Foxall, Henry	2-0-12-13-0
Dutrow, Michael	2-0-0-0-0	Fry, Peter	1-0-0-5-0
Daylong, Peter	1-0-0-0-0	Fayman, George	2-0-0-2-0
Delrock, Michael	1-0-0-0-0	Farr, Joseph	2-0-0-3-0
Daylong, Henry	1-0-0-0-0	Farrow, Samuel	1-0-0-2-0
Donelly, Owen	1-0-0-0-0	Filbert, John	1-0-0-2-0
Duke, James	1-0-0-0-0	Fiser, Jacob	1-0-0-0-0
Duglass, Wm.	2-0-0-1-0	Fiser, Peter	1-0-0-2-0
Dandridge, Stephen Add	0-0-22-16-0	Fry, David	3-0-0-4-0
		Fronk, Henry	1-0-0-0-0
Evans & Jimison	1-0-0-1-0	Fry, George	1-0-0-2-0
Earley, William	1-0-0-0-0	Flagg, Thomas	1-0-4-4-1
Elliott, Benjamin	1-0-0-0-0	Frame, Mathew	1-0-7-9-0
Earnst, Martin	1-0-0-0-0	Figg, James	1-0-1-3-0
Emerson, John	1-0-0-2-0	Farr, John	1-0-1-1-0
Emerson, Dyer	2-0-0-4-0	Fry, John	1-0-1-4-0

Jefferson County, Virginia Personal Property Tax List 1802

Fry, Ludwick	1-0-3-7-0		Benson	
Fairfax, Ferdinando	1-8-55-52-0		Games, Absalom	2-0-0-4-0
Folk, John	1-0-0-4-0		Grantham, Catherine	1-0-0-5-0
Frame, Ann	0-0-1-0-0			
Fouke, Michael Sr.	2-0-0-0-0		Griffith, John	1-0-0-0-0
Fisher, Peter	1-0-0-0-0		Gaitrell, Charles	1-0-0-0-1
Fisher, John	1-0-0-0-0		Gelbert, Henry	1-0-0-0-0
Fouke, Michael Jr.	1-0-0-0-0		Gelbert, Nathan	1-0-0-0-0
Folk, Frederick	1-0-0-1-0		Gelbert, William	1-0-1-0-1
Foreman, Benjamin	3-0-0-7-0		Grady, Thomas	1-0-0-1-0
Fouke, Christian	1-0-0-0-0		Gebbins, Morriss	1-0-1-4-0
Fouke, Jacob	1-0-0-0-0		Guynn, Humphrey	1-3-7-6-0
Fiser, Michael	1-0-1-5-0		Garrison, Nehemiah	1-0-1-1-0
Folk, Daniel	2-0-0-1-0			
Fouke, Charles	1-0-0-0-0		Games, Robert	1-0-0-2-0
Foubay, Wright	1-0-0-0-0		Galloway, William	1-0-1-7-0
Fry, Christian	3-0-0-4-0		Gauntt, Edward	1-0-5-1-0
Figg, William	1-0-1-1-0		Grant, Sarah	2-0-0-6-0
Fry, Michael	1-0-0-0-0		Griggs, Thomas	2-2-14-17-0
Figg, Thomas	1-1-0-1-0		Griffith, Marshall	1-0-0-2-0
Fairfax, Thomas	1-0-1-3-0		Gibbins, Moses	1-1-2-4-0
Gutwalt, Jacob	1-0-0-0-0		Garver, John	1-0-0-2-0
Gardner, John	1-0-0-0-0		Gibbins, Isaac	1-0-0-1-0
Gore, Jonas	1-0-0-0-0		Griggs, John	1-1-5-10-0
Green, James	1-0-0-0-0		Griffith, David's Admr	0-3-12-19-0
Glasford, George	1-0-0-0-0			
Gardner, Joseph	1-0-0-0-0		Gibbs, William	2-1-2-0-0
Grafton, Ambrose	1-1-0-5-0		Games, Bazel	1-0-0-0-0
Grove, Jacob	1-0-0-3-0		Grove, Jacob	1-0-0-2-0
Graham, S. Judith	0-0-2-0-0		Glasford, Alexander	1-0-0-0-0
Goldsberry, Edward	1-0-0-2-0			
			Gill, John	1-0-0-3-0
Graham, William	1-0-2-3-0		Gelmore, Benjamin	1-0-0-2-0
Garner, John	1-0-1-5-0		Gorrell, James	1-0-1-4-0
Grove, John	1-1-3-1-0		Gossage, William	1-0-0-0-0
Goldsberry, Benjamin	2-0-0-3-0		Gooding, Gabriel	1-0-0-1-0
			Grantham, John Sr.	1-0-0-1-0
Grooms, Robert	1-0-0-0-0		Grantham, John Jr.	1-0-0-1-0
Goldsberry, Teddy	1-0-0-2-0		Grant, James	1-0-0-0-0
Goldsberry, Edward	1-0-0-2-0		Grubb, William	3-0-0-11-0
			Grantham, Joseph	1-2-5-8-0
Gilpin, William	1-0-0-0-0		Grubb, Adam	1-0-0-4-0
Goldsberry, John	1-0-0-2-0		Gold, John	1-0-2-6-0
Gibson, Frank	1-0-0-1-0		Gaunt, John Sr.	3-4-13-10-0
Glenn, James	2-0-5-7-0		Greenfield, Gabriel	1-1-8-10-0
Goldsberry,	1-0-0-0-0		Hebb, Samuel	3-0-0-2-0

Jefferson County, Virginia Personal Property Tax List
1802

Name	Values	Name	Values
Hout, Rudolph	1-0-0-2-0	Hendrix, James	2-0-3-9-0
Huffert, Isaac	1-0-0-4-0	Harper, John	2-0-0-4-0
Hains, Nicholas	1-0-0-0-0	Hyatt, James	1-0-0-4-0
Humes, John	1-0-0-0-0	Hyatt, William	1-0-1-2-0
Hunter, David	1-0-0-0-0	Hoops, Davis	1-0-0-1-0
Hortman, Martin	1-0-0-0-0	Henry, Nathaniel	2-0-0-0-0
Holenback, Mary	1-0-1-1-1	Howard, William	1-0-0-2-0
Harriss, Martin	1-0-0-3-0	Hammond, Thos.	3-1-10-19-0
Hamilton, A. John	1-0-2-3-0	Hesser, John	1-0-0-0-0
Hamilton, Gavin	1-2-1-2-0	Hurst, John	1-2-4-5-0
Hamilton, Thomas	1-0-0-1-0	Hains, John CT	3-1-1-3-0
Hoops, George	1-0-0-3-0	Hains, Andrew	1-0-0-2-0
Hall, Anthony	3-0-0-5-0	Hall, William ?	1-0-0-0-0
Hall, William	1-0-0-3-0	Harris, Jeremiah	1-0-0-3-0
Hageley, George	1-0-0-3-0	Hurst, James	1-3-12-11-0
Hamilton, Benjamin	1-0-0-0-0	Hays, Thomas	2-1-1-2-0
Hall, Thomas Sr.	1-0-0-2-0	Haslep, Richard	1-2-0-2-0
Hall, Sarah	0-0-0-3-0	Haslep, Richard Jr.	1-0-0-3-0
Harper, Ebenezer	1-0-1-2-0	Honnell, Jacob	3-0-0-4-0
Harper, Ebenezer Jr.	1-0-0-2-0	Hiskett, Joseph	1-0-0-4-0
		Honnell, John	1-0-0-2-0
Hart, Thomas Sr.	1-0-2-3-0	Honnell Jacob Jr.	1-0-0-2-0
Hunt, James	1-0-0-3-0	Hiskett, Agnus	1-0-0-3-0
Hyatt, James heirs	1-0-0-3-0	Hiskett, Benjamin	3-0-0-2-0
Hendrix, Daniel	2-0-0-4-0	Hiskett, Timothy	1-0-0-1-0
Hains, John ST	2-0-0-0-0	Harding, H. William	1-1-4-5-0
Heastond, David	1-0-0-0-0	Hurst, Frederick	1-0-1-0-0
Hammond, Philip	1-0-0-1-0	Hays, John	1-0-0-0-0
Hall, Thomas Sr.	2-0-0-3-0	Humphreys, David	2-0-2-2-0
Hall, William	1-0-0-2-0	Hutchins, Joseph	2-0-0-4-0
Hebbins, William	2-0-0-5-0	Homes, Bartley	1-0-0-0-0
Hamilton, Robert	1-0-0-0-0	Hammond, James	1-4-6-10-0
Hiskett, Benjamin	1-0-0-0-0	Humphreys, Rachel	0-0-0-2-0
Hooper, William	1-0-0-1-0	Harris, Jeremiah	1-1-0-3-0
Hall, Thomas M.	1-0-0-2-0	Hite, Joseph	4-1-2-6-0
Hammond, Adam	1-0-0-0-0	Hite, Joseph Jr.	1-0-0-3-0
Heath, James	1-0-0-2-0	Hite, James	1-3-4-15-0
Heath, Zach'r	2-0-0-2-0	Hite, Fanny	0-3-6-10-0
Heath, Jonas	1-0-0-2-0	Howard, Martin	2-0-1-2-0
Henderson, John	3-0-0-3-0	Hail, Thomas	1-0-0-2-0
Houseworth, Isaac	1-0-0-5-0	Hughs, Thomas	3-0-0-2-0
Homes, Benjamin	1-0-0-2-0	Humphreys, John	1-0-0-0-0
Hart, Thomas Jr.	1-0-1-6-0	Himes, John	1-0-0-1-0
Hart, Miles	1-0-0-0-0	Hardy, John	1-0-0-1-0
Hewett, John	2-0-0-0-0	Hansam, Peter	2-0-0-5-0
Hendrix, Elizabeth	0-0-0-2-0	Hays, Andrew	3-0-0-6-0

Jefferson County, Virginia Personal Property Tax List
1802

Name	Tax	Name	Tax
Houseman, Martin	1-0-0-4-0	Ingle, William	1-0-0-2-0
Hyatt, William Sr.	3-0-1-7-0	Ingle, John	1-0-0-4-0
Hardesty, Richard	1-0-2-5-0	Ingle, Philip Sr.	4-0-0-8-0
Hyatt, John	1-0-0-3-0	Ingle, Joseph	1-0-0-6-0
Hardesty, Joseph	1-0-1-3-0	Jenkins, William	1-0-0-1-0
Hite, George	3-0-4-3-0	Jackson, James	1-0-0-3-0
Hall, Joseph	1-0-0-1-0	Jett, Francis Jr.	1-0-0-3-0
Hains, Henry	1-0-0-1-1	Jett, William	1-0-0-1-0
Howell, Samuel	1-0-0-1-0	Irvine, George	1-0-0-2-0
Hawn, Adam	2-0-0-1-0	Irvine, Thomas	1-0-0-0-0
Howell, John	1-0-0-0-0	Jones, John Jr.	1-0-0-0-0
Hill, Christian	1-0-0-0-0	Islar, Henry	2-0-0-1-0
Hufman, John	1-0-0-0-0	Johnston, William	1-0-0-0-0
Hite, John	1-0-0-1-0	Jefferson, Hamilton	0-1-0-1-0
Hoestetler, Samuel	1-0-0-0-0	Kerney, Alexander	2-0-1-8-0
Hains, Jacob	2-0-1-1-0	Kerney, Edward	1-0-1-2-0
Hiser, John Jr.	1-0-0-0-0	Knight, Jacob	1-0-0-0-0
Hiser, John Sr.	1-0-0-0-0	Krutcher, James	2-0-0-0-0
Harris, David	1-0-0-0-0	Koonce, Abraham	1-0-0-3-0
Hoge, Moses	0-0-1-1-0	Kimes, Henry	1-0-0-0-0
Harris, George	1-0-0-0-0	Keys, Thomas	1-1-2-6-0
Hains, Peter	1-0-0-0-0	Keys, Gersham	0-2-0-5-0
Hageley, Joseph	1-0-0-0-0	Kidwell, William	2-0-0-1-0
Howard, Henry	1-0-0-0-0	King, Philip	1-0-0-4-0
Hains, Nathan	2-0-0-6-0	Kelly, Sampson	1-0-0-1-0
Hains, John of Nathan	2-0-0-3-0	Keghart, Jacob	1-0-0-0-0
		Kline, Philip	1-0-0-0-0
Hendrix, William	1-0-0-5-0	Kiles, Agnus	1-0-0-3-0
Homes, Richard (negro)	1-0-0-0-0	Kiles, John	1-0-1-3-0
		Kerney, William Jr.	1-0-3-4-0
Hatmore?, John	1-0-0-0-0	Kerney, Anthony	1-0-0-5-0
Johnston, Daniel	1-0-0-0-0	Keasaire, Aaron	2-0-0-1-0
Jenkins, Elixus	1-0-0-0-0	Kelly, James	1-0-0-2-0
Jones, William	1-0-0-5-0	Koonce, Jacob	3-0-0-7-0
Jones, Jonathan	1-0-0-2-0	Kerney, James	2-3-11-18-0
Jones, George	1-0-0-3-0	Kemp, Gabriel	1-0-0-1-0
Ingram, John	1-0-0-0-0	Kidwell, Thomas	1-0-0-0-0
Jones, John Mrs.	1-0-0-4-0	Kerchevelle, Benjamin	3-0-1-4-0
Jackson, John	1-0-0-2-0		
Ipswiler, Philip	1-0-1-0-1	King, Samuel	1-0-0-0-0
Jones, John	1-0-0-0-0	Kerney, William	1-0-0-4-0
Jones, Frank	1-0-0-2-0	Kellenbarger, Michael	2-0-1-6-0
Jenkins, Edward	1-0-0-0-0		
Jones, David	1-0-0-2-0	Kingla, Joseph	1-0-0-2-0
Jones, John Sr.	1-0-0-0-0	Kensley, Jacob	1-0-0-0-0
Ingle, Philip Jr.	1-0-0-5-0	Krout, Daniel	1-0-0-0-0

Jefferson County, Virginia Personal Property Tax List
1802

Name	Values	Name	Values
Kearsley, John	1-2-3-3-0	Lashels, Jehu	2-1-4-8-0
Kennedy, John	1-1-1-1-0	Likens, Thomas	1-0-0-0-0
Kline, John	1-0-0-0-0	Lansiskus, Jacob	2-0-0-3-0
Kain, William	1-0-0-0-0	Likens, James	3-0-0-1-0
Llewellen, Richard	1-1-3-3-0	Lane, S. James	3-0-0-1-0
Lineboch, George	1-0-0-0-0	Lemon, Alexander	2-0-0-4-0
Less, Henry	1-0-0-0-0	Layley, Michael	1-0-0-0-0
Lepper, George	1-0-0-0-0	Line, Henry	1-1-0-5-0
Lindsey, John	1-0-0-0-0	Lindsey, Alexander	2-0-0-1-0
Lombrect, Daniel	2-0-0-4-0	Landass, Samuel	2-0-0-0-0
Louden, William	1-0-0-0-0	Linn, James	1-0-0-0-0
Lancaster, J. Johnston	1-0-0-1-0	Morgan, Abraham	1-0-4-5-0
		Miller, Barnhard	1-0-0-0-0
Leonard, Adam	2-0-0-5-0	Morrow, John	1-1-3-1-0-0
Laferty, Thomas	3-1-2-8-0	Moler, Frederick	1-0-0-3-0
Longbrect, Jacob	1-0-0-0-0	Moler, Henry's heirs	0-0-0-3-0
Lane, John	1-0-0-0-0		
Lay, Jacob	1-0-0-0-0	Metts, George	1-0-0-0-0
Long, Jacob	0-0-0-1-0	Malery, William	1-0-0-0-0
Lindseycomb, Nathan	2-0-0-1-0	McCabe, Michael	1-0-0-0-0
		McLellen, Archibald	1-0-0-0-0
Lowry, John	1-0-0-0-0	Marpole, John	1-0-0-0-0
Line, John	2-0-1-1-0	Malery, Thomas	1-0-0-0-0
Link, Adam	1-0-1-4-0	Malery, George	1-0-0-0-0
Lechtliter, Conrod	1-0-1-6-0	Murry, George	2-0-0-6-0
Leach, Walter	1-0-0-0-0	Moler, John	1-1-1-6-0
Lemon, John	2-0-1-9-0	McCarty, John	1-0-0-1-0
Lemon, Robert	2-0-0-5-0	McBride, John	1-0-0-0-0
Levingston, Adam	2-0-0-5-0	Marshall, David	1-0-0-4-0
Lemon, William	2-0-0-9-0	Moler, Michael	1-0-2-3-0
Literal?, John	1-0-0-0-0	Melvin, John Jr.	2-1-1-7-0
Levick, Caleb	1-0-0-0-0	Mahu, Elisha	1-0-0-3-0
Lucas, Edward	2-1-3-11-0	Mahu, James	1-0-0-0-0
Lane, W. Willoby	2-0-1-1-0	McIntire, Aaron	1-0-0-3-0
Little, William	3-1-5-8-0	Maricle, Daniel	1-0-0-2-0
Lenox, James	1-0-0-0-0	Miller, John	10-0-0-1
Line, William	1-2-8-10-0	Miller, George	1-0-0-0-0
Lucas, William	1-0-0-2-0	McSherry, Hugh	2-0-0-4-0
Lock, John	3-0-3-10-0	Moler, Adam	1-1-1-4-0
Lee, William	1-3-19-12-0	Martin, Levi	1-1-0-5-0
Lee, Lancelott	2-1-13-8-0	Morgan, William	1-0-6-20-0
Lock, Alexander	1-2-1-2-0	Morgan, Priscilla	0-0-2-2-0
Lockard, Samuel	1-1-0-2-0	Myers, William	2-0-0-2-0
Lane, Thomas Sr.	1-0-0-6-0	Melvin, John Sr.	3-0-1-5-0
Lane, Thomas Jr.	1-0-0-1-0	Magragor, John	1-0-0-1-1
Lucas, Robert	1-0-0-5-0	Molatt, Gegion	2-0-0-2-0

Jefferson County, Virginia Personal Property Tax List
1802

Name	Values	Name	Values
McLure, Daniel	1-0-0-2-0	Sampson	
Moler, Jacob	1-0-1-5-0	McIntire, Nicholas	1-1-3-7-0
Miller, John M.	1-0-0-0-0	McDill, Isaac	1-0-0-1-0
McWilliams, David's heirs	3-0-0-10-0	Moore, Garland	2-2-5-9-0
		Morgan, Rawleigh	1-1-3-2-0
Martin, Caveleer	2-0-0-5-0	McCarty, Isaac	2-0-0-3-0
Martin, Enoch	1-0-0-3-0	Marony, John	1-0-0-1-0
Martin, Peter Jr.	2-0-0-1-0	Massey, Samuel	1-0-0-2-0
Martin, Peter Sr.	0-0-0-1-0	McLochlen, Isaac	1-0-0-0-0
Magee, James	1-0-0-6-0	McPherson, John	3-0-0-11-0
Melvin, Thomas	1-0-0-5-0	McCabe, William	1-0-0-2-0
Melvin, Samuel	1-0-0-5-0	McPherson, Daniel	2-0-0-10-0
Moore, David	2-2-1-4-0	Muse, Bataile	1-5-20-40-0
Matheny, John	1-0-0-2-0	Miller, John	1-0-0-0-0
McMurran, Joseph	1-0-1-5-0	Martin, Michael	1-0-0-3-0
Marshall, William	1-0-0-2-0	Martin, Zeph	1-0-0-2-0
Merser, Mary	0-0-0-1-0	Miller, James	1-0-0-3-0
Martin, Henry	2-0-1-3-0	McDonald, John	1-0-0-2-0
Marley, Rose	1-0-0-2-0	McPherson, William	2-0-0-5-0
Mark, John	2-1-5-10-0		
Morgan, Thomas	1-0-0-0-0	McMahon, John	3-0-1-5-0
Manning, Nath'l.	2-0-1-12-0	McKenny, Tully	1-0-0-3-0
McCloy, Ann	0-0-0-2-0	Mappon, John	1-0-0-2-0
Moore, John	1-0-1-4-0	McCarty, John	1-0-0-1-0
Mulinex, Henry	1-0-0-2-0	Morrice, George	2-0-0-2-0
Mulinex, Henry Sr.	1-0-0-3-0	McCormack, Moses	3-0-1-8-0
Mowser, Jacob	2-0-0-3-0		
Mitchell, James	1-3-3-8-0	Murphy, William	1-0-0-2-0
McDonald, James	1-0-0-0-0	McCormack, James	1-0-0-1-0
McDonald, William	1-0-1-4-0		
McKnight, John	1-0-0-0-0	McCormack, Andrew	4-0-2-10-1
McCormack, Moses	1-0-0-1-1		
		Medler, Bazil	1-0-0-0-0
McKnight, Harmon	1-0-1-3-1	Mitchell, William	2-0-1-4-0
Moudy, Adam	1-0-0-1-0	McCloy, Alexander	2-0-0-5-0
McSherry, William	1-0-0-0-0	McCormack, Oliver	1-0-0-3-0
Murphy, John	1-0-0-1-0	Mendenall, Samuel	1-0-0-8-0
McDonald, Daniel	1-0-0-0-0	Mowser, John	1-0-0-4-0
Morgan, Andrew	1-0-0-5-0	McCormack, George	1-0-0-2-0
Miller, Jacob's heirs	4-0-0-9-0		
Myers, John	3-0-0-7-0	Martin, John	1-0-1-4-0
Mathery, Jonas	1-0-0-1-0	Miller, John	1-0-0-0-0
Miles, John	1-0-0-1-0	Mitchell, John & Wm.	2-0-3-12-0
Manning, Jacob	1-2-8-6-0		
Magara, Mathew	2-0-1-4-0	Myers, Thomas	1-0-0-1-0
Marmaduke,	1-0-0-3-0	Morrice, James	1-0-0-1-0

Jefferson County, Virginia Personal Property Tax List
1802

Name	Values	Name	Values
Morrice, James Sr.	2-0-0-3-0	Oldfield, Joseph	1-0-0-0-0
McSherry, Richard	2-0-7-17-0	Orendorff, Henry	1-0-2-7-0
Morgan, Wm.	1-0-0-0-1-0	Ogden, John	2-0-0-5-0
Morgan, Richard	2-0-0-4-0	Oram, Henry	1-0-0-2-0
McCartney, Joseph	1-0-0-0-0	Oglevie, David	1-0-1-1-0
Milton, James	1-0-3-1-0	Ox, George	1-0-0-1-0
Mines, John	2-1-1-1-0	Oneal, John	1-0-0-0-0
Markwood, John	1-0-0-0-0	Offett, Samuel	1-1-0-3-0
Morrow, William	1-0-0-0-0	Potter, Ebenezer	1-2-5-6-0
McDonold, Hugh	1-0-0-0-0	Potter, John	1-0-0-1-0
Mayers, John	1-0-0-0-0	Pitcher, John	1-0-0-0-0
Miller, John	1-0-0-0-0	Pollock, Thomas	1-0-0-0-0
McKean, Bartholomew	1-0-0-0-0	Perkins, Joseph	3-0-0-3-0
		Pierce, Clement	1-1-7-8-0
Massee, John	1-0-0-0-0	Piles, Stephen	1-0-0-0-0
Meller, Solomon	1-0-0-0-0	Piles, Robert	2-0-0-4-1
Motter, John	2-0-0-2-0	Piles, Robert Jr.	1-0-0-0-0
Morgan, Daniel	1-1-2-8-0	Pensel, John	1-0-0-3-0
Morgan, Peggy	0-0-1-1-0	Potts, John	1-0-0-3-0
Malone, John	1-0-0-3-0	Phelps, Eli	1-0-2-4-0
Middleton, Hutch	1-0-0-0-0	Pulse, John	1-0-0-0-0
McCormack, Edward	1-0-0-1-0	Page, Nathaniel	3-0-0-5-0
		Plymyer, Henry	1-0-0-2-0
McCormack, James	1-0-2-4-0	Parmer, John	1-0-0-3-0
		Page, B. William	2-4-11-9-0
Newall, John	1-0-0-0-0	Piper, William	1-0-0-1-0
Naise, Henry	1-0-0-5-0	Piles, William	1-0-0-1-0
Newman, Andrew	1-0-0-0-0	Perphator, Philip	1-0-0-0-0
North, George	2-3-3-7-0	Patterson, Aaron	1-0-0-0-0
Nelson, John	1-2-4-10-0	Pulse, Michael	1-0-0-2-0
Naise, Jacob	1-0-0-4-0	Pulse, George	1-0-0-4-0
Noftsinger, John	1-0-0-0-0	Pulse, David	1-0-0-2-0
Nicely, Henry	1-0-0-0-0	Paine, Jacob	1-0-0-2-0
Nixon, James	1-0-0-0-0	Packett, John Esqr.	0-0-4-7-0
Nelson, Robert	1-0-0-0-0	Pope, Peter	1-0-0-0-0
Osborne, Daved Jr.	1-0-2-6-0	Peerce, John	1-0-0-0-0
Owen, Frederick	1-0-0-0-0	Perry, John	1-0-0-0-0
Owen, Charles	1-0-0-0-0	Patton, David	1-0-0-0-0
Osborne, Jonathan	1-0-0-0-0	Purcy, Henry	1-0-1-0-1
Ott, Jacob	2-0-0-4-0	Perphator, Christopher	1-0-0-5-0
Owlaboch, Simion	1-0-0-2-0		
Osborne, Thomas	1-2-0-6-0	Riley, Frederick	1-0-0-0-0
Offett, Joseph	1-0-0-2-0	Remley, Samuel	1-0-0-0-0
Osborne, William	2-0-4-6-0	Remley, John	1-0-0-0-0
Osborne, David Sr.	1-0-7-7-0	Rotcroft, Jonas	1-0-0-5-0
Orendorff, Christian	1-0-0-2-0	Rorer, John	1-0-0-2-0

Jefferson County, Virginia Personal Property Tax List
1802

Name	Values	Name	Values
Rusler, John	1-0-0-0-0	Riddle, Joseph	1-0-0-3-0
Rogers, John	1-0-0-0-0	Robinson, William	1-2-4-6-0
Rockafield, Martin	1-0-0-0-0	Rutherford, Thomas	1-0-11-11-0
Rockaboch, John	2-0-0-0-0		
Rockaboch, Jacob	1-0-0-0-0	Rosewell, George	1-0-0-1-0
Remley, Frederick	1-0-0-0-0	Reynolds, George	3-0-4-6-0
Ronemus, Conrad	2-0-1-6-0	Stephenson, James	2-0-0-1-0
Ronemus, Lewis	2-0-0-5-0		
Ryan, John	1-0-0-4-0	Sweeny, Edward	1-0-0-0-0
Robinson, Joseph	1-0-0-0-0	Straw, John	1-0-0-0-0
Riley, Garrett	2-0-0-1-0	Shutt, Philip	1-0-0-1-1
Roberts, William	3-0-0-6-0	Show, Henry	1-0-0-1-0
Roberts, John	1-0-0-1-0	Show, Catherine	0-0-0-2-0
Ruse, John	1-0-0-1-0	Stilwell, Thomas	1-0-0-0-0
Rockaboch, Jacob Jr.	1-0-0-0-0	Strickland, John	1-0-0-0-0
		Scammyhorn, John	1-0-0-0-0
Roberts, Joseph	1-0-0-1-0	Shagely, Jacob	1-0-0-4-0
Ray, Mathew	1-0-0-0-0	Shott, Andrew	1-0-0-0-0
Ronemus, George	1-0-0-2-0	Smith, James	1-0-0-0-0
Robison, John	1-0-0-0-0	Strider, Jacob	3-0-5-12-0
Reachart, Michael	1-0-0-0-0	Sly, Frederick's heirs	5-0-0-8-0
Reed, Thomas	1-0-0-2-0		
Robison, James	1-0-0-0-0	Swagler, Mathias	1-0-0-1-0
Riley, James	1-0-0-0-0	Simmons, Daniel	1-0-0-1-0
Randall, Roger	2-0-1-3-0	Stephenson, Benjamin	1-0-0-1-0
Riley, Thomas	2-0-0-2-0		
Riley, William	2-0-0-4-0	Stipp, John Jr.	1-0-1-5-0
Riley, George	1-2-3-10-0	Sockmon, John Sr.	1-0-0-1-0
Russell, John	1-0-0-2-0	Snider, Henry	1-0-0-1-0
Rutherford, Robert	2-2-9-12-0	Smurr, Peter	1-0-0-0-0
Ray, Robert	1-0-0-2-0	Swearinger, Hezekiah	2-1-7-13-0
Riley, James	2-1-4-8-0		
Rogers, Joseph	1-0-0-0-0	Shanton, Zadock	1-0-0-3-0
Richcreek, Philip	1-0-0-4-0	Shanton, Charles	1-0-0-4-0
Rivers, Christopher	1-0-0-1-0	Stayley, Stephen	2-0-0-4-0
Rutherford, Van	1-0-4-8-0	Stephens, Dennis	2-1-2-8-0
Ronemus, Andrew	2-0-0-4-0	Smallwood, Gabriel	1-0-0-2-0
Rigeway, Mary	0-1-1-3-0	Stommelz, Casper	1-0-0-5-0
Rigeway, Rebecca	0-0-0-3-0	Satterfield, Benjamin	1-0-0-2-0
Rymond, Michael	1-0-0-0-0		
Richardson, William	1-0-0-1-0	Satterfield, William	2-0-0-1-0
		Slusher, George	1-0-0-2-0
Russell, Robert	2-0-0-1-0	Speeks, William	1-0-0-0-0
Robb, Solomon	1-0-0-0-0	Stedman, James	3-0-0-7-0
Richstine, William	2-0-0-0-0	Stedman, William	1-0-0-3-0
Robb, George	1-0-0-0-0	Stedman, Thomas	1-0-0-3-0

Jefferson County, Virginia Personal Property Tax List
1802

Name	Values	Name	Values
Spenser, Samuel	2-0-0-2-0	Shewbridge, John	1-0-0-1-0
Shewbridge, John	2-0-0-8-0	Shewbridge, Cornelius	1-0-0-1-0
Short, James	1-0-0-3-0		
Smallwood, George	1-0-2-5-0	Satterfield, David	1-0-0-2-0
Shanks, George	1-0-0-0-0	Smith, Daniel	1-0-0-1-0
Snider, John	1-0-0-6-0	Sybold, Isaac	1-0-0-0-0
Seneca, Adam	1-0-0-2-0	Shurley, Robert	2-0-0-5-0
Strean, Samuel	2-0-0-1-0	Shurley, Walter Jr.	1-0-0-1-0
Strider, Isaac	1-0-0-6-0	Shurley, Jarves	2-0-0-3-0
Simprote, Jacob	1-0-0-0-0	Shurley, John (of Jarvis)	1-0-0-2-0
Simprote, John	1-0-0-1-0		
Shall, Nicholas Sr.	3-0-0-6-0	Shurley, James	1-0-0-0-0
Smith, Lewis	2-0-0-2-0	Smidley, David	1-0-1-1-0
Smith, Henry	1-0-0-0-0	Strath, Alexander	1-0-3-4-0
Smith, John	1-0-0-1-1	Sheely, William	1-0-1-4-0
Simpson, James	1-0-0-0-0	Sheely, Samuel	1-0-1-1-0
Stone, Joseph	1-0-0-0-0	Sheely, John	1-0-1-4-0
Sedirs, Jessee	1-0-0-0-0	Smith, George	1-0-0-0-0
Shurley, John	1-1-1-4-0	Strother, Benjamin	1-0-10-11-0
Smith, Christopher	1-0-0-1-0	Strother, Anthony	1-1-2-4-0
Stayley, Adam	1-0-0-0-0	Smithy, Lucy	1-1-2-5-0
Stayley, Peter	2-0-0-3-0	Smith, Frederick	1-0-0-4-0
Sleppey, Frederick	1-0-0-0-0	Shepherd, Godfrey	1-0-0-3-0
Shrote, Solomon	3-0-0-4-0	Sanders, Aaron	2-0-1-2-0
Smith, Seth	1-0-1-1-0	Simprote, Peter	2-0-0-1-0
Shall, Michael	1-0-0-6-0	Shurley, Robert	1-0-0-2-0
Shall, Nicholas Jr.	1-0-0-7-0	Smith, Reese	1-0-0-0-0
Shintler, Richard	1-0-0-0-0	Shurley, James	1-0-3-6-0
Spore, Abraham	1-0-0-0-0	Silvers, Francis	1-0-0-5-0
Shanaberry, George	1-0-0-3-0	Sheely, John Sr.	2-0-0-4-0
		Stuart, David	1-0-0-0-0
Shook, Peter	1-0-0-1-0	Stuart, Thomas	1-0-0-0-0
Shonk, Simon	1-0-0-2-0	Stean, Frederick	1-0-1-3-0
Snider, John	1-0-0-4-0	Smith, Moses	1-0-0-1-0
Simmons, William	2-0-0-3-0	Smith, William	1-0-0-0-0
Saunders, Cyrus	3-0-8-11-0	Smith, David	1-0-0-0-0
Sanderson, Alexander	1-0-1-1-0	Sutton, John	1-0-0-0-0
		Spangler, George	1-0-0-0-0
Sullivan, Hartley	1-0-0-0-0	Sockmon, Martin	1-0-0-0-0
Seabourne, William	1-0-0-3-0	Sockmon, John Jr.	1-0-0-1-0
Stipp, John Sr.	2-0-2-5-0	Selby, B. Walter	2-1-1-1-0
Stipp Susannah	0-0-0-3-0	Shepherd, Abraham	1-0-4-4-0
Sappington, Thomas	2-0-1-2-0		
		Shintler, Conrod Jr.	1-0-0-0-0
Stayley, Daniel	2-0-0-7-0	Shintler, Conrod Sr.	1-0-0-0-0
Shuler, Martin	0-0-0-3-0	Shanor, George	1-0-0-0-0

Jefferson County, Virginia Personal Property Tax List 1802

Name	Values	Name	Values
Stephens, Thomas	1-0-0-0-0	Toys, Andrew	3-1-6-11-0
Smurr, Andrew	1-0-0-0-0	Tillett, Francis	1-0-0-0-0
Sheetz, Martin	2-0-0-0-0	Thomas, William	1-0-0-0-0
Smurr, Jacob	1-0-0-1-0	Thatcher, Silvester	1-0-0-2-0
Sprintle, Anthony	1-0-0-0-0	Thompson, John	1-0-0-2-0
Snider, Jacob	1-0-0-0-0	Tully, James	1-0-0-0-0
Shell, Nicholas	1-0-0-0-0	Tarnhafe, John	1-0-0-1-0
Sprint, Patrick	2-0-0-0-0	Thornberry, Prudence	1-0-0-0-1
Stall, Jesse	1-0-0-3-0	Thompson, Abraham	1-0-0-3-0
Swearingin, Joseph	2-2-15-17-0	Tate, William	1-0-0-1-0
Sinclair, John	2-2-14-15-0	Turner, Thomas	1-1-8-19-0
Smith, George	1-0-0-1-1	Towlerton, John	1-0-0-0-0
Shepherd, Thomas	1-0-0-0-0	Unsell, John Sr.	1-0-0-0-0
Tool, Thomas	2-0-0-1-0	Unsell, Henry	1-0-0-0-0
Thornborough, Azaria	1-1-1-6-0	Unsell, John Jr.	1-0-0-0-0
Thompson, Thomas	1-0-0-1-0	Vestal, John	1-0-0-1-0
Thomas, Leonard	4-1-0-8-0	Vestal, David	1-0-0-1-0
Thompson, John	1-0-2-2-0	Underwood, George	1-0-0-4-0
Taylor, William	1-0-2-6-0	Vandoren, Christian	1-0-0-6-0
Taylor, Levi	1-2-3-4-0	Underdunk, Henry	1-0-0-0-0
Thompson, William	1-0-0-2-0	Vanmeter, Abraham	1-0-0-3-0
Turner, Elisha	1-0-0-3-0	Vardear, James	2-0-3-9-0
Tool, John	2-0-0-9-0	Vanvactor, Joseph	2-0-2-5-0
Tolbutt, William	5-1-4-8-0	Violett, Edward	1-0-4-6-0
Tate, Magnus Sr.	2-1-7-13-0	Volraven, Jonas	2-0-0-5-0
Taylor, John	2-0-3-9-0	Whillett, Robert	1-0-1-1-0
Thornborough, John	1-0-1-6-0	Waggoner, William	1-0-0-0-0
Tabb, Robert	2-0-1-3-0	Woods, Samuel	1-0-0-0-0
Thompson, Joseph	1-0-0-0-0	Wingard, John	2-0-1-1-0
Throckmorton, Robert	1-1-0-2-0	Williams, Charles	1-0-0-1-0
Titus, (Negro)	1-0-0-0-0	Wilmoth, William	1-0-0-4-0
Turney, Henry	1-0-0-0-0	Wolfe, Henry	1-0-0-4-0
Tully, Amos	1-0-0-2-0	Wager, John Sr.	1-0-1-2-0
Turner, Joseph	2-0-2-9-0	Wyncoop, Cornelius	1-0-2-2-0
Todd, Reese	1-0-0-0-0	Wilson, James	1-0-0-0-0
Tool, Joseph	1-0-0-1-0	Wilson, Thomas	2-0-0-5-0
Tapscott, William	1-0-7-7-0	Williams, John	1-0-0-1-0
Tucker, Ossee	1-0-0-4-0	Wright, Samuel	1-0-3-2-0
Tucker, William	1-0-0-2-0	Worley, William	2-0-0-2-0
Tracey, James	1-0-0-1-0	Williamson, John	1-0-0-5-0
Throckmorton, John	1-1-13-9-0		

Jefferson County, Virginia Personal Property Tax List
1802

Name	Values
Wolfe, Frederick	1-0-0-4-0
Wallace, William	1-0-0-0-0
Waters, William	1-0-0-0-0
Wilson, Jessee	1-0-0-1-0
Williams, Patrick	1-0-0-0-0
Wolverton, Nathan	1-0-0-1-0
Wilmoth, Joseph	1-0-0-0-0
Wilt, Henry	1-0-0-2-0
Whiting, Beverley	1-2-21-25-0
Welsh, Samuel	1-0-0-3-0
Watson, John	1-0-0-6-0
Watson, James	1-0-0-5-0
Williams, Sarah	1-0-0-2-0
Warringsford, Margaret	0-0-0-1-0
Warringsford, James	1-0-0-5-0
Willis, Rich	2-2-14-24-0
Willis, Carver	1-0-5-10-0
White, Uriah	1-0-0-0-0
Williams, Isaac	1-0-0-0-0
Weaver, Jacob	3-1-2-9-0-
Weaver, Adam	1-0-0-1-0
Walpert, Casper	2-0-2-8-1
Wagaly, John	1-0-0-0-0
Welshorne, David	2-0-0-3-0
Williams, John	1-0-0-2-0
Washington, Corbin's Est.	0-11-36-44-0
Washington, Mildred	0-0-3-1-0
West, William	1-0-0-3-0
Wycoff, Peter	1-0-0-1-0
White, Thomas	2-1-3-2-0
White, Alexander	1-0-3-9-0
White, Ann	0-0-1-0-0
Wilson, John	1-0-0-6-0
Wilson, William	1-0-0-4-0
Washington, S. George	1-2-17-15-0
Welsh, John Sr.	2-0-2-6-0
Welsh, Zachariah	1-0-2-6-0
Watson, Henry	1-0-0-1-0
Washington, A. Laurance	2-3-12-19-0
Washington, Thornton	1-2-10-10-0
Wager, John Jr.	1-2-7-8-0
Wood, Zacock	1-0-0-3-0
Wilson, George	1-0-1-1-0
Watson, Thomas	1-0-0-5-0
Welsh, Jacob	1-0-0-3-0
Wilson, Moses	3-0-0-0-0
Works, George	1-0-0-0-0
Warner, Jacob	1-0-0-0-0
Wartz, Peter	1-0-0-0-0
Waters, John	1-0-0-0-0
Wessenall, Barney	1-0-0-0-0
Wysong, Jacob	2-0-0-0-0
Ware, John	1-0-0-0-0
Walters, Dr. John	1-0-0-0-0
Wolfe, George	1-0-0-0-0
Welshimer, Frederick	1-0-0-0-1
Welsh, John Jr.	2-1-0-6-0
Wear, Ralph Jr.	1-0-0-0-0
Wear, Ralph Sr.	1-0-0-0-0
Welshorne, Jacob	3-0-0-0-0
Whiting, Mathew	1-0-0-1-0
Wood, James	1-0-0-1-0
Williamson, Jacob Sr.	2-0-1-6-0
Williamson, Jacob Jr.	1-0-0-1-0
Williams, O. Edward	1-0-2-1-0
Wysong, Michael	1-1-1-2-0
Waymon, Leonard	1-0-0-3-0
Whitlock, John	1-0-0-0-1
Wright, William	1-0-0-0-0
Waters, William	1-0-0-0-0
Yantis, George	1-0-0-0-0
Young, Peter	1-0-0-0-0
Yorkes, Joshua	3-0-0-4-0
Yates, William	1-0-0-0-0
Yeasley, Michael	1-0-0-3-0
York, Mark	1-0-0-2-0
Young, James	1-0-0-4-0
Yates, Charles	2-4-25-22-0
Young, John	1-0-1-1-0
Young, Joseph	1-0-0-1-1
Young, Thomas	1-0-0-3-0

Jefferson County, Virginia Personal Property Tax List
1802

Young, Christian	1-0-0-0-0	Yontz, Conrod	1-0-0-0-0
Yontz, John	2-0-0-0-0		

Jefferson County, Virginia Personal Property Tax List
1803

1803

Column numbers refer to: White males above 16 -- Black males above 12 & under 16 years old --Black males above 16 years of age -- Horses, Mares &c -- Ordinary Licenses

Name	Values	Name	Values
Angel, John	1-0-0-0-0	Blue, Ezekeal	1-0-0-2-0
Ankrim, Archebald	1-0-0-1-0	Bideman, Tedrick	1-0-0-1-0
Ainsworth, William	1-0-0-0-0	Bushman, David	1-0-0-0-0
Athy, Elisha	1-0-0-2-0	Bell, Benjamin	1-0-0-1-0
Agor, Robert	1-0-0-0-0	Buckhanon, P. Alexander	1-1-1-6-0
Anley, Thomas	1-0-0-0-0		
Annin, Samuel	1-0-0-0-0	Baylor, Lucy	0-1-10-11-0
Abbott, James	1-0-0-0-0	Burr, James	2-0-0-5-0
Abbott, Samuel	1-0-0-0-0	Byers, Conrod	1-0-0-3-0
Addy, William	3-0-0-7-0	Bowers, John	1-0-0-2-0
Augusta John	1-0-0-4-0	Bowen, David	1-0-0-0-0
Avis, Robert & son	2-0-0-5-0	Blue, Jessee	1-0-0-1-0
Alstadt, Jacob	1-0-3-8-0	Blue, S. John	1-0-1-6-0
Armstrong, William	1-0-0-1-0	Bushman, Henry	1-0-0-5-0
Akey, Peter	1-0-0-1-0	Butler, William	1-1-0-3-0
Athon, Townley	1-0-0-3-0	Boden, William	1-0-0-0-0
Annen, Daniel	1-0-1-1-0	Briscoe, George	4-1-10-13-0
Ackman, Peter	1-0-0-0-0	Breathead, James	0-0-0-0-0
Abert, John	1-0-3-0-0	Berry, John	1-0-0-0-0
Alder, Marcus	1-0-2-5-0	Byers, Joseph	2-0-0-4-0
Aukward, Alexander	2-0-0-1-0	Byers, John	1-0-0-2-0
		Byers, Samuel	1-0-0-2-0
Anderson, James	2-0-0-0-0	Burkett, Michael	2-0-1-6-0
Alstadt, Adam	2-1-2-8-0	Buckles, Daniel	2-0-1-4-0
Allamon, Christian	1-1-0-3-0	Buckles, William	1-0-2-3-0
Alexander, Gerard's heirs	1-1-12-11-0	Brantner, Frederick	1-0-0-7-0
		Buckles, James	1-0-0-4-0
Anderson, John	1-0-0-1-0	Brown, John's heirs	3-0-0-4-0
Alstadt, Danl & John	2-0-1-10-0	Blue, Michael	3-0-0-4-0
		Burton, Joshua	1-0-1-4-0
Alexander, Arthur	1-0-0-0-0	Briscoe, Ann	0-0-4-3-0
Agor, John	1-0-0-4-0	Bryan, John	2-1-7-10-0
Anderson, Mathias	2-0-0-4-0	Bull, Ezekeal	2-2-6-12-0
Agor, William	1-0-0-0-0	Brakenridge, Thomas	1-0-4-4-0
Anderson, Malon	1-0-0-0-0		
Aers, Daved	1-0-0-3-0-	Beal, Asy	1-0-0-0-0
Bennett, Van	1-1-1-2-0	Buckles, Henry	1-0-0-4-0
Bridgeman, Frank	1-0-0-0-0	Baker, Daniel	1-0-0-3-0
Burr, Moses	1-0-0-2-0	Branson, T. Vincent	1-0-0-0-0
Beens, Joseph	1-0-0-2-0	Barnhard, Henry	2-0-0-2-0

Jefferson County, Virginia Personal Property Tax List
1803

Bull, Abraham & Amos	2-0-0-3-0	Baker, Thomas	1-0-0-1-0
		Baker, Peter	1-0-0-0-0
Boley, Elizabeth	1-0-4-3-0	Bowers, Frederick	1-0-0-2-0
Bell, Joseph Sr.	2-0-0-6-0	Byrne, Dennis	1-0-0-1-0
Bell, Joseph Jr.	2-0-0-6-0	Byrne, Patrick	1-0-0-1-0
Beeler, Benjamin & son	2-0-6-13-0	Barnes, David	1-0-0-0-0
		Byers, John	1-0-0-1-0
Baylor, Robert	2-3-24-31-0	Brewer, John	1-0-0-0-0
Bussell, Benjamin	1-0-2-5-0	Banks, John	2-1-4-7-0
Black, Daniel	1-0-0-0-0	Bryson, Barney	1-0-0-1-0
Brown, Benjamin	1-0-0-1-0	Banks, Samuel	1-0-0-1-0
Bindley, William	1-0-0-2-0	Bryson, Barney	1-0-0-1-0
Bond, Samuel	1-0-0-7-0	Banks, Samuel	1-0-0-1-0
Blackborne, William	2-0-0-2-0	Bachus, Thomas	2-0-0-3-0
Butts, Charles	1-0-0-0-0	Bonser, John	1-0-0-1-0
Bishop, George Jr.	1-0-0-0-0	Britain, William	1-0-0-1-0
Barnhard, Philip	2-0-0-0-0	Bazil, John	1-0-0-1-0
Baker, John	1-0-3-3-0	Burnett, George	1-0-0-5-0
Brown, James	2-1-1-1-0	Brimhall, John	1-0-0-4-0
Broos, Frederick	1-0-0-0-0	Buckles, William Jr.	1-0-0-2-0
Bond, John	1-0-0-0-0	Buckles, Robert	1-0-0-4-0
Bryerley, John	1-0-0-0-0	Buckles, John	2-0-0-3-0
Bishop, George Sr.	1-0-1-0-0	Brigett, Jessee	1-0-0-1-0
Boyer, John	1-0-0-0-0	Baldwin, Samuel	2-0-0-2-0
Boggs, John	1-0-0-0-0	Brent, John	1-0-0-0-0
Boydstone, Benj'n	1-1-0-1-0	Bayles, John	1-0-0-0-0
Bennett, Edward	1-0-0-0-0	Beeler, Ignatius	1-0-0-0-0
Baker, John	1-0-0-0-0	Breeding, H. Robert	1-0-0-0-0
Bedinger, Jacob	0-0-0-3-0		
Boroff, Henry & Son	2-0-0-0-0	Bounlain, William	1-0-0-1-0
		Baden, John	1-0-0-1-0
Brininger, Andrew	1-0-0-2-0	Buckmaster, Zacharia	2-0-0-0-0
Bennett, William's hs.	0-1-2-5-0		
		Brown, Joseph	2-0-0-1-0
Burnett, Alexander	2-2-1-6-0	Brown, William	1-0-0-1-0
Brown, James	1-0-1-5-0	Brown, Adam	1-0-0-1-0
Bell, John	1-0-0-1-0	Bridenhart, Christ'r	1-0-0-0-0
Benton, Mesheeck	1-0-0-0-0	Brimhall, James	1-0-0-1-0
Bennett, Meeson	1-0-3-6-0	Baker, Henry	1-0-0-0-0
Baylor, Richard	1-2-15-21-0	Bahan, John	1-0-0-0-0
Baker, Walter	1-1-3-6-0	Bradshaw, Joseph	1-0-0-0-0
Biggs, William	1-0-0-5-0	Crofft, Jacob	1-0-0-0-0
Boley, John	1-0-3-5-0	Cox, Jacob	1-0-0-5-0
Beall, Hezekeah	2-0-7-8-0	Conn, Richard	2-1-1-4-0
Brown, Jesse	1-0-0-3-0	Clawson, John	2-0-0-6-0
Blue, William	1-0-0-2-0	Cox, Thomas	1-0-0-2-0

Jefferson County, Virginia Personal Property Tax List
1803

Name	Values	Name	Values
Carlisle, Benjamin	1-0-0-2-0	Clarke, Mima	1-0-0-3-0
Cahill, Dennis	2-0-0-1-0	Cooper, Sarah	1-0-0-2-0
Cramer, Frederick	1-0-0-0-0	Cooper, Thomas	1-0-0-2-0
Chamberlain, James	1-0-0-1-0	Craigg, Andy & James	2-0-0-7-0
Carpenter, Thomas	1-0-0-1-0	Catlett, James	1-0-0-4-0
Crimm, Michael	1-0-0-0-0	Cage, Martin	1-0-0-1-0
Crimm, Peter	1-0-0-4-0	Clima, Joseph	1-0-0-1-0
Collins, Christopher	2-3-10-12-0	Cage, Andrew	1-0-0-2-0
Conn, Rapheal	1-0-0-2-0	Cage, John	2-1-0-3-0
Cox, William	1-0-0-2-0	Cage, James	1-0-0-2-0
Cox, Elisha	1-0-0-1-0	Cruson, James	1-0-0-2-0
Cox, Kelly	1-0-0-1-0	Cook, John	1-0-1-1-0
Calvert, John	1-0-0-0-0	Crow, John	1-0-0-1-0
Crowbridge, Jessee	1-0-0-0-0	Cruson, Cornelius	1-0-0-0-0
		Conway, Cornelius	1-0-0-1-0
Crimm, Peter Jr.	1-0-0-2-0	Conway, William	1-0-0-0-0
Cox, John	1-0-0-5-0	Conway, James	1-0-0-0-0
Chaplene, Isaac	2-0-0-4-0	Collett, Daniel	4-0-0-10-0
Cline, Daniel	1-0-0-1-0	Curry, Thomas & sons	3-0-0-1-0
Crane, Joseph	1-5-9-17-0		
Conklin, Jacob Sr.	2-0-0-4-0	Cruson, Derrick	1-0-0-1-0
Conklin, Jacob Jr.	1-0-0-1-0	Clima, Peter	1-0-0-1-0
Craigg, John	1-0-0-2-0	Chamberlaine, Elejah	1-1-1-8-0
Cockrell, Peter	3-0-3-6-0		
Coile, William	1-0-0-0-0	Clipper, Valentine	1-0-0-0-0
Coile, James	1-0-0-2-0	Clipper, Frederick	1-0-0-0-0
Cook, Giles Sr.	2-0-8-9-0	Cook, Andrew	2-0-0-6-0
Carter, Robert	1-0-3-8-0	Crass, Lewes	1-0-0-0-0
Collens, Temothy	1-0-0-2-0	Crafton, J. Russell	1-0-0-2-0
Chill, Thomas	1-0-0-0-0	Conway, John	1-0-0-2-0
Cox, Samuel	1-0-0-1-0	Cammell, Hector	1-0-0-1-0
Crowl, Jacob	1-0-0-0-0	Cookeus, Michael	1-0-0-0-0
Coon, Christley	2-0-0-1-0	Carmon, Henry	1-0-0-0-0
Conn, Thomas	1-0-0-0-0	Cookeus, Henry	3-0-0-2-0
Cross, Reazin	1-0-0-0-0	Cobler, Barnhard	1-0-0-0-0
Cage, Thomas	1-0-0-0-0	Correll, George	1-0-0-0-0
Cruson, Jacob	1-0-0-2-0	Cramer, Samuel	1-1-0-1-0
Cowan, Daved	1-0-0-3-0	Crofft, Philip	1-0-0-0-0
Carson, James	1-0-0-1-0	Crowl, Jacob	2-0-0-5-1
Copes, Greensberry	2-0-0-3-0	Commons, John	1-0-0-0-0
		Canear, John & Wm.	2-0-0-0-0
Conner, Charles	1-0-1-5-0		
Compton, William	1-0-0-1-0	Cammeron, Daniel	1-0-0-0-0
Climar, Isaac	2-0-0-4-0	Cline, Peter	1-0-0-0-0
Cooper, Isaac	1-0-0-2-0	Calvert, Nathaniel	1-0-0-0-0

Jefferson County, Virginia Personal Property Tax List 1803

Cline, John	1-0-0-0-0		Davis, Samuel	1-0-0-2-0
Chopper, Nicholas	1-0-0-0-0		Dorsey, John	1-0-0-1-0
Cress, Michael	1-0-0-0-0		Duke, Robert, Charles & Joe	3-0-0-0-0
Cruson, William	1-0-0-3-0		Davis, W. Joseph	1-1-3-4-0
Cromer, Peter	1-0-0-0-0		Davis, William	1-0-1-3-0
Connell, Elizabeth	0-0-2-2-0		Doyne, Jessee	2-0-0-1-0
Clagett, K. Richard	1-0-0-1-0		Dandridge, Stephen	2-3-29-26-0
Current, John	1-0-0-4-0		Dorsey, James	1-0-0-2-0
Collins, Thomas	1-0-0-1-0		Dorsey, William	1-0-0-3-0
Cambell, John	2-0-3-7-0		Demett, John	2-0-1-6-0
Craighill, Nathaniel	1-2-9-9-0		Donelly, Owen	1-0-0-0-0
Cook, Giles Jr.	1-2-6-10-0		Deboston, George	1-0-0-8-0
Cullumber, Jessee	1-0-0-4-0		Duffee, John	1-0-0-0-0
Crow, William	1-0-0-0-0		Dillon, John	1-0-0-1-0
Chambers, Aaron	1-0-0-0-0		Delrock, Michael	2-0-0-0-0
Crawley, James	1-0-0-0-0		Davis, Robert	1-0-0-0-0

[following four entries appeared at end of E section]

Cammell, S. Andrew	1-0-0-0-0		Daylong, Peter	1-0-0-0-0
Copeland, Charles	1-0-0-0-0		Doherty, Patrick	1-0-0-0-0
Claspy, Robert	1-0-0-0-0		Daylong, Henry	1-0-0-0-0
Cordell, Collin & Crow, Israel	2-0-0-0-0		Darke, Sarah	0-2-6-7-0
			Delia, William	1-0-3-1-0
Dowden, Thomas	1-0-1-4-0		Daniels, Samuel	1-0-0-1-0
Daniels, John	1-0-0-5-0		Downs, William	2-0-0-2-0
Daniels, Samuel	1-0-0-5-0		Devanport, Abraham	2-2-13-14-0
Dewers, Isaac	1-0-0-0-1		Davis, Leonard Sr.	3-2-4-6-0
Davis, Andrew	1-0-1-7-0		Dobson, Samuel	1-0-0-1-0
Devanport, Samuel	1-1-5-8-0		Downey, John	1-3-4-12-0
Downs, John	1-0-0-2-0		Dorsey, Michael	1-0-0-3-0
Ducker, William	1-0-0-2-0		Durst, Paul	1-0-1-4-0
Davis, Leonard	1-0-3-3-0		Deen, Ezekeal	1-0-0-1-0
Devanport, John	2-0-4-7-0		Deeke, James	1-0-0-0-0-
Davis, Thomas	1-1-3-4-0			
Doherty, Charles	1-0-0-0-0			
Duvoy, Michael	1-0-0-0-0			

[following three entries appeared at end of F section]

Durst, John	1-0-2-8-0		Dunn, Richard	1-0-0-0-0
Dovenbarger, Jacob	1-0-0-4-0		Durst, Daniel	1-0-0-0-0
			Dutrow, Michael	2-0-0-0-0
Dillow, Peter	2-0-0-3-0		Emerson, Dyer	2-0-0-4-0
Dillow, John	2-0-0-2-0		Epley, John	1-0-0-1-0
Delenhoover, Michel	1-0-0-2-0		Edwards, Joseph	1-0-1-7-0
			Eaty, Sebastian	1-0-0-1-0
			Ensley, John	1-0-0-0-0
Dillow, Joseph	2-0-0-3-0		Edwards, Andrew	1-0-0-1-0
Dillow, William	1-0-0-2-0-		Earley, William	1-0-0-1-0

Jefferson County, Virginia Personal Property Tax List
1803

Name	Values	Name	Values
Elliott, Benjamin	1-0-0-0-0	Fry, Michael	1-0-0-0-0
Eversole, David	2-0-0-3-0	Fairfax, Thomas	1-1-4-3-0
Eversole, Abraham Jr.	1-0-1-3-0	Fayman, George	2-0-0-2-0
		Folke, Frederick	2-0-0-2-0
Eversole, Henry	1-0-0-1-0	Fiser, Michael	3-0-1-4-0
Evans, Thomas	1-0-1-4-0	Fouke, Christian	2-0-0-0-0
Earnst, Martin	1-0-0-0-0	Fisher, Peter	1-0-0-0-0
Eckhart, Michael	1-0-0-0-0	Fouke, Michael Sr.	2-0-0-0-0
Eckhart, Julianna	0-0-0-0-1	Folke, Daniel	2-0-0-1-0
Eaty, William	2-0-0-0-0	Fiser, Henry	1-0-0-0-0
Entler, Martin	3-0-0-1-0	Fouke, Michael Jr.	1-0-0-0-0
Emberson, John	1-0-0-0-0	Farrow, Samuel	1-0-0-2-0
Entler, Philip	3-0-0-0-0	Fouke, Charles	1-0-0-0-0
Early, William	1-0-0-0-0	Foubay, Wright	1-0-0-0-0
Eversole, Abraham	3-0-0-8-0	Figg, William	1-0-1-1-0
Eversole, Jacob	1-0-0-0-0	Frame, Ann	0-0-1-0-0
Eversole, Daniel	1-0-0-2-0	Figg, Thomas	1-1-0-1-0
Elliott, William	1-0-0-1-0	French, Samuel	1-0-0-0-0
Elzey, Lewis	1-0-1-1-0	Gibson, Frank	1-0-0-2-0
English, John	1-0-0-1-0	Griffith, John	1-0-0-0-0
English, James	1-0-0-0-0	Gaitrell, Charles	1-0-0-0-0
Essex, Joseph	1-0-0-0-0	Gilbert, Henry	1-0-0-0-0
Edwards, Nathan	1-0-0-0-0	Gilbert, William	1-0-1-1-1
Fiser, Jacob	1-0-0-0-0	Gilbert, Nathaniel	1-0-0-0-0
Fiser, Peter	1-0-0-2-0	Grady, Thomas	1-0-0-1-0
Fry, Daved	1-0-0-5-0	Games, Bazel	2-0-0-1-0
Fronk, Henry	1-0-0-0-0	Gooding, Gabriel	1-0-0-3-0
Fry, George	1-0-0-4-0	Games, John	1-0-0-2-0
Folk, John	1-0-0-5-0	Garner, James	1-0-0-0-0
Foreman, James	1-0-0-0-0	Games, Robert	2-0-0-4-0
Flagg, Thomas	1-0-4-4-1	Gibbins, Morrice	1-1-3-4-1
Fulton, Anthony	1-0-0-0-0	Gibbins, Isaac	1-0-0-1-0
Foreman, John	1-0-0-1-0	Grantham, Catherine	0-0-0-3-0
Francis, Thomas	1-0-0-0-0		
Francis, Arnold	1-0-0-0-0	Glenn, Thomas	2-0-0-2-0
Fry, Peter	1-0-0-5-0	Glenn, James	1-0-0-0-0
Felbert, John	1-0-0-2-0	Games, Absalom	2-0-0-4-0
Ferguson, James	1-1-2-5-0	Gibbins, Moses	1-1-2-4-0
Figg, James	1-0-1-3-0	Grantham, John Jr.	1-0-0-1-0
Farr, John	1-0-1-2-0	Grantham, John Sr.	1-0-0-5-0
Fry, John	0-0-1-4-0	Gardner, John	1-0-0-0-0
Fry, Ludweck	1-0-3-7-0	Greer, James	1-0-0-0-0
Farr, Joseph	1-0-0-1-0	Garney, Joseph	1-0-0-0-0
Frame, Mathew	2-0-7-9-0-	Grafton, Ambrose	1-1-0-7-0
Fairfax, Ferdenando	1-8-55-52-0	Grove, Jacob	1-0-0-3-0
		Goldsberry,	2-0-0-3-0

Jefferson County, Virginia Personal Property Tax List
1803

Name	Values
Benjamin Goldsberry, Teddy	1-0-0-2-0
Goldsberry, Edward	2-0-0-1-0
Gilpin, William	1-0-0-0-0
Goldsberry, John	1-0-0-2-0
Goldsberry, John Jr.	1-0-0-0-0
Goldsberry, Benson	1-0-0-0-0
Griggs, John	1-2-6-11-0
Gidion, Ason	1-0-0-2-0
Gonter, Conrod	1-0-0-0-0
Glaize, Thomas	1-0-0-1-0
Guinn, Humphrey	1-3-7-10-0
Garrison, Nehemiah	1-0-1-1-0
Galloway, William	1-0-2-7-0
Grant, Sarah	2-0-0-6-0
Gorrell, James	1-0-0-5-0
Griggs, Thomas	2-2-15-18-0
Griffith, David's Exor	0-3-12-9-0
Greenfield, Gabriel	1-2-10-10-0
Grantham, Joseph	1-2-5-8-0
Grubb, William	2-0-0-8-0
Grubb, Adam	1-0-0-4-0
Gold, John	1-0-2-5-0
Gaunt, John Sr.	3-4-13-10-0
Grove, Jacob	2-0-0-3-0
Grove, Malakiah	1-0-0-0-0
Grogan, William	1-0-0-2-0
Grubb, Curtis	1-0-0-1-0
Gregorry, Presley	2-0-0-1-0
Gutwall, Jacob	1-0-0-0-0
Glasford, Alexander	1-0-0-0-0
Graham, Judith	0-0-1-0-0
Gardner, John	1-0-0-0-0
Garner, John	2-0-1-4-0
Grove, John	1-1-3-1-0
Glenn, James	1-0-5-7-0
Goldsberry, Edward	1-0-0-2-0
Gaunt, Edward	1-0-5-0-0
Griffith, Marshall	1-0-0-2-0
Garver, John	1-0-0-4-0
Gibbs, William	1-1-2-1-0
Gill, John	1-0-0-3-0
Gelmore, Benjamin	1-0-0-2-0
Gossage, William	1-0-0-1-0
Grant, James	1-0-0-0-0
Garnhart, Henry	1-1-1-4-0
Glascock, Travers	1-0-0-0-0
Hendrix, Elizabeth	0-0-0-2-0
Hyatt, William	1-0-1-5-0
Hyatt, James	1-0-0-5-0
Hoops, Daved	1-0-0-0-0
Hays, Thomas	2-2-1-3-0
Henderson, Henry	1-0-1-1-0
Hyatt, John	1-0-0-1-0
Harmison, Jonathan	1-0-0-1-0
Henry, Nathaniel	2-0-0-0-0
Howard, William	1-0-0-2-0
Hurst, John	1-2-4-4-0
Hains, John	3-1-3-4-1
Hall, William	1-0-0-0-0
Harris, Jeremeah	1-1-1-4-0
Hurst, James	1-3-12-11-0
Hammond, James	1-4-6-8-0
Hite, James	1-4-5-15-0
Hite, Fanny	0-2-7-8-0
Homes, Richard	1-0-0-0-0
Harris, Fielding	1-0-0-0-0
Hite, Samuel	1-0-1-4-0
Howard, Martin	2-0-1-1-0
Hutchinson, John	2-0-0-2-0
Hardesty, Richard	1-0-2-5-0
Humes, William	1-0-0-1-0
Humes, John	1-0-0-0-0
Hortman, Martin	1-0-0-0-0
Harrier, Martin	1-0-0-4-0
Hamilton, A. John	1-0-2-3-0
Hamilton, Gavin	1-2-1-2-0
Hamilton, Thomas	1-0-0-1-0
Hoops, George	2-0-0-2-0
Hall, Anthony	3-0-0-5-0
Hall, William of Ant.	1-0-0-2-0
Hagaly, George	1-0-0-3-0
Hall, Thomas Jr.	2-0-0-3-0
Hall, Sarah	0-0-0-3-0

Jefferson County, Virginia Personal Property Tax List
1803

Name	Values	Name	Values
Hyatt, James	1-0-0-3-0	Hains, Nathan	2-0-0-7-0
Hendrix, Daniel	2-0-0-5-0	Hains, John	2-0-0-3-0
Hall, William	1-0-0-2-0	Hendrix, William	1-0-0-2-0
Hibbins, William	1-0-1-5-0	Hardesty, Richard	1-0-2-5-0
Hall, Thomas	1-0-0-4-0	Hofeman, John	1-0-0-2-0
Hammond, Adam	1-0-0-1-0	Hofeman, Robert	1-0-0-4-0
Heath, James	2-0-0-3-0	Heath, Livi	0-0-1-2-0
Heath, Jonas	1-0-0-2-0	Hughs, Charles	1-0-0-1-0
Hains, Andrew	2-0-0-4-0	Hughs, Thomas	2-0-0-2-0
Haslip, Richard	1-1-0-2-0	Hardesty, George	1-0-0-0-0
Haslip, Richard Jr.	1-0-0-4-0	Hofestetler, Samuel	1-0-0-0-0
Honnell, Jacob	2-0-0-3-0	Hains, John	2-0-0-0-0
Hiskett, Joseph	1-0-0-2-0	Heetman, John	1-0-0-0-0
Honnell, John	1-0-0-2-0	Hains, Jacob	2-0-1-1-0
Honnell, Jacob	1-0-0-2-0	Hoge, Moses	1-0-3-2-0
Hiskett, Agnes	1-0-0-4-0	Harris, David	1-0-0-1-0
Hiskett, Benjamin	2-0-0-4-0	Hite, John	1-0-0-1-0
Hiskett, Timothy	1-0-0-1-0	Hill, Christian	1-0-0-0-0
Harding, H. William	1-2-6-7-0	Heastond, David	1-0-0-0-0
Humphreys, Rachel	2-0-0-2-0	Henry, Nathaniel	2-0-0-0-0
Haley, Thomas	1-0-0-0-0	Hiser, Adam	1-0-0-0-0
Humphreys, George	1-1-0-1-0	Hiser, John Jr.	2-0-0-0-0
		Hofeman, John	1-0-0-0-0
Hall, Thomas	1-0-0-1-0	Hiser, John Sr.	1-0-0-0-0
Homes, Samuel	2-0-0-4-0	Howell, Butler	1-0-0-0-0
Hiskett, Benjamin Jr.	1-0-0-0-0	Hart, Thomas	1-0-2-3-0
		Hamilton, Robert	1-0-0-0-0
Hout, Rudolph	1-0-0-3-0	Hiskett, Benjamin	1-0-0-0-0
Hains, Nicholas	1-0-0-0-0	Homes, Benjamin	1-0-0-2-0
Harper, Ebenezer Sr.	1-0-1-2-0	Hart, Thomas Jr.	1-0-1-6-0
		Hammond, Thomas	3-2-9-18-0
Harper, Ebenezer Jr.	1-0-0-2-0	Hutchins, Joseph	2-0-0-4-0
		Hite, Joseph Sr.	4-1-2-6-0
Hunt, James	1-0-0-3-0	Hite, Joseph	1-0-0-3-0
Hammond, Philip	1-0-0-1-0	Himes, John	1-0-0-1-0
Hall, Thomas Sr.	1-0-0-3-0	Hyatt, William Sr.	3-0-1-7-0
Hewett, John	2-0-0-0-0	Hyatt, John	1-0-0-4-0
Hurst, Frederick	1-0-1-0-0	Hite, George	3-0-5-4-0
Homes, Bartley	1-0-0-0-0	Hains, Henry	1-0-0-1-1
Hail, Thomas	2-0-0-2-0	Howell, Samuel	1-0-0-1-0
Hardy, John	1-0-0-1-0	Howell, John	1-0-0-0-0
Hansaere, Peter	2-0-0-6-0	Harris, George	1-0-0-0-0
Hays, Andrew	2-0-1-6-0	Hains, Peter	1-0-0-0-0
Houseman, Martin	1-0-0-4-0	Howard, Henry	1-0-0-0-0
Hardesty, Joseph	1-1-1-3-0	Humphreys, David	1-0-2-2-0
Hall, Joseph	1-0-0-1-0	Hagaly, Joseph	1-0-0-0-0

Jefferson County, Virginia Personal Property Tax List
1803

Name	Values	Name	Values
Hooper, William	1-0-0-1-0	Johnston, William	1-0-0-0-0
Heath, Zachariah	2-0-0-2-0	Kerney, Edward	1-0-1-2-0
Henderson, John	3-0-1-3-0	Koone, Abraham	1-0-0-3-0
Houseworth, Isaac	1-0-0-4-0	Kidwell, William	2-0-0-1-0
Hendrix, James	2-0-3-8-0	King, Philip	1-0-0-3-0
[following five entries appeared after R section]		Kelly, Sampson	1-0-0-1-0
		Kiles, Agnes	1-0-0-4-0
Humphreys, John	1-0-0-0-0	Kiles, John	1-0-1-2-0
Humphreys, Rodger	1-0-0-0-0	Kerney, William	1-0-3-5-0
		Kerney, Anthony	1-0-0-3-0
Heler, John	1-0-0-0-0	Kemp, Gabriel	1-0-0-1-0
Harper, John	1-0-0-2-0	King, Samuel	1-0-0-1-0
Hays, John	1-0-0-0-0	Krutcher, James	2-0-0-0-0
Jones, John	1-0-0-0-0	Keys, Gersham	1-3-1-5-0
Jones, Frank	1-0-0-3-0	Kellenberger, Michael	1-0-1-7-0
Jones, David	1-0-0-1-0		
Jett, William	1-0-0-2-0	Kiplinger, Adam	2-0-0-5-0
Jones, John Jr.	1-0-0-0-0	Katro, Jacob	1-0-0-2-0
John (free negro)	1-0-0-0-0	Kidwell, Joseph	1-0-0-1-0
Johnston, William	1-0-0-0-0	Kean, Jonah	1-0-0-0-0
Jones, John	1-0-0-5-0	Kearney, James	2-1-13-18-0
Jett, Anthony	1-0-0-0-0	Kearsley, John	1-1-4-3-0
Jinkins, Elixus	1-0-0-0-0	Kerney, Alexander	2-0-2-4-0
Jones, William	1-0-0-4-0	Keasaire, Aron	2-0-0-1-0
Jones, Jonathan	1-0-0-2-0	Kelly, James	1-0-0-2-0
Jones, George	1-0-0-4-0	Kirk, Thomas	1-0-0-0-0
Ingram, John	1-0-0-1-0	Kearsley, Jonathan	1-1-0-0-0
Jackson, John	1-0-0-3-0	Kumett, John	2-0-0-1-0
Jinkins, William	1-0-0-1-0	Kensley, Jacob	2-0-0-0-0
Jackson, James	1-0-0-3-0	Kroutt, Henry	2-0-0-0-0
Irwin, Thomas	1-0-0-1-0	Kimes, Henry	2-0-0-0-0
Jones, Thomas	2-0-0-4-0	Kain, William	1-0-0-0-0
Jackson, John	1-0-0-0-0	Koonce, Jacob	3-0-0-8-0
Ingland, Jacob	1-0-0-0-0	Keys, Thomas	1-1-1-5-0
Jackson, Peter (neg)	2-0-0-2-0	Kercheville, Benjamin	3-0-1-6-0
Ingle, Philip Sr.	4-0-0-8-0	Kennedy, John	1-0-1-2-0
Ingle, Philip Jr.	1-0-0-5-0	Kerney, William Sr.	1-0-0-3-0
Ingle, William	1-0-0-2-0	Kain, John	1-0-0-4-0
Ingle, John	1-0-0-4-0	King, James	1-0-0-0-0
Ingle, Joseph	1-0-0-6-0	Lafferty, Thomas	2-0-4-7-0
Isler, Henry	2-0-0-1-0	Lemen, John	1-0-1-3-0
Ingle, Michael	1-0-0-0-0	Lemen, Robert	3-0-0-4-0
Irwin, George	1-0-0-2-0	Livingston, Adam	1-0-0-5-0
Irwin, Patrick	1-0-0-0-0	Line, William	1-2-8-10-0
Jett, Frank	1-0-0-3-0	Lafferty, Samuel	1-0-0-0-0

Jefferson County, Virginia Personal Property Tax List
1803

Name	Values	Name	Values
Looman, Andrew	1-0-0-1-0	Lane, W. Willowby	2-0-1-1-0
Lafferty, George	1-0-0-3-0	Lucas, George	2-0-0-1-0
Lane, John	1-0-0-0-0	Lantess, Samuel	1-0-0-0-0
Lemen, William	2-0-0-8-0	Likins, Thomas	1-0-0-0-0
Lemen, Alexander	3-0-0-5-0	Lowlry, R. William	1-0-0-1-0
Lancester, Johnston	1-0-0-0-0	Louden, William	1-0-0-0-0
Little, William	2-1-6-9-0	Letrell, John	1-0-0-0-0
Lucas, Edward	2-1-2-11-0	Lenox, James	1-0-0-0-0
Lucas, Robert	1-0-0-5-0	Lock, Alexander	1-2-1-2-0
Less, Henry	1-0-0-0-0	*[following three entries appeared at end of G section]*	
Lepper, George	1-0-0-0-0	Moser, Jacob	2-0-0-3-0
Lindsey, John	1-0-0-0-0	Miller, John	1-0-0-0-0
Lombrecht, Daniel	2-0-0-0-0	Morrice, George	2-0-0-2-0
Leonard, Adam	2-0-0-4-0	Martin, Livi	1-1-0-5-0
Lombrecht, Jacob	1-0-0-0-0	Morgan, William	1-1-6-27-0
Link, Adam	1-0-1-4-0	Moore, David	2-2-1-4-0
Lechtliter, Conrod	1-0-1-5-0	Marshall, William	1-0-0-3-0
Lucas, William	1-0-0-2-0	Messer, Mary	0-0-0-1-0
Lanceshers, Jacob	2-0-0-2-0	Martin, Henry	2-0-0-3-0
Lannon, John	1-0-0-0-0	Marley, Bose	1-0-0-2-0
Leightell, Peter	2-0-0-2-0	Mark, John	2-1-4-11-0
Leps, George	1-1-1-1-1	Manning, Nathaniel	1-0-1-11-0
Llewellen, Richard	1-0-3-4-0	Moore, John	1-0-1-5-0
Lock, John	3-0-3-15-0	Mulenix, Henry Jr.	1-0-0-2-0
Lee, William	1-3-19-11-0	McDonald, James	1-0-0-0-0
Lee, Lancelott	2-1-13-8-0	McKnight, John	1-0-0-0-0
Lane, Thomas Sr.	2-0-0-6-0	McCormack, Moses	1-0-0-1-1
Lane, Thomas Jr.	1-0-0-1-0		
Lashels, Jehu	1-1-3-8-0	McKnight, Harmon	1-0-1-1-1
Long, Thomas	1-0-0-1-0	Mowdy, Adam	1-0-0-0-1
Lay, Jacob	1-0-0-0-0	McDonald, William	1-0-1-4-0
Linn, James	1-0-0-0-0	McDonald, Daniel	1-0-0-0-0
Long, Jacob	0-0-0-1-0	Magara, Mathew	2-1-1-6-0
Lindsey, Alexander	2-0-0-0-0	Mounce?, William	1-0-0-4-0
Lowry, John	2-0-0-0-0	Myers, Ludwick	2-0-0-1-0
Lane, S. James	3-0-1-1-0	McSherry, Hugh	2-0-0-4-0
Likins, James Jr.	1-0-0-0-0	McMurrin, Joseph	1-0-1-6-0
Leach, Walter	1-0-0-0-0	Miles, John	1-0-0-2-0
Line, Henry	3-1-0-4-0	Mitchell, James	1-1-6-10-0
Line, John	3-0-1-1-0	Moore, Garland	2-2-6-9-0
Layley, Michael	1-0-0-0-0	McKenna, Tully	1-0-0-4-0
Levick, Caleb	1-0-0-0-0	Mappin, John	2-0-0-2-0
Lindseycomb, Nathan	2-0-0-1-0	McCarty, John	1-0-0-1-0
		Murphy, John	1-0-0-2-0
Likins, James	4-0-0-0-0	McGowan, John	1-0-0-0-0

Jefferson County, Virginia Personal Property Tax List
1803

Name	Values	Name	Values
Mahu, John	1-0-0-0-0	Miller, Jacob's Heirs	4-0-0-9-0
Moser, Philip	1-0-0-2-0	Myers, John	4-0-0-6-0
McLellen, William	2-0-0-2-0	Miller, John	2-0-0-1-0
Moler, Frederick	1-0-0-3-0	McIntire, Nicholas	1-0-2-6-0
Moler, Henry's heirs	1-0-0-4-0	McIntire, Aaron	1-1-1-4-0
Mitts, George	1-0-0-0-0	McDill, Isaac	1-0-0-1-0
Mallery, William	1-0-0-0-0	McLochlin, John	2-0-0-0-0
McLellen, Archibald	1-0-0-0-0	McPherson, John	4-0-0-12-0
Marpole, John	1-0-0-0-0	McPherson, Daniel	1-0-1-13-0
Malery, Thomas	1-0-0-1-0	McPherson, William	2-0-0-3-0
Malery, George	1-0-0-0-0	McMahon, John	3-0-1-5-0
Moler, John	1-1-1-5-0	McCormack, Moses	3-0-1-6-0
McBride, John	1-0-0-0-0	Murphey, William	1-0-0-5-0
Moler, Michael	1-0-2-5-0	McCormack, James	2-0-0-1-0
Mahu, Elisha	2-0-0-2-0	McCormack, Andrew	4-0-1-5-1
Matheny, Jonah	1-0-0-1-0	Medler, Bazil	1-0-0-0-0
Moler, Adam	1-1-1-5-0	Mitchell, William	1-0-0-4-0
Mahu, John	2-0-0-0-0	McCloy, Alexander	2-0-0-4-0
Morgan, Priscilla	0-1-1-1-0	McCormack, Oliver	1-0-0-3-0
Myers, William	2-0-0-5-0	Mowser, John	1-0-0-4-0
Melvin, John Sr.	3-0-1-6-0	McCormack, George	1-0-0-2-0
McLure, Daniel	1-0-0-2-0	Martin, John	1-0-1-4-0
Moler, Jacob	2-0-1-5-0	Mowser, George	1-0-0-3-0
McWilliams, David's Hs.	3-0-0-11-0	Morgan, William	1-0-0-1-0
Martin, Cavelier	2-0-0-4-0	Morgan, Richard	2-0-0-4-0
Martin, Peter	1-0-0-2-0	McDonald, Hugh	1-0-0-0-0
Martin, Peter Sr.	0-0-0-1-0	McLochlin, Levi	1-0-0-1-0
Melvin, Thomas	1-0-0-5-0	Myers, Thomas	1-0-0-1-0
Melvin, Samuel	1-0-0-5-0	Mitchell, John	1-2-4-5-0
Matheny, John	1-0-0-2-0	McKenny, John	1-0-0-1-0
Massey, Samuel	1-0-0-2-0	Mendenall, Samuel	1-0-0-9-0
Martin, Zepheniah	1-0-0-3	McKenney, Thomas	1-0-0-0-0
Miller, James	1-0-0-3-0	McPhillin, Hugh	1-0-0-1-0
McCarty, John	1-0-0-0-0	Moore, Baker	3-0-0-6-0
McKee, James	1-0-0-0-0	Morgan, Rawleigh	1-1-4-5-0
Moore, Jessee	1-0-2-3-0	Muse Battaile	1-5-20-50-0
Moser, Michael	2-0-0-3-0	Massee, John	1-0-0-0-0
Moser, Stophel	1-0-0-2-0	Morgan, Daniel	1-0-3-7-0
McKance, Thomas	1-0-0-1-1	Morgan, Peggy	0-1-1-1-0
McClinsey, James	1-0-0-0-0		
Morgan, Abraham	1-0-4-6-0		
Melvin, John Jr.	1-0-1-7-0		
Merricle, Daniel	2-0-0-0-0		
Morgan, Andrew	1-0-0-5-0		

Jefferson County, Virginia Personal Property Tax List
1803

Name	Values	Name	Values
Malone, John	1-0-0-3-0	Olt, Jacob	2-0-0-4-0
Middleton, Hutch	1-0-0-0-0	Offert, Joseph	1-0-0-3-0
Miller, Barnhard	1-0-0-0-0	Ogden, John	2-0-0-6-0
Morrow, John	1-2-4-2-0	Oram, Henry	1-0-0-2-0
Motter, John	2-1-0-1-0	Obryan, Edward	1-0-0-0-0
Miller, George	2-0-0-0-0	Offett, Samuel	1-1-0-2-0
Moser, Jacob	1-0-0-4-0	Owlaboch, Simion	2-0-0-2-0
Malon, William	1-0-0-1-0	Osborne, Jonathan	1-0-0-0-0
Mines, John	1-1-1-1-0	Ox, George	1-0-0-1-0
McMaster, John	1-0-0-0-0	Osborne, William	2-0-3-6-0
Miller, John	1-0-0-1-0	Osborne, David	1-0-7-7-0
Markwood, John	1-0-0-0-0	Olt, John	1-1-0-2-0
McCormack, Edw'd.	1-0-0-1-0	Oldham, Edward	1-0-0-0-0
		Orr, John D.	2-1-15-14-0
McCarty, Andrew	1-0-0-0-0	Oldfield, Joseph	1-0-0-0-0
Morrow, Robert	1-0-0-0-0	Orendorff, Henry	2-0-2-7-0
Morrow, William	1-0-0-0-0	Ogleby, David	1-0-1-1-0
McCarty, James	1-0-0-0-0	Pulse, John	1-0-0-1-0
McDonold, James	1-0-0-0-0	Page, Nathaniel	2-0-0-7-0
Miller, John	1-0-0-0-0	Perrell, Alexander	1-0-0-3-0
Mayers, John James	1-0-0-0-0	Pain, John	2-0-0-6-0
		Potter, Ebenezer	1-2-8-7-0
McSherry, Richard	2-0-6-17-0	Plymyer, Henry	2-0-0-4-0
Melton, James	1-0-3-1-0	Perphator, Philip	1-0-0-0-0
Manning, H. Jacob	1-2-8-6-0	Packett, John	0-0-4-7-0
Marshall, David	1-0-0-4-0	Pecher, John	1-0-0-0-0
Murrey, George	2-0-0-6-0	Perkins, Joseph	3-0-0-2-0
Morgan, Thomas	1-0-0-0-0	Pierce, Clement	1-2-7-8-0
Mulinex, Henry Sr.	1-0-0-3-0	Pile, Stephen	1-0-0-0-0
Morrice, James	2-0-0-3-0	Piles, Robert	2-0-0-5-1
Naise, Henry	2-0-0-5-0	Piles, Robert Jr.	1-0-0-1-0
Naise, Jacob	1-0-0-4-0	Pensil, John	2-0-0-4-0
Nelson, John	1-2-5-10-0	Potts, John	1-0-0-2-0
Noftsinger, John	1-0-0-0-0	Parmer, John	1-0-0-3-0
Nicely, Henry	1-0-0-0-0	Piles, William	2-0-0-1-0
Nixon, James	1-0-0-0-0	Panter, John	2-0-0-2-0
Nelson, Robert	1-0-0-0-0	Poland, Samuel	1-0-0-0-0
North, George	2-1-3-7-0	Page, B. William	2-4-11-9-0
Newman, Andrew	1-0-0-0-0	Piper, William	1-0-0-1-0
Orendorff, Christian Jr.	1-0-0-5-0	Pulse, Michael	1-0-0-1-0
		Pulse, George	1-0-0-4-0
Orendorff, Chrisley	1-0-0-0-0	Pulse, David	1-0-0-2-0
Oneal, John	1-0-0-0-0	Pason, John	1-0-0-0-0
Osborne, Thomas	1-1-1-5-0	Perry, John	2-0-0-0-0
Osborne, David Jr.	1-0-2-8-0	Pierce, John	1-0-0-0-0
Obanion, John	1-0-1-3-0	Pope, Peter	1-0-0-0-0

Jefferson County, Virginia Personal Property Tax List
1803

Purcy, Henry	1-0-2-0-1		Jacob Sr.	
Potter, John	1-0-0-1-0		Rockabock, John	3-0-0-0-0
Price, Samuel	1-0-0-0-0		Roab, Solomon	2-0-0-0-0
Patton, David	1-0-0-0-0		Russell, Robert	2-0-0-1-0
Perphator, Christoph	1-0-0-5-0		Roswell, S. George	1-1-0-1-0
			Reachart, Michael	1-0-0-0-0
Perrell, John	1-0-0-1-0		Richardson, William	1-0-0-1-0
Pain, Jacob	1-0-0-2-0			
Riley, Garrett	2-0-0-1-0		Reetz, Charles	1-0-0-0-0
Roberts, William	2-0-1-5-0		Rockafield, Martin	1-0-0-0-0
Roberts, John	1-0-1-2-0		Ramsbarger, John	1-0-0-0-0
Ruse, John	1-0-0-2-0		Roab, George.	1-0-0-0-0
Rockaboch, Jacob Jr.	1-0-0-0-0		Robison, John	1-0-0-0-0
			Richstine, William	2-0-0-0-0
Ronemus, George	1-0-0-3-0		Ray, Mathew	1-0-0-0-0
Riley, James	1-0-0-0-0		Reed, Thomas	1-0-0-1-0
Robison, James	1-0-0-0-0		Robison, James	1-0-0-0-0
Ronemus, Andrew	2-0-0-6-0		Riley, George	1-2-3-10-0
Ronemus, Conrod	2-0-1-6-0		Rodgers, Joseph	1-0-0-0-0
Rutherford, Van	1-0-5-8-0		Rymond, Michael	1-0-0-0-0
Riley, Frederick	1-0-0-0-0		Rutherford, Thomas	1-0-11-11-0
Remley, Samuel	1-0-0-0-0			
Remley, John	1-0-0-0-0		Rivers, Christopher	1-0-0-1-0
Rohrer, John	1-0-0-2-0		Stipp, John Jr.	1-0-2-7-0
Rusler, John	1-0-0-0-0		Staley, Stephen	1-0-0-4-0
Ronemus, Lewis	2-0-1-5-0		Snider, John	1-0-0-5-0
Ryan, John	1-1-0-5-0		Seneca, Adam	1-0-0-2-0
Ryley, Thomas	2-0-0-3-0		Strider, Isaac	1-0-0-7-0
Riley, William	1-0-0-3-0		Simprote, John	1-0-0-1-0
Riddle, Joseph	1-0-0-3-0		Shall, Nicholas Sr.	3-0-0-6-0
Ridelinger, John	1-0-0-0-0		Smith, Lewis	2-0-0-2-0
Richcreek, Philip	1-0-0-3-0		Smith, John	1-0-0-0-1
Remley, Frederick	1-0-0-0-0		Simpson, James	1-0-0-0-0
Rotcroft, Jonas	1-0-0-4-0		Stone, Joe	1-0-0-1-0
Robinson, Joe	1-0-0-0-0		Stayley, Adam	1-0-0-0-0
Rodgers, John	1-0-0-0-0		Shrote, Solomon	3-0-0-5-0
Roberts, Joe	1-0-0-1-0		Smith, Seth	1-0-1-1-0
Russell, John	1-0-0-2-0		Shall, Michael	1-0-0-6-0
Ray, Robert	1-0-0-2-0		Shall, Nicholas Jr.	2-0-0-4-0
Riley, James	1-1-4-6-0		Shintler, Richard	1-0-0-0-0
Ridgeway, Mary	0-1-1-3-0		Spore, Abraham	1-0-0-0-0
Robison, William	1-2-4-6-0		Snider, John	1-0-0-5-0
Reynolds, George	3-1-4-8-0		Shonk, Simon	1-0-0-3-0
Richards, Daniel	1-0-0-2-0		Sappington, Thos.	1-0-1-2-0
Rhodes, John	1-0-0-1-0		Sulser, Mathias	1-0-0-1-0
Rockabock,	2-0-0-0-0		Shrote, John	1-0-0-3-0

28 Jefferson County, Virginia Personal Property Tax List
1803

Name	Values	Name	Values
Saul (negro)	1-0-0-0-0	Sly, Henry	1-0-0-5-0
Solomon (negro)	1-0-0-0-0	Strider, Jacob	2-0-0-1-0
Shanton, Zadock	1-0-0-3-0	Strider, Christena	2-0-4-15-0
Shanton, Charles	1-0-0-4-0	Sheeler, Martin	1-0-0-5-0
Seaborne, William	1-0-0-4-0	Spott, Andrew	1-0-0-0-0
Stipp, John Sr.	3-0-2-6-0	Smurr, John	1-0-0-0-0
Stipp, Susanna	0-0-0-3-0	Seeleg, Jacob	1-0-0-0-0
Shepherd, Abraham	1-1-7-7-0	Swan, James	1-0-0-0-0
Stephens, Dennis	2-1-1-8-0	Simmons, Daniel	1-0-0-1-0
Swearingen, Hezekiah	2-1-6-12-0	Smallwood, George	1-1-1-5-0
Staley, Peter	2-0-0-5-0	Sank, George	1-0-0-0-0
Short, James	1-0-0-4-0	Strean, Samuel	1-0-0-1-0
Shurley, John	1-1-1-5-0	Sleppy, Frederick	1-0-0-0-0
Saunders, Cyrus	3-0-8-11-0	Shook, Peter	1-0-0-2-0
Strother, Benjamin	2-2-12-14-0	Shanaberry, George	1-0-0-3-0
Strother, Anthony	1-3-2-4-0	Simmons, William	2-0-0-3-0
Sweany, Robert	1-0-0-0-0	Sullivan, Hartley	1-0-0-0-0
Stall, Jesse	1-0-0-4-0	Strath, Alexander	1-0-3-4-0
Sentmeyer, George	1-0-0-4-0	Sheely, William	1-0-1-4-0
Straw, John	1-0-0-0-0	Smith, George	1-0-0-0-0
Show, Henry	1-0-0-2-0	Smithy, Lucy	1-1-2-5-0
Show, Catherine	1-0-0-2-0	Smith, Frederick	1-0-0-4-0
Strickland, John	1-0-0-0-0	Shepherd, Godfrey	1-0-0-1-0
Shagely, Jacob	1-0-0-4-1	Sanders, Aaron	2-0-1-2-0
Sly, Matthias	2-1-1-6-0	Simprote, Peter	2-0-0-1-0
Swagler, Matthias	1-0-0-2-0	Shurley, Robert	1-0-0-2-0
Smallwood, Gabriel	1-0-0-2-0	Shurley, James	1-0-3-6-0
Slusher, George	1-0-0-2-0	Sheely, John Sr.	2-0-0-4-0
Speeks, William	1-0-0-2-0	Stean, Frederick	1-0-1-3-0
Stedman, James	2-0-0-6-0	Sinclair, John	2-3-14-12-0
Stedman, William	1-0-0-4-0	Stuart, Archibald	1-0-0-0-0
Stedman, Thomas	1-0-0-3-0	Shipman, Samuel	2-0-0-0-0
Spenser, Samuel	2-0-0-4-0	Smith, William	1-0-0-4-0
Shewbridge, John	3-0-0-12-0	Smith, John	2-0-0-5-0
Stedman, David	1-0-0-0-0	Stephenson, Wm.	1-0-0-0-0
Smith, Daniel	1-0-0-2-0	Stuart, John	1-0-0-4-0
Shurley, Robert	2-0-0-6-0	Stuart, Alexander	1-0-0-0-0
Shurley, Walter Jr.	1-0-0-1-0	Stephenson, Benjamin	1-0-0-1-0
Shurley, Jarvis	2-0-0-5-0	Sprintle, Anthony	1-0-0-0-0
Shurley, John	2-0-0-3-0	Selby, W. B.	2-0-2-1-0
Shurley, James	1-0-0-1-0	Snider, Henry	1-0-0-1-0
Sheely, Samuel	1-0-0-1-0	Sockmon, John Sr.	2-0-0-1-0
Sheely, John	2-0-0-5-0	Shutt, Philip	1-0-1-1-1
Spangler, George	1-0-0-0-0	Smith, George	1-0-0-1-1

Jefferson County, Virginia Personal Property Tax List 1803

Name	Values	Name	Values
Shintler, Conrod Sr.	1-0-0-0-0	Turner, Joseph	3-0-2-10-0
Shintler, Conrod Jr.	1-0-0-0-0	Toole, Joseph	1-0-0-1-0
Sheetz, Martin	4-0-0-0-0	Tucker, John	1-0-0-0-0
Stephens, James	1-0-0-0-0	Thompson, William	1-0-0-2-0
Sockman, Martin	1-0-0-0-0	Throckmorton, Robert	1-1-0-4-0
Shepherd, Thomas	1-0-0-0-0		
Snider, Jacob	1-0-0-0-0	Thornborough, Azariah	1-0-2-4-0
Smurr, Andrew	1-0-0-0-0		
Smurr, Jacob	1-0-0-1-0	Tully, Amos	1-0-0-3-0
Stephens, Thomas	1-0-0-0-0	Thompson, Thomas	1-0-0-0-0
Shanor, George	1-0-0-0-0		
Sockmon, John Jr.	1-0-0-1-0	Thomas, Leonard	4-1-0-6-0
Swearingen, Joseph	2-1-16-20-0	Thompson, John	1-0-0-0-0
		Tucker, Ossee	1-0-0-5-0
Satterfield, Benjamin	1-0-0-2-0	Tracy, Thomas	1-0-0-2-0
		Thompson, John	1-0-0-3-0
Stayley, Daniel	2-0-0-8-0	Tate, William	1-0-0-1-0
Satterfield, William	2-0-0-1-0	Todd, Reese	1-0-0-0-0
Shewbridge, John	2-0-0-2-0	Tone, James	1-0-0-0-0
Satterfield, David	1-0-0-2-0	Thompson, Joe	1-0-0-0-0
Seders, Jessee	1-0-0-0-0	Thompson, Peggy	0-0-2-2-0
Shope, William	1-0-0-0-0	Taylor, William	1-0-2-7-0
Smith, George	1-0-0-3-0	Taylor, Levi	1-1-5-4-0
Sanderson, Alexander	1-1-1-1-0	Talbutt, William	5-1-4-11-0
		Tate, Magnus	2-1-7-13-0
Sponseller, Jacob	1-0-0-1-0	Taylor, John	2-0-3-10-0
Smith, David	1-0-0-0-0	Titus (free man)	1-0-0-2-0
Sprint, Patrick	1-0-0-0-0	Tucker, William	1-0-0-2-0
Stephenson, James	2-0-0-1-0	Throckmorton, John	1-1-11-9-0
Stuard, David	1-0-0-0-0	Toys, Andrew	3-1-6-13-0
Stuard, Thomas	1-0-0-0-0	Thomas, William	1-0-0-0-0
Sutton, John	1-0-0-0-0	Thompson, Henry	1-0-0-0-0
Smith, Moses	1-0-0-1-0	Taylor, Nathaniel	1-0-0-1-0
Smith, William	1-0-0-0-0	Tully, John	1-0-0-0-0

[following three entries appeared at end of F section]

Name	Values	Name	Values
		Turney, Henry	1-0-0-0-0
		Titman, Jacob	1-0-0-0-0
Thompson, Abraham	1-0-0-4-0	Toole, Thomas	1-0-0-1-0
		Tabb, John	2-0-0-0-0
Thompson, Thomas	1-0-0-0-0	Tarnheefe, John	1-0-0-1-0
		Tully, James	1-0-0-0-0
Taylor, George	1-0-0-0-0	Turner, Thomas	2-1-8-14-0
Turner, Elisha	1-0-0-6-0	Thornborough, Prudence	1-0-0-0-1
Toole, John	2-0-0-10-0		
Tabb, Robert	2-0-1-4-0	Tillett, Francis	1-1-0-0-0
Thompson, Joseph	1-0-0-0-0	Underwood,	1-0-0-3-0

Jefferson County, Virginia Personal Property Tax List
1803

Name	Values
Vandoren, George Christean	2-0-0-5-0
Underdunk, Henry	1-0-0-0-0
Vanmetre, Abraham	1-0-0-4-0
Underwood, Jessee	1-0-0-1-0
Vanhorn, John	1-0-0-0-0
Unsell, Henry	1-0-0-1-0
Vanvactor, Joseph	2-0-2-7-0
Violett, Edward	1-0-5-6-0
Vestal, William	1-0-0-1-0
United States	1-0-0-2-0
Unsell, John Sr.	2-0-0-0-0
Vance, Robert	1-0-0-2-0
Volraven, Jonas	2-0-0-5-0
Unsell, John Jr.	2-0-0-1-0
Vestal, John	1-0-0-1-0
Vardear, James	2-0-3-9-0
Vestal, David	1-0-0-1-0
Wright, Samuel	1-0-3-3-0
Watson, John	1-0-0-7-0
Watson, James	1-0-0-6-0
Warrensford, Margaret	0-0-0-1-0
Warrensford, James	1-0-0-3-0
Williams, Isaac	1-0-0-0-0
Weaver, Jacob	1-2-1-15-0
Walpert, Casper	2-0-2-7-1
Wagaley, John	1-0-0-0-0
Welshonce, David	1-0-0-4-0
Whiting, Frank	1-0-9-9-0
White, Thomas	1-0-0-1-0
Wallingsford, Nicholas	1-0-0-2-0
Williams, Zacheriah	1-0-0-5-0
Wilkersham, Abner	1-0-0-0-0
Waters, Isaac	1-0-0-0-0
Welshonce, Joseph	3-0-0-0-0
Wilshimer, Frederick	1-0-0-0-0
Williamson, John	1-0-0-5-0
Whittett, Robert	2-0-2-2-0
Waggener, Wm.	1-0-0-0-0
Woods, Samuel	1-0-0-1-0
Williams, Charles	1-0-0-1-0
Wilmoth, William	1-0-0-4-0
Wager, John Sr.	1-0-1-2-0
Wolfe, Henry	1-0-0-5-0
Williams, John	1-0-0-1-0
Wolfe, Frederick	1-0-0-4-0
Wallace, William	1-0-0-0-0
Waters, William	1-0-0-0-0
Williams, Patrick	1-0-0-0-0
Wolverton, Nathan	1-0-0-1-0
Wilmoth, Joseph	1-0-0-0-0
Wilt, Henry	1-0-0-2-0
Willis, Carver	1-0-5-9-0
White, Alexander	2-0-3-8-0
White, Ann	0-1-0-0-0
Washington, A. Laurance	2-3-12-19-0
Washington, Corbin's estate	3-11-40-30-0
White, Uriah	1-0-0-0-0
Williamson, Jacob Sr.	3-0-0-7-0
Welshonce, Abraham	2-0-0-5-0
Womeldorff, Frederick	2-0-0-2-0
Ward, Thomas	1-0-0-0-0
Wyncoop, Cornelius	1-0-3-3-0
Wycoff, Peter	2-0-0-4-0
West, William	1-0-0-3-0
White, Thomas Sr.	2-1-3-2-0
Welsh, Richard	1-0-2-7-0
Welsh, Zachariah	2-0-1-11-0
Watson, Henry	1-0-0-1-0
Wager, John Jr.	1-2-8-10-0
Wood, Zadock	1-0-0-3-0
Wilson, George	1-0-1-4-0
Watson, Thomas	1-0-0-5-0
Welsh, Jacob	1-0-0-4-0
Worthington, Joe	1-0-1-0-0
Wycoff, Cornelius	1-0-0-1-0
Watson, Henry	1-0-0-2-0
Watson, Daniel	1-0-0-1-0
Woods, Isaac	1-0-0-5-0

Jefferson County, Virginia Personal Property Tax List 1803

Name	Values	Name	Values
West, Thomas	1-0-0-0-0	Work, George	1-0-0-0
Walters, Dr. John	1-0-0-0-0	Willis, Rich	2-1-13-14-0
Wysong, Jacob	2-0-0-0-0	Washington, S. George	1-2-17-15-0
Welshone, Jacob	2-0-0-0-0		
Wissenall, Barney	2-0-0-1-0	Washington, Thorton	1-2-10-10-0
Williamson, Jacob	2-0-1-1-0		
Wartz, Peter	1-0-0-0-0	Washington, Mildred	0-0-3-1-0
Welsh, John	2-0-1-0-0		
Warner, Jacob	1-0-0-0-0	Welsh, Samuel	1-0-0-3-0
Wolfe, George	1-0-0-0-0	Williams, Sarah	1-0-0-2-0
Wingart, John	3-0-0-1-0	Wilson, Thomas	2-0-0-5-0
Williams, O. Edward	1-1-1-1-0	Whiting, Beverly	1-2-21-25-0
		Wilson, John	1-0-0-6-0
Wear, Ralph Jr.	1-0-0-0-0	Wilson, William	1-0-0-4-0
Wear, Ralph Sr.	1-0-0-0-0	York, Anne	1-0-0-2-0
Warner, George	1-0-0-0-0	Yantis, George	1-0-0-0-0
Worley, William	2-0-0-2-0	Young, Peter	1-0-0-0-0
Welshimer, Frederick	1-0-0-0-1	Yontz, Conrod	1-0-0-0-0
		Yates, Joshua	1-0-0-0-0
Wallers, John	1-0-0-0-0	Yates, Charles	2-5-27-21-0
Wilson, Joseph	1-0-0-0-0	Yeasley, Michael	1-0-0-3-0
Werner, John	1-0-0-0-0	Yontz, John	2-0-0-0-0
Ware, John	1-0-0-1-0	Young, Chrisley	1-0-0-0-0
Welson, Moses	2-0-0-0-0	Young, John	1-0-1-1-0
Whitlock, John	1-0-0-0-1	Young, Joseph	1-0-0-0-1
Williamson, Bazel	1-1-1-1-1	Young, James	1-0-0-4-0
Wysong, Michael	1-1-1-2-0	Young, Thomas	1-0-0-3-0
Wood, James	1-1-0-1	Yates, William	1-0-0-0-0

Jefferson County, Virginia Personal Property Tax List
1804

1804

Column numbers refer to: White males above 16 -- Black males above 12 & under 16 years old --Black males above 16 years of age -- Horses, Mares &c -- Ordinary Licenses

Name	Values	Name	Values
Angel, John	1-0-0-0-0	Butler, Ignatius	1-0-0-0-0
Ankrim, Archy	1-0-0-0-0	Breden, H. Robert	1-0-0-0-0
Avis?, Robert	1-0-0-5-0	Bell, Benjamin	2-0-0-1-0
Abert, John	1-0-3-0-0	Boley, John	1-0-3-3-0
Ackmon, Peter	1-0-0-0-0	Boley, Benjamin	1-0-4-4-0
Addy, Robert	3-0-0-6-0	Briscoe, George	3-0-9-7-0
Alder, Marcus	2-2-2-6-0	Bitemon, Buck	1-0-0-1-0
Ainsworth, William	1-0-0-0-0	Bell, Joseph Jr.	1-0-0-3-0
Alstott, Jacob	1-0-0-10-0	Branson, T. Vincent	1-0-0-0-0
Abreal, Jacob	1-0-0-1-0	Baker, Walter	1-0-4-8-0
Alamon, Christion	1-1-1-4-0	Bell, Theodore	2-0-2-1-0
Abbett, James	1-0-0-0-0	Barnhart, Henry	1-0-0-1-0
Abbett, Samuel	1-0-0-1-0	Burr, Moses	1-0-1-2-0
Annin, Samuel	1-0-0-0-0	Burr, William	1-0-0-2-0
Augusta, John	1-0-0-4-0	Burr, James	1-0-0-2-0
Brentner, Frederick	1-0-0-6-0	Blue, Michael	2-0-0-3-0
Bennett, Van	1-1-1-6-0	Bonser, John	1-0-0-1-0
Banks, John	1-2-3-7-0	Backus, Thomas	2-0-0-4-0
Bedinger, Jacob	0-0-0-4-0	Buchanan, P. Alexander	1-1-0-1-0
Bennett, Alexander	2-2-1-6-0		
Bennett, George	1-0-0-1-0	Baden, Rozell & brother	2-0-0-2-0
Brininger, Andrew	1-0-0-2-0		
Buckles, William Sr.	1-0-2-4-0	Brown, Alexander	3-0-0-4-0
Byers, Conrod	1-0-0-2-0	Bazel, John	1-0-0-1-0
Blymire, Henry	1-0-0-2-0	Bowen, William	2-0-0-2-0
Buckles, Henry	1-0-0-3-0	Bowen, Jesse	1-0-1-3-0
Buckles, John	1-0-0-3-0	Burgoin, John	1-0-0-1-0
Buckles, Abraham	1-0-0-3-0	Bennett, Edward	1-0-0-1-0
Buckles, William Jr.	1-0-0-5-0	Briscoe, Ann	0-0-4-4-0
Buckles, Daniel	2-1-2-5-0	Bushmon, Henry	1-0-0-5-0
Blue, Ezechael	1-0-0-2-0	Bushmon, David	1-0-0-1-0
Berry, John	1-0-0-0-0	Bazley, Cornelius	1-0-0-0-0
Butler, William	2-0-3-6-0	Briscoe, John Jr.	1-0-0-1-0
Blue, Joel	1-0-1-5-0	Bell, Joseph Sr.	2-0-0-8-0
Blue, Ezehael	1-0-0-0-0	Beall, Hesekiah	1-1-7-7-0
Byers, John	1-0-0-1-0	Bowen, Jonathan	1-0-0-2-0
Border, Daniel	1-0-0-0-0	Baylor, Lucy	0-1-10-10-0
Brewer, John	1-0-0-0-0	Baylor, Richard	1-2-16-20-0
Burn, Patrick	1-0-0-0-0	Biggs, William	1-0-0-5-0
Burn, Dennis	1-0-0-0-0	Blue, S. John	1-0-1-6-0

Jefferson County, Virginia Personal Property Tax List
1804

Name	Values	Name	Values
Bussell, Benjamin	1-0-2-4-0	Cramer, Frederick	1-0-0-0-0
Bumhall, John Jr.	1-0-0-4-0	Colvert, Nathaniel	1-0-0-0-0
Brown, Adam	1-0-0-1-0	Cookus, Michael	1-0-0-0-0
Brown, Abner	2-0-0-3-0	Commot, Christion	2-0-0-1-0
Bradshaw, Joseph	1-0-0-0-0	Copter, Barnhart	1-0-0-0-0
Bumhall, John Sr.	1-0-0-1-0	Carmon, Henry	1-0-0-0-0
Bridenhart, Christopher	1-0-0-0-0	Coil, George	1-0-0-0-0
		Coil, Abraham	1-0-0-0-0
Brown, William	1-0-0-2-0	Cookus, Henry	2-0-0-2-0
Baker, Henry	1-0-0-0-0	Croft, Philip	1-0-0-0-0
Brown, Joseph	3-0-0-1-0	Cain, William	1-0-0-0-0
Breckenridge, Thomas	1-0-4-4-0	Cremer, Peter	1-0-0-0-0
		Cramer, J. Samuel	1-1-0-1-0
Bell, John	1-0-0-2-0	Cain, John	1-0-0-4-0
Bryan, John	2-2-6-10-0	Conn, Richard	0-2-0-2-0
Bond, Samuel	1-0-1-1-0	Cook, Giles	2-0-8-10-
Bull, Abraham & Amos	2-0-0-3-0	Conn, James & R.	2-0-1-5-0
		Comages, William	1-0-0-2-0
Bull, Ezechael	1-9-9-18-0	Cook, Giles heirs	0-2-6-10-0
Boggs, Robert	1-0-0-1-0	Chaplin, Isaac	2-0-0-4-0
Blackborne, William	2-0-0-4-0	Chopper, Nicholas	1-0-0-0-0
Bond, Nehemiah	1-0-0-0-0	Campbell, John	1-0-1-5-0
Beeler, Benjamin Sr.	2-1-9-17-0	Chamberlain, Elijah	1-1-1-8-0
Beeler, Benjamin 3rd	1-0-0-1-0	Christmon, John	1-0-0-1-0
Burton, Jos[h]ua	2-1-0-5-0	Carlisle, Benjamin	1-0-0-1-0
Brown, Bazil	1-0-0-0-0	Clawson, John	2-0-0-5-0
Briscoe, John Esqr	2-4-21-18-0	Cox, William	1-0-0-1-0
Brown, James	1-0-1-5-0	Cox, Samuel	1-0-0-0-0
Banks, Samuel	1-0-0-1-0	Conn, Thomas	1-0-0-0-0
Buckmaster, Zacharah	2-0-0-0-0	Cock, Washington	0-0-0-0-0
		Coon, Cristly	2-0-0-2-0
Baldwin, Samuel	2-0-0-2-0	Crucher, James	2-0-0-0-0
Bountain, William	1-0-0-2-0	Carson, B. James	1-0-0-0-0
Bendly? William	1-0-0-2-0	Catlett, James	1-0-0-3-0
Blue, Jesse	1-0-0-1-0	Carter, Robert	1-0-3-5-0
Cage, Thomas	1-0-0-1-0	Conklin, Jacob	2-0-0-5-0
Cage, John	1-0-0-1-0	Cruson, William	1-0-0-3-0
Cage, Andrew	1-0-0-2-0	Crowl, Jacob	2-0-0-6-0
Cage, Martin	1-0-0-1-0	Cook, George	1-0-0-1-0
Coil, John	1-0-0-0-0	Cook, Andrew	2-0-0-5-0
Coil, Jacob	1-0-0-0-0	Cook, John	1-0-0-0-0
Cameron, Daniel	1-0-0-0-0	Cahel, William	2-0-0-1-0
Connell, Elizabeth	0-1-0-0-0	Cullumber, Jesse	2-0-0-2-0
Croft, Jacob	2-0-0-0-0	Crook, John	1-0-0-1-0
Conner, Peter	1-0-0-0-0	Collins, Christopher	1-2-0-9-7
Commons, George	1-0-0-0-0	Cockrell, Peter	3-0-2-6-0

Jefferson County, Virginia Personal Property Tax List
1804

Name	Values	Name	Values
Carlisle, John	0-0-0-0-0	Curry, Thomas	3-0-0-1-0
Currant, John	1-0-0-4-0	Clima, Peter	1-0-0-1-0
Copeland, William	1-0-0-0-0	Crafton, J. Russel	1-0-0-2-0
Conway, Cornelius	1-0-0-1-0	Cook, Margaret	0-0-1-1-0
Conway, William	1-0-0-2-0	Copeland, Charles	1-0-0-0-0
Conway, James	1-0-0-0-0	Cordell, Colliln	1-0-0-0-0
Crow, William	1-0-0-1-0	Daub, Nathaniel	2-0-0-1-0
Crow, Israel	1-0-0-0-0	Daylong, Peter	1-0-0-0-0
Crow, Richard	1-0-0-0-0	Davis, Cornelius	1-0-0-0-0
Crawley, James	1-0-0-0-0	Doherty, Patrick	1-0-0-0-0
Cordell, E. George	1-0-0-0-0	Davis, Andrew	1-0-1-5-0
Curry, Jesse	1-0-0-0-0	Daylong, Henry	2-0-0-0-0
Curby, William	1-0-0-0-0	Dernhafe, John	1-0-0-1-0
Cooper, Hiram	1-0-0-1-0	Dibrock, Michael	2-0-0-1-0
Clark, Jesse	2-0-0-3-0	Dennely, Owen	1-0-0-0-0
Chill, Thomas	1-0-0-0-0	Doll, John	1-0-0-1-0
Clasbill, Robert	2-0-0-1-0	Daniels, John	1-1-0-2-0
Chambers, Aaron	1-1-0-0-0	Devanport, Samuel	1-0-4-8-0
Craig, Andrew	1-0-0-4-0	Deevers, Isaac	1-0-0-0-0
Cleveland, Alexander	0-1-4-3-0	Devoy, Michael	1-0-0-0-0
		Duch, Jeramiah	1-0-0-0-0
Collett, Daniel	3-1-1-11-0	Dandridge, S. Adam	0-0-30-21-0
Cook, John	1-0-1-1-0	Dark, Betsey's Guard.	0-0-2-0-0
Cross, Lewis	1-0-0-0-0		
Clepper, Frederick	2-0-0-1-0	Doherty, Charles	1-0-0-0-0
Clepper, Volentine	1-0-0-0-0	Deleyea, William	1-0-3-1-0
Crusen, Derrick	2-0-0-1-0	Dark, Sarah	0-2-6-7-0
Conner, Samuel	1-0-0-0-0	Davis, Leonard	1-0-4-3-0
Cowen, David	1-0-1-4-0	Davis, William	1-1-0-3-0
Connel, William	1-0-0-0-0	Devanport, John	2-0-4-7-0
Conner, Charles	1-0-1-6-0	Davis, Thomas	1-1-2-4-0
Climer, Isaac	1-0-0-2-0	Davis, Leonard Sr.	3-1-6-8-0
Cooper, Thomas	1-0-0-1-0	Durst, John	1-0-2-8-0
Clark, Mima	1-0-0-1-0	Decker, William	1-0-0-2-0
Cooper, Isaac	1-0-0-1-0	Daniels, John	1-0-0-5-0
Craighill, Nathaniel	1-2-9-10-0	Daniels, Samuel	1-0-0-5-0
Crusen, James	1-0-0-1-0	Dunn, Richard	1-0-0-0-0
Crane, Joseph	1-5-9-17-0	Durst, Daniel	1-0-0-1-0
Cox, William	1-0-0-2-0	Duke, James	1-0-0-0-0
Cox, Elisha	1-0-0-1-0	Durst, Paul	2-0-1-5-0
Cox, Kelley	1-0-0-1-0	Davis, W. Joseph	1-0-3-3-0
Cox, John	1-0-0-5-0	Davis, Samuel Sr.	1-0-0-2-0
Coyle, William	1-0-0-0-0	Devanport, Abraham	2-1-14-17-0
Coyle, James	1-0-0-2-0	Dosson, Samuel	1-0-0-1-0
Cross, Rozin	1-0-0-0-0	Dorsey, John	1-0-1-1-0
Copes, Grenberry	2-0-0-3-0	Demett, John	2-1-1-7-0

Jefferson County, Virginia Personal Property Tax List
1804

Name	Values	Name	Values
Dorsey, James	1-0-0-3-0	Fisher, Peter	1-0-0-0-0
Downey, John	1-3-4-12-0	Fiser, Henry	1-0-0-0-0
Dorsey, Michael	2-0-0-3-0	Feaman, George	2-0-0-2-0
Duke, Robert	1-0-0-0-0	Folk, Frederick	1-0-0-2-0
Duke, Charles	1-0-0-0-0	French, Peter	0-0-0-0-0
Duke, Joseph	1-0-0-0-0	Folk, Daniel	1-0-0-1-0
Dillow, Peter	1-0-0-3-0	Fouk, Michael Sr.	1-0-0-0-0
Dillow, John	2-0-0-2-0	Fouk, Frederick	1-0-0-0-0
Dillow, Joseph	2-0-0-3-0	Fouk, Jacob	1-0-0-0-0
Davis, Samuel Jr.	1-0-0-0-0	Ferrel, William	1-0-0-0-0
Dillow, Thomas	1-0-0-0-0	Fiser, Michael	3-0-1-5-0
Dillow, William	1-0-0-3-0	Fouk, Christion	1-0-0-0-0
Deen, Ezechail	1-0-0-1-0	Ferrel, Patrick	1-0-0-0-0
Dillin, John	1-0-0-0-0	Fiser, Jacob	1-0-0-0-0
Downs, William	2-0-0-2-0	Fulton, Anthony	1-0-0-1-0
Dowden, Thomas	1-0-1-4-0	Furby, Waight	1-0-0-0-0
Downs, John	1-0-0-2-0	Fry, John Cons't.	0-0-1-6-0
Entler, Martin	2-0-0-0-0	Farr, Joseph	2-0-0-0-0
Emerson, John	1-0-0-0-0	Fry, Lodwick	1-0-3-7-0
Earnst, Martin	1-0-0-0-0	Fry, George	2-0-0-2-0
Eckhert, Juliana	0-0-1-0-1	Fry, David	2-0-0-6-0
Entler, Philip	3-0-0-0-0	Fronk, Henry	1-0-0-0-0
Eaty, William	4-0-0-0-0	Francis, Thomas	1-0-0-0-0
Edwards, Abraham	1-0-0-0-0	Francis, Arnold	1-0-0-0-0
Eaty, Sebastion	1-0-0-1-0	Francis, James	1-0-0-1-0
Endsley, John	1-0-0-1-0	Furguson, S. James	1-0-3-5-0
Edwards, Andrew	1-0-0-1-0	Furmon, Benjamin	3-0-0-2-0
Eversole, Abraham	1-0-0-3-0	Fiser, Peter	1-0-0-0-0
Evans, Jeremiah	1-0-0-0-0	Furmon, John	1-0-0-1-0
Evans, Thomas	1-0-1-2-0	Faubler, Henry	1-0-0-0-0
Eversole, David	1-0-0-3-0	Fouk, Charles	2-0-0-0-0
Eversole, Jacob	2-0-0-1-0	French, Samuel	1-0-0-0-0
Edwards, Joseph	1-0-1-7-0	Flagg, Thomas	1-2-3-4-1
Emerson, Dire	2-0-0-4-0	Figg, William	1-0-1-7-0
Eversole, Abraham	5-0-0-7-0	Figg, James	1-0-1-6-0
Eversole, Henry	1-0-0-2-0	Farrow, Samuel	1-0-0-2-0
Eversole, Daniel	1-0-0-2-0	Frame, Mathew	1-0-6-11-0
Edwards, Nathan	1-0-0-0-0	Fulton, Robert	1-0-0-1-0
Elliott, William	1-0-0-1-0	Fairfax, Ferdinando	1-9-44-33-0
Essex, Joseph	1-0-0-0-0	Fairfax, Thomas	1-1-4-3-0-
English, John	1-0-0-1-0	Fair, John	1-0-1-2-0
Early, William	1-0-0-1-0	Gutwalt, Jacob	1-0-0-0-0
Elliott, Benjamin	1-0-0-0-0	Grayham, Judith	0-0-1-0-0
Fry, Peter	1-0-0-4-0	Glassford, Alexander	1-0-0-0-0
Funt, George	1-0-0-0-0		
Fouk, Michael	1-0-0-0-0	Gardner, John	1-0-0-0-0

Jefferson County, Virginia Personal Property Tax List
1804

Name	Values	Name	Values
Gartner, John	1-0-0-0-0	Glasscock, Travis	2-0-0-0-0
Green, James	1-0-0-1-0	Grant, Widow	1-0-0-4-0
Graney, Joseph	1-0-0-0-0	Galloway, William	1-0-1-8-0
Genter, Cornod [Conrod]	1-0-0-0-0	Gerrett, James	1-0-1-3-0
		Gold, John	1-0-2-5-0
Grayham, Mathew	1-0-0-0-0	Greenfield, Gabrial	1-3-6-6-0
Greenly, John	1-0-0-0-0	Garrison, Nehemiah	2-0-1-3-0
Grove, Melchair	1-0-0-0-0	Grubb, William	3-0-0-11-0
Grove, Jacob	1-0-0-2-0	Grubb, Curtis	1-1-0-1-0
Gilbert, Henry	1-0-0-0-0	Grubb, Adam	1-0-0-4-0
Gilbert, Elias	1-0-0-2-0	Grant, James	1-0-0-1-0
Gilbert, William	1-0-0-1-1	Glasscock, Asa	1-0-0-0-0
Grafton, Ambrose	1-1-0-6-0	Giddins, Austin	1-0-0-1-0
Griggs, John	2-2-5-11-0	Gantt, Edward	1-0-2-0-0
Gibbins, John	1-0-0-0-0	Griggs, Thomas	1-0-1-1-0
Grady, Thomas	3-0-0-1-0	Gasaway, John	1-0-0-1-0
Gibbins, Maurice	1-2-3-4-1	Gilpin, William	1-0-0-0-0
Grantham, John cont.	0-0-0-3-0	Gasaway, Thomas	1-0-0-4-0
		Gantt, John	3-4-13-10-0
Grantham, John	1-0-0-1-0	Gwin, Humphrey	1-3-7-10-0
Gipson, Frank	1-0-0-2-0	Gooding, Gabrial	1-0-0-3-0
Grantham, Joseph	1-2-5-8-0	Games, John	1-0-0-2-0
Gibbins, Isaac	1-0-0-1-0	Games, Robert	2-0-0-4-0
Gibbins, Moses	1-1-2-5-0	Gardner, John	2-0-1-4-0
Garver, John	1-0-0-5-0	Garnhart, Henry	1-1-1-4-0
Glenn, James	1-0-0-0-0	Gregory, Presley	2-0-0-1-0
Glenn, Thomas	3-0-0-1-0	Griffith, David's Admr	0-3-12-9-0
Glenn, James	1-0-5-7-0		
Griggs, Thomas	1-3-15-20-0	Hout, Rudolph	1-0-0-2-0
Grantham, John Sr.	1-0-0-5-0	Hoffmon, Robert	1-0-0-4-0
Grantham, Catherine	0-0-0-3-0	Hoffmon, John	1-0-0-4-0
		Hanes, Henry	1-0-0-2-0
Glaze, Thomas	1-0-0-1-0	Hill, Christion	1-0-0-0-0
Gill, John	1-0-0-0-0	Hiser, Adam	1-0-0-0-0
Gibbs, William	2-1-2-1-0	Hiser, John Jr.	4-0-0-0-0
Grove, John	2-1-3-1-0	Hiser, John Sr.	1-0-0-0-0
Grove, William	1-0-0-0-0	Heastont, David	1-0-0-0-0
Goldsberry, Tiddy	1-0-0-2-0	Hewit, John	3-0-0-0-0
Goldsberry, Edward	2-0-0-2-0	Huffmon, John	1-0-0-0-0
Goldsberry, John	1-0-0-0-0	Henry, Nathaniel	1-0-0-0-0
Goldsberry, Bensen	1-0-0-0-0	Hite, John	1-0-0-1-0
Goldsberry, Benjamin	2-0-0-2-0	Harris, David	1-0-0-0-0
		Hart, Thomas Sr.	1-0-2-3-0
Games, Bazel	1-0-0-0-0	Hart, Thomas Jr.	1-0-1-5-0
Gowen, Gason	2-0-0-2-0	Heatmon, John	1-0-0-0-0
Grooms, James	1-0-0-0-0	Hanes, Jacob	2-0-1-1-0

Jefferson County, Virginia Personal Property Tax List
1804

Name	Values	Name	Values
Hanes, John	2-0-0-0-0	Hiatt, John	1-0-0-4-0
Humes, John	1-0-0-0-0	Hendrix, William	1-0-0-5-0
Hartmon, Martin	1-0-0-0-0	Hurst, James	1-4-12-12-0
Hufmon, Joseph	1-0-0-0-0	Hall, William	1-0-0-2-0
Humes, William	1-0-0-1-0	Hall, Thomas Sr.	2-0-0-3-0
Hofstetler, Samuel	1-0-0-0-0	Hanes, John	3-0-0-8-0
Hammond, Philip	1-0-0-1-0	Hall, Thomas	1-0-0-4-0
Hanes, Nicholas	1-0-0-0-0	Howel, Samuel	2-0-1-1-0
Hendrix, Daniel	1-0-0-7-0	Hanes, Peter	2-0-0-0-0
Hiett, James	1-0-0-4-0	Harris, S. George	1-0-0-0-0
Hessey, John	1-0-0-0-0	Hawn, John	1-0-0-1-0
Hutchison, John	1-0-0-2-0	Hogan, James	1-0-0-0-0
Hite, Fanney	0-2-6-9-0-	Hanby, William	1-0-0-0-0
Harris, Fielder	1-0-0-0-0	Hanes, Henry	1-0-1-3-1
Hardesty, Richard	1-0-2-6-0	Humphreys, John & Geo.	2-0-1-1-0
Harmison, Jonathan	1-0-0-1-0		
Housmon, Martin	1-0-1-3-0	Howard, Henry	1-0-0-0-0
Hays, Andrew	1-0-0-6-0	Howard, Martin	2-0-1-3-0
Hoge, Moses	0-2-4-2-0	Heaney, John	1-0-2-1-0
Hunt, James	1-0-0-3-0	Hail, Thomas	2-0-0-3-0
Harper, Ebenezar, Sr.	1-0-1-3-0	Hail, Samuel	1-0-0-0-0
		Hanes, Nathan	2-0-1-9-0
Harper, Ebenezar Jr.	1-0-0-1-0	Hanes, John	2-0-0-2-0
Hays, John	1-0-0-0-0	Hughs, Charles	1-0-0-2-0
Henderson, Henry	1-0-1-1-0	Hughs, Thomas	2-0-0-2-0
Hagly, George	1-0-0-6-0	Hall, Joseph	1-0-2-1-0
Hall, Anthony Sr.	2-0-0-4-0	Homes, Bartlett	1-0-0-0-0
Hall, William	1-0-0-2-0	Heskett, Joseph	1-0-0-2-0
Hamilton, A. John	1-0-1-3-0	Hagy, Isaac	1-0-1-1-0
Hamilton, Benjamin	1-0-0-0-0	Henderson, John	2-1-1-3-0
Hall, Sarah	0-0-0-4-0	Heath, Levi	0-0-1-2-0
Hendrix, Elizabeth	0-0-0-2-0	Hammond, James heirs	0-5-4-9-0
Hall, Thomas	1-0-0-1-0		
Hendrix, James	2-0-3-9-0	Hall, Thomas Jr.	1-0-2-1-0
Harris, Jeremiah	1-0-0-2-0	Hollis, Joseph	1-0-0-0-0
Hite, George	1-0-3-6-0	Hollis, Samuel	1-0-0-2-0
Harrier, Martin	1-0-0-4-0	Humphreys, Rachel	1-0-0-1-0
Homes, Richard	1-0-0-0-0	Hammond, Adam	1-0-0-2-0
Hite, Joseph Jr.	1-0-0-3-0	Haslip, Richard Sr.	1-0-1-2-0
Hively, Abraham	1-0-0-0-0	Heath, Zachariah	2-0-0-0-0
Hite, Joseph Sr.	3-1-2-5-0	Haslip, Richard Jr.	1-0-0-3-0
Hite, James	1-3-6-12-0	Honnel, Jacob Sr.	2-0-0-4-0
Hite, Samuel	1-0-1-3-0	Honnel, John	1-0-0-2-0
Hanseker, Peter	2-0-0-6-0	Honnel, Jacob Jr.	1-0-0-2-0
Hiatt, William Jr.	1-0-1-5-0	Hiskett, John	1-0-0-3-0
Hiatt, William Sr.	3-0-1-7-0	Hiskett, Ann	1-0-0-3-0

Jefferson County, Virginia Personal Property Tax List
1804

Name	Values	Name	Values
Hiskett, Benjamin Sr.	3-0-0-4-0	Jackson, George	1-0-0-0-0
Hiskett, Timothy	1-0-0-1-0	Jackson, James	1-0-0-3-0
Hiskett, Benjamin	1-0-0-1-0	Jones, Thomas	1-0-0-0-0
Hooper, William	1-0-0-1-0	Jones, John	1-0-0-5-0
Herbough, Leonard	1-1-0-1-0	Jones, Thomas	2-0-0-4-0
Herbough, Thomas	1-0-0-0-0	Krout, Daniel	1-0-0-0-0
Humphreys, David	1-0-2-1-0	Kinear, John	1-0-0-0-0
Hammond, Thomas	2-1-10-20-0	Kensella, Jacob	1-0-0-1-0
Hodges, John	1-0-0-0-0	Kimes, Henry	2-0-0-0-0
Hays, Thomas	2-2-1-3-0	Kline, John	1-0-0-0-0
Howard, William	1-0-0-2-0	Kenedy, Thomas	1-0-0-0-0
Hurst, John	1-2-4-4-0	Kline, Peter	1-0-0-0-0
Hibbins, William	1-0-1-5-0	Koonce, Abraham	1-0-0-3-0
Hanes, Andrew	2-0-0-4-0	Koonce, Jacob	2-0-0-5-0
Hall, Thomas	1-0-0-3-0	Koonce, Jacob Jr.	1-0-0-2-0
Harding, H. William	1-3-7-11-0	Kearsley, John	1-0-4-2-0
Hart, Miles	1-0-0-0-0	Kean, Jonah	1-0-0-0-0
Hardesty, Joseph	1-1-1-3-0	Kline, Daniel	1-0-0-1-0
Hardesty, George	1-0-0-0-0	Kidwell, William	1-0-0-2-0
Howell, Butler	1-0-0-0-0	Kiplinger, Adam	3-0-0-5-0
Jones, William	1-0-0-4-0	Kirkhart, Jacob	1-0-0-0-0
Jones, Jonathan	1-0-0-2-0	Kearney, James	2-1-11-19-0
Jones, George	1-0-0-3-0	Kearney, William	1-0-3-6-0
Johnston, David	1-0-0-0-0	Kearney, Anthony	1-0-0-5-0
Jenkins, Elixes	1-0-0-0-0	Kiles, Agness	2-0-0-7-0
Jacob at H. F.	1-0-0-2-0	Kiles, John	2-0-1-2-0
Jackson, John	1-0-0-3-0	Kiles, James	1-0-0-0-0
Jones, David	1-0-0-1-0	Kerchavill, Benjamin	3-0-1-6-0
Jones, John	1-0-0-0-0	Kiserkre, Aaron	2-0-0-3-0
Ingle, Philip Sr.	3-0-1-8-0	King, William	2-0-1-5-0
Ingle, William	1-0-0-2-0	Kemp, Gabrial	1-0-0-1-0
Ingle, Joseph	1-0-0-2-0	Kearney, Edward	1-0-1-1-0
Ingle, John	1-0-0-5-0	Kelly, Sampson	1-0-0-1-0
Ingle, Philip Jr.	1-0-0-6-0	Ketro, Jacob	1-0-0-1-0
Ingle, Michael	1-0-0-0-0	Kearsley, Jonathan	1-1-1-2-0
Jinkins, Edward	1-0-0-0-0	Keys, Gershon	0-3-0-6-0
Jones, Frank	1-0-0-3-0	Krim, Peter Jr.	1-0-0-2-0
Ingrum, John	1-0-0-0-0	Krim, Michael	1-0-0-0-0
Isler, Henry	3-0-0-0-0	Krim, Peter Sr.	1-0-0-4-0
Johnston, William	1-0-0-0-0	King, Samuel	1-0-0-1-0
Johnston, John	1-0-0-0-0	Kenedy, John	3-0-2-1-0
Johnston, Robert	1-0-0-0-0	King, James	1-0-0-0-0
Jackson, William	1-0-0-0-0	Keller, John	1-0-0-0-0
Jackson, Peter	1-0-0-2-0	Kelenbarger, Michael	1-1-0-4-0
Jackson, David	1-0-0-1-0		

Jefferson County, Virginia Personal Property Tax List 1804

[following three entries appeared after Y section]		Likens, Thomas	4-0-0-0-0
		Lowry, R. William	1-0-0-1-0
Kelenbarger, Peter	1-0-0-5-0	Lane, W. Wiloughby	2-0-1-1-0
Kearney, Alexander	2-0-0-4-0	Lashels, Jehu	1-1-4-7-0
Keys, Thomas	1-1-1-6-0	Leborne, Michael	1-0-0-0-0
Lancaster, Joseph	1-0-0-2-0	Lock, John Sr.	1-0-3-5-0
Line, Henry	2-1-0-4-0	Lock, James	1-0-0-4-0
Layley, Michael	1-0-0-0-0	Lock, John Jr.	1-0-0-1-0
Line, John	2-0-1-1-0	Lee, Lancelott	2-2-14-6-0
Lay, Jacob	1-0-0-0-0	Leighell, Peter	2-0-0-2-0
Linn, James	1-0-0-0-0	Lannan, Aaron	1-0-0-1-0
Likens, James Jr.	2-0-0-0-0	Lucas, William	1-0-0-2-0
Long, Jacob	1-0-0-1-0	Little, William	1-1-5-6-0
Lindsey, Alexander	1-0-0-0-0	Little, Charles	1-0-0-1-0
Lane, S. James	3-1-0-1-0	Lee, William	1-3-20-11-0
Lowry, John	1-0-0-0-0	Livingston, Adam	2-1-0-5-0
Lyle, Margaret	0-0-1-0-0	Moler, Mary	0-0-0-2-0
Lindsiconb, Nathn'l	2-0-0-1-0	Miller, Barnhart	1-0-0-0-0
Lavick, Caleb	1-0-0-0-0	Miller, John	2-0-0-1-0
Lucas, Edward	2-1-2-13-0	Morgan, Abraham	2-0-4-9-0
Lightliter, Conrod	1-0-1-4-0	Morgan, Daniel	1-0-3-8-0
Lancaster, John	1-0-0-0-0	McKean, Thomas	1-0-0-0-0
Lepps, Henry	1-0-0-0-0	Massey, John	1-0-0-0-0
Lindsey, John	1-0-0-0-0	Miller, George	1-0-0-0-0
Lucas, Robert	1-0-2-5-0	Motter, John	3-0-0-1-0
Leonard, Adam	2-0-0-4-0	Moyer, Jacob	1-0-0-0-0
Lemen, John	2-0-1-3-0	Mericle, Daniel	1-0-0-0-0
Lemen, William	2-0-0-9-0	Matson, Elijah	1-0-0-0-0
Lock, Alexander	1-2-0-5-0	Macky, McCullock	0-0-0-0-0
Lemen, Robert	3-0-0-5-0	Magarry, Mathew	2-0-1-5-0
Lafferty, George	1-0-0-3-0	Morrow, John	1-2-3-1-0
Litehowser, Mathias	1-0-0-0-0	Martin, Levi	1-0-1-7-0
Lane, Thomas	1-1-0-10-0	Myers, Lodwick	2-0-0-1-0
Lemen, Alexander	2-0-0-5-0	McIntire, Aaron	1-1-1-7-0
Lombrect, Jacob	1-0-0-0-0	Morgan, Zach.'s heirs	0-1-0-1-0
Lafferty, Thomas	3-0-3-7-0		
Lankesiers, Jacob	2-0-0-2-0	Moler, Frederick	1-0-0-3-0
Lannen, John	1-0-0-0-0	Metts, George	1-0-0-0-0
Link, Adam	1-0-1-4-0	McClalland, Archabald	1-0-0-0-0
Lombrect, Daniel	1-0-0-4-0		
Lowndes, Charles	1-0-5-2-0	Malary, Thomas	1-0-0-0-0
Lewellin, Richard	1-1-6-6-0	Malary, George	1-0-0-0-0
Line, William	1-2-9-8-0	Malary, William	1-0-0-0-0
Lucas, George	1-0-0-0-0	McInella, Thomas	1-0-0-0-0
Lucas, Jacob	1-0-0-0-0	Marshall, David	1-0-0-5-0
Lantes, Samuel	2-0-0-1-0	Myers, William	1-0-0-5-0

Jefferson County, Virginia Personal Property Tax List
1804

Name	Values	Name	Values
Moler, Adam	1-0-2-5-0	Murphey, John	1-0-0-1-0
Martin, Cavalier	2-0-0-5-0	Marley, Rose	1-0-0-2-0
Martin, Peter Jr.	1-0-0-0-0	Manning, H. Jacob	1-2-8-6-0
Martin, Peter Cons't.	0-0-0-1-0	Mappen, John	2-0-0-2-0
McCormack, Andrew	2-0-2-7-1	Morgan, Rawleigh	1-1-4-6-0
McCormack, Andrew Jr.	1-0-0-1-0	Mitchell, James	1-1-6-10-0
		Mitchell, John	1-2-4-5-0
Moler, John	1-1-1-6-0	Morgan, William	1-0-0-1-0
Manning, Nathn'l	1-0-2-6-0	McCormick, Moses Jr.	1-0-0-0-0
Morgan, Richard	3-0-0-8-0		
McLaughlin, Daniel	1-0-0-0-0	McMurran, Joseph	1-0-1-4-0
McIntire, Nicholas	1-1-2-6-0	McDaniel, William	1-0-1-4-0
Melvin, Samuel	1-0-0-4-0	Moler, Michael	1-0-2-5-0
McKnight, Harmon	1-0-1-1-1	Mendenall, Samuel	1-0-0-8-0
Macoherty, James	1-0-0-1-0	McCance, Thomas	1-0-0-1-1
McKnight, John	1-0-0-0-0	Murphey, Jonathan	1-0-0-0-0
Mowser, George	1-0-0-4-0	McKendee, John	1-0-0-1-0
Mitchell, William	2-0-0-6-0	McCleney, James	1-0-0-0-0
Mulinex, Henry Jr.	1-0-0-2-0	Malin, William Cons't.	0-0-0-1-0
McDaniel, James	1-0-0-0-0		
Mowdy, Adam	1-0-0-1-1	Miller, Jos[h]ua	1-0-0-0-0
Moore, John	1-0-1-4-0	Miller, John (Taylor)	1-0-1-1-0
Miller, John's heirs	4-0-0-7-0	McQuade, Edward	1-0-0-0-0
Miller, John	1-0-0-1-0	McQuade, John	1-0-0-0-0
Melvin, John Sr.	1-0-0-1-0	McDaniel, Hugh	1-0-0-0-0
Melvin, Silas	1-0-0-3-0	Moser, Philip	1-0-0-1-0
Melvin, Benjamin	1-0-1-3-0	Morrow, William	1-0-1-1-0
Morgan, Andrew	1-0-0-5-0	Morrow, Robert	1-0-0-0-0
McClure, Daniel	1-0-0-2-0	Moore, Jonathan	1-0-0-0-0
Moore, Jesse	1-0-2-4-0	Marshell, James	1-0-0-1-0
Meyhu, John	1-0-0-0-0	Markwood, Jacob	1-0-0-0-0
Myers, John	4-0-0-6-0	McDaniel, James	1-0-0-0-0
Moore, David	3-2-1-4-0	Massey, Jesse	1-0-0-0-0
Moore, Garland	1-0-6-7-0	McCarty, Andrew	1-0-0-0-0
Moore, Vincent	1-0-0-1-0	Markwood, Michael	1-0-0-0-0
Moore, John	1-0-0-1-0	McMasters, John	1-0-0-1-0
Mountz, William	1-0-0-4-0	McCormick, Edward	1-0-0-1-0
McBride, John	1-0-0-0-0	McFerson, John	3-1-0-12-0
Mowser, Christopher	1-0-0-1-0	McWilliams, Wm., Robt. & Geo.	3-0-0-12-0
Melvin, Thomas	1-0-0-5-0		
Melvin, John Jr.	1-0-1-6-0	McCartny, Joseph	1-0-0-0-0
Morgan, Prissilla	0-1-0-1-0	McGowen, John	1-0-0-0-0
Morgan, William	1-2-6-26-0	McCormick, Moses	3-0-1-7-0
Moler, Jacob	1-0-1-5-0	McClory, Alexander	2-0-0-5-0
McSherry, Richard	2-0-7-13-0	McPherson, Daniel	1-0-2-14-0
Morris, George	1-0-0-2-0	McLaughlin, Levi	1-0-0-0-0

Jefferson County, Virginia Personal Property Tax List 41
1804

McMiken, John Sr.	3-0-0-7-0		Orndorff, Henry	2-0-2-7-0
McMiken, John Jr.	1-0-1-2-0		Osborne, David Jr.	1-0-1-6-0
Miller, James	1-0-0-3-0		Orndorff, Christopher	3-0-0-6-0
Martin, Zepheniah	1-0-0-3-0			
Mahoney, Clement	1-0-0-0-0		Oldham, Edward	1-0-0-0-0
Mahony, James	1-0-0-2-0		Owens, Thomas	1-0-0-0-0
Matheny, Jones	1-0-0-1-0		Offert, Joseph	2-0-0-2-0
Matheny, John	1-0-0-1-0		Oram, Henry	1-0-0-2-0
McCarty, John	1-0-0-4-0		Ogelsby, David	1-0-2-2-0
Moore, John	1-0-0-0-0		Orr, D. John	2-1-19-15-0
Muse, Battail's heirs	0-2-21-28-0		Obanion, John	1-0-2-5-0
Moser, Jacob	1-0-0-4-0		Ogden, John	2-0-0-6-0
Martin, Henry	2-0-0-3-0		Ott, John	1-1-0-1-0
McKenney, Tully	1-0-0-4-0		Pierce, John	1-0-0-0-0
McClure, Daniel	1-0-0-2-0		Perry, John	2-0-0-0-0
[following nine entries appeared after W section]			Pope, Peter	1-0-0-0-0
			Perkins, Joseph	3-0-0-1-0
McFerson, William	1-0-0-2-0		Peacher, John	1-0-0-0-0
McSherry, Hugh	2-0-0-4-0		Pile, Robert	1-0-0-2-0
Miles, John	1-0-0-2-0		Pultz, Michael	1-0-0-1-0
McClellen, William	2-0-0-2-0		Pultz, David	1-0-0-2-0
McCormick, James	2-0-0-1-0		Pultz, George	1-0-0-4-0
Moore, Baker	3-0-0-6-0		Pain, Jacob	1-0-0-1-0
Melinex, Henry Sr.	1-0-0-2-0		Pultz, John	1-0-0-1-0
Maurice, James Sr.	2-0-0-3-0		Page, Nathaniel	3-0-0-7-0
Moser, Jacob	2-0-0-3-0		Piper, Jacob	1-0-0-0-0
Noftsinger, John	1-0-0-0-0		Potter, Ebinezar	1-2-7-8-0
Nicely, Henry	1-0-0-0-0		Peck, Zadock	1-0-0-0-0
Nixon, James	1-0-0-0-0		Pritchett, Jesse	1-0-0-1-0
Night, Jacob	1-0-0-0-0		Perphator, William	1-0-0-0-0
Nace, Jacob	1-0-0-3-0		Potts, David	1-0-0-0-0
Nace, Henry	2-0-0-5-0		Piles, William	1-0-0-1-0
Newman, Andrew	1-0-0-0-0		Pierce, Clements Admr.	1-2-7-8-0
Nelson, Robert	1-0-0-0-0			
North, George	1-1-3-3-0		Potts, John	1-0-0-1-0
Neal, Francis	1-0-0-1-0		Purnell, Jesse	1-0-0-0-0
Nelson, John	1-3-5-10-0		Perry, Thomas	1-0-0-1-0
Oneal, John	1-0-0-0-0		Pess?, Thomas	1-0-0-0-0
Osborne, Jonathan	1-0-0-0-0		Patton, David	1-0-0-0-0
Olabork, Simion	1-0-0-2-0		Porterfield, Leonard	1-0-0-1-0
Ox, George	1-0-0-1-0		Purcy, Henry	1-0-2-0-1
Orndorff, John	1-0-0-1-0		Price, Samuel	1-0-0-0-0
Osborne, Thomas	1-1-1-7-0		Proctor, James	2-0-0-0-0
Osborne, David	1-1-7-8-0		Page, B. William	2-0-16-10-0
Osborne, William	1-1-4-6-0		Piper, William	1-0-0-1-0
Offert, O. Samuel	1-1-0-2-0		Painter, John	1-0-0-2-0

Jefferson County, Virginia Personal Property Tax List
1804

Palmer, John	1-0-0-4-0	Ronamus, Andrew	3-0-0-6-0
Potowmach Company	1-2-59-0-0	Roberts, Thomas	1-0-0-1-0
		Riley, Alexander	1-2-4-9-0
Price, F. John	1-0-1-0-0	Ray, Robert	1-0-0-2-0
[following four entries appeared at end of R section]		Russel, John	1-0-0-2-0
		Richards, Daniel	1-0-0-2-0
Packett, John	0-0-3-7-0	Riley, Robert	1-0-0-0-0
Piles, Robert	2-0-0-5-1	Ridgeway, Mary	0-1-2-3-0
Pencel, John	2-0-0-4-0	Roper, Nicholas	1-0-1-2-0
Panter, John	2-0-0-2-0	Reed, Samuel	1-0-0-0-0
Remly, John	1-0-0-0-0	Riley, Thomas	2-0-0-4-0
Riddle, Joseph	1-0-0-3-0	Richcreek, Philip	1-0-0-4-0
Richardson, William	1-0-0-0-0	Robertson, William	1-2-4-6-0
Ruchabough, John	2-0-0-0-0	Riley, Garrett	2-0-0-1-0
Ruchabough, Jacob	1-0-0-0-0	Richards, Daniel	1-0-0-2-0
Russel, Robert	2-0-0-1-0	Rhodes, John	1-0-0-0-0
Remsburgh, John	1-0-0-1-0	Rivers, Christopher	1-0-0-1-0
Retz, Charles	1-0-0-1-0	Riley, William	1-0-0-3-0
Russel, Arthur	1-0-0-0-0	Smith, George	1-0-0-1-1
Rob, George	1-0-0-0-0	Sturm, Henry	1-0-0-2-0
Rob, Solomon	1-0-0-0-0	Show, Jacob	1-0-0-0-0
Rigerd, Michael	2-0-0-0-0	Show, Christiana	0-0-0-2-0
Robinson, John	1-0-0-0-0	Smurr, Peter	1-0-0-0-0
Rightstine, William	2-0-0-0-0	Snider, Henry	1-0-0-1-0
Rozell, S. George	1-0-0-1-0	Sockmon, Martin	1-0-0-0-0
Remley, Frederick	1-0-0-0-0	Sockmon, John Sr.	2-0-0-1-0
Reed, William	1-0-0-0-0	Shepherd, John	1-0-0-1-0
Rusler, John	1-0-0-0-0	Shepherd, Thomas	1-0-0-0-0
Riley, Frederick	1-0-0-0-0	Stong, Jacob	1-0-0-0-0
Routroff, Jones	1-0-0-4-0	Selby, B. Walter	2-2-1-1-0
Rion, John	1-0-0-3-0	Stailey, Daniel	1-0-1-8-0
Ronamus, George	1-0-0-3-0	Stailey, John	1-0-0-0-0
Roberts, John	1-0-0-3-0	Shook, Peter	1-0-0-2-0
Roberts, Samuel Sr.	2-0-0-6-0	Shutt, Philip	1-0-1-1-1
Rohr, John	2-0-0-2-0	Smurr, Jacob	1-0-0-1-0
Riley, George	1-2-3-9-0	Smurr, Andrew	1-0-0-0-0
Reynolds, George	2-1-4-9-0	Stephens, James	1-0-0-0-0
Ronamus, Conrod	2-0-1-6-0	Sheetz, Martin	4-0-0-1-0
Ronamus, Lewis	2-0-0-4-0	Shintler, Conrod Jr.	1-0-0-0-0
Rogers, James	1-0-0-2-0	Shintler, Conrod Sr.	1-0-0-0-0
Ruckenbough, Jacob	2-0-0-0-0	Shoppert, Philip	1-0-0-0-0
		Sockmon, John Jr.	1-0-0-2-0
Robinson, George	1-0-0-0-0	Stephenson, Benjamin	1-1-0-2-0
Rutherford, Van	1-1-6-14-0		
Rutherford, Thomas	1-0-11-11-0	Smurr, John	1-0-0-0-0
Ruce, John	1-0-0-2-0	Shuch, Jacob	1-0-0-0-0

Jefferson County, Virginia Personal Property Tax List 1804

Name	Values	Name	Values
Stewart, William	1-0-0-0-0	Shepherd, Abraham	1-1-7-10-0
Sickafoos, John	1-0-0-0-0	Sagathy, Peter	1-0-0-0-0
Seeleg, Frederick	1-0-0-0-0	Sappington, Thomas	1-0-1-3-0
Struckland, John	1-0-0-0-0	Swagler, Mathias	1-0-0-2-0
Straw, John	1-0-0-0-0	Strider, Jacob	0-0-0-3-0
Stephens, John	1-0-0-1-0	Strider, Christiana	2-0-3-19-0
Snider, Jacob	1-0-0-0-0	Sly, Henry	1-0-0-2-0
Stipp, John Jr.	2-0-0-5-0	Sly, Mathias	1-0-0-5-0
Stailey, Stephen	2-0-0-5-0	Spangle, George	1-0-0-0-0
Strain, Samuel	1-0-0-1-0	Short, George	1-0-0-1-0
Shunk, Simion	1-0-0-2-0	Spotts, Andrew	1-0-0-0-0
Sigler, Frederick	0-0-0-0-0	Strother, Benjamin	2-2-12-15-0
Stailey, Jacob	1-0-0-0-0	Simprote, Jacob	1-0-0-0-0
Stailey, Peter	2-0-0-6-0	Shall, Michael	1-0-0-5-0
Stephens, Dennis	2-0-2-7-0	Shindler, Richard	1-0-0-0-0
Strother, Anthony	1-2-2-3-0	Stip, John Sr.	2-0-1-6-0
Simprote, John	1-0-0-1-0	Stip, George	1-0-1-4-0
Strider, Isaac	1-0-0-6-0	Swearingen, Joseph	1-1-16-23-0
Solomon (free negro)	1-0-0-0-0	Stephens, Thomas	1-0-0-0-0
		Slaughter, Smith	1-0-10-11-0
Shineberry, George	1-0-0-2-0	Swango, Isaac	2-0-0-4-0
Shrote, Solomon	3-0-0-4-0	Shurly, John	1-0-1-6-0
Shrote, John	1-0-0-2-0	Smalwood, George	2-1-1-5-0
Simprote, Daniel	1-0-0-2-0	Swearingen, Hesekiah	2-1-6-12-0
Shall, Nicholas Jr.	2-0-0-7-0		
Smith, Moses	1-0-0-1-0	Shurly, William	1-0-0-1-0
Smith, John	1-0-0-1-1	Stanford, John	1-0-0-0-0
Simprote, James	1-0-0-0-0	Stewert, Thomas	1-0-0-1-0
Shall, Nicholas Sr.	2-0-0-6-0	Stewert, David	1-0-0-0-0
Shall, Bartholomew	1-0-0-0-0	Sherly, Samuel	1-0-0-0-0
Smith, Seth	2-0-1-1-0	Sherley, Michael	1-0-0-0-0
Shurley, James	1-0-2-6-0	Sutton, John	1-0-0-0-0
Smock, Mathias	1-0-0-0-0	Stephenson, William	1-0-0-0-0
Stone, Joseph	2-0-0-0-0	Sponsiller, Jacob	1-0-0-0-0
Smith, William	1-0-0-0-0	Stewert, John	1-0-0-4-0
Smith, Henry	1-0-0-0-0	Spangler, John	1-0-0-0-0
Stall, Jesse	1-0-0-4-0	Stephenson, James	2-0-1-1-0
Shanton, Zadock	1-0-0-3-0	Saunderson, Alexander	1-0-1-2-0
Shanton, Charles	1-0-0-5-0		
Shagly, Jacob	1-0-0-2-0	Spring, Patrick	1-0-0-0-0
Strider, Philip	1-0-0-1-0	Shope, William	1-0-0-0-0
Stipp, Martin's Exts.	0-0-0-2-0	Smith, Frederick	1-0-0-3-0
Saunders, Cyrus	3-0-7-11-0	Sinclear, John	2-3-15-11-0
Seborne, William	1-0-0-4-0	Shipman, Samuel	1-0-0-0-0
Snider, John (H)	1-0-1-6-0	Shipman, Stephen	1-0-0-0-0
Snider, John (S)	1-0-0-5-0	Stewert, Archabald	1-0-0-1-0

Jefferson County, Virginia Personal Property Tax List
1804

Name	Values
Strath, Alexander	1-0-2-4-0
Sheley, John Jr.	2-0-0-4-0
Sheley, John Sr.	2-0-0-4-0
Sheley, David	1-0-0-0-0
Shurly, Walter	1-0-0-0-0
Shurly, John	2-0-0-3-0
Shurly, Robert	2-0-0-9-0
Shurley, James	1-0-0-1-0
Senaker, Adam	1-0-0-3-0
Shurly, Walter	1-0-0-0-0
Shurly, Jarvis	2-0-0-4-0
Spencer, Samuel	2-0-0-6-0
Spencer, Edward	1-0-0-0-0
Shewbridge, John	2-0-0-9-0
Speeks, William	1-0-0-2-0
Stedman, William	1-0-0-4-0
Stedman, Thomas	2-0-0-4-0
Shewbridge, Cornelius	1-0-0-1-0
Shewbridge, John Jr.	1-0-0-2-0
Smith, Daniel	1-0-0-1-0
Smithy, George	1-2-4-7-0
Slusser, George	1-0-0-3-0
Satterfield, Benjamin	1-0-0-2-0
Shively, Samuel	1-0-0-0-0
Smith, Lewis	2-0-0-2-0

[*following seven entries appeared after W section*]

Name	Values
Smalwood, Gabrial	1-0-0-2-0
Sheeler, Martin	1-0-0-5-0
Shepherd, Godfry	1-0-0-1-0
Saunders, Aaron & Bently	2-0-1-2-0
Steam, Frederick	1-0-1-3-0
Smith, William	1-0-0-4-0
Smith, John	1-0-0-5-0
Tompson, John	1-0-0-3-0
Taylor, Levi	1-2-4-7-0
Tully, James	1-0-0-0-0
Toole, Thomas	1-0-1-1-0
Taylor, John	1-0-2-8-0
Titmon, Jacob	1-0-0-0-0
Thornborough, Prudence	0-0-0-0-1
Turney, Henry	1-0-0-0-0
Taylor, William	1-0-2-8-0
Tone, James	1-0-0-0-0
Thornborough, Azariah	1-0-2-3-0
Thornborough, John	1-0-2-5-0
Tompson, Thomas	1-0-0-0-0
Turner, Elisha	1-0-0-1-0
Tabb, Robert	2-0-1-4-0
Tompson, Joseph Sr.	1-0-0-0-0
Toole, Joseph	1-0-0-1-0
Throgmorton, Robert	1-0-1-3-0
Tom, (free negro)	1-0-0-2-0
Toole, John	2-0-0-9-0
Tompson, Joseph Jr.	1-0-0-1-0
Turner, Joseph	3-0-2-9-0
Turner, Thomas	1-1-8-14-0
Timberlick, Harfield	1-1-5-6-0
Tompson, Philip	1-0-0-1-0
Thatcher, Silvester	1-0-0-3-0
Taylor, George	1-0-0-2-0
Throckmorton, John	2-1-13-11-0
Tate, George	1-0-0-2-0
Tompson, Abraham	1-0-0-4-0
Tucker, Osborne	1-0-0-4-0
Tillett, Francis	1-0-1-0-0
Thomas, Leonard	3-1-0-7-0
Taws, Andrew	3-0-7-14-0
Thomas, Samuel	1-0-0-0-0
Trayers, James	1-0-0-1-0
Tucker, William	1-0-0-3-0
Tules, John	1-0-0-0-0
Thomas, Joseph	1-1-0-1-0
Tulley, Amos	1-0-0-3-0
Tate, William	1-0-0-1-0
Tate, Magnus	1-1-10-16-0
Tompson, John	1-0-0-0-0
Tompson, William	1-0-0-2-0
Turner, S. Henry	1-0-1-2-0
Unsel, John Jr.	2-0-0-0-0
Unsel, John Sr.	1-0-0-0-0
Varner, George	1-0-0-0-0
Varner, Jacob	1-0-0-0-0
Underdunck, Henry	1-0-0-0-0
Violett, Edward	1-0-4-8-0

Jefferson County, Virginia Personal Property Tax List
1804

Name	Values	Name	Values
Vanhorn, John	1-0-0-0-0	Wallingford, Nicholas	1-0-0-2-0
Vardier, James	1-0-3-6-0		
Vardier, Adam	1-0-0-3-0	Williamson, Bazil	1-0-3-0-1
Underwood, George	1-0-0-2-0	Waters, Isaac	1-0-0-1-0
Unsell, Henry	2-0-0-1-0	White, Thomas Jr.	1-0-0-1-0
Volraven, Jonis	1-0-0-3-0	Wever, Adam	1-0-0-3-0
Vestal, John	1-0-0-2-0	Wickersham, Abner	1-0-0-0-0
Vestal, David	1-0-0-1-0	Williams, Isaac	1-0-0-0-0
Vestal, William	1-0-0-0-0	Williams, Elijah	1-0-0-0-0
Vandoren, Christion	2-0-0-5-0	Watson, James	1-0-0-5-0
Vanmetre, Abraham	1-0-0-4-0	Watson, Thomas	1-0-0-4-0
Underwood, Jesse	1-0-0-1-0	Williamson, John	1-0-1-5-0
Vance, Robert	1-0-0-2-0	Wagor, John	1-1-3-6-0
Welch, John	0-0-0-2-0	Woods, Samuel	1-0-0-1-0
Wear, Ralph Jr.	1-0-0-0-0	Williams, Samuel	1-1-5-6-0
Wisenall, Barney	2-0-0-1-0	Williams, John	1-0-0-1-0
Williamson, Jacob	1-0-1-1-0	Williamson, Jacob Sr.	3-0-1-6-0
Weltzhimer, Frederick	1-0-0-0-1	Willis, Rick	2-0-12-21-0
Wysong, Jacob	1-0-0-0-0	Wilson, Thomas	1-0-0-6-0
Walters, John	1-0-0-0-0	Watson, John	1-0-0-7-0
Wartz, Peter	1-0-0-0-0	Whiting, Frank	1-0-10-15-0
Welchance, Jacob	3-0-0-0-0	Washington, Thornton	1-2-10-10-0
Woolf, George	1-0-0-0-0		
Welch, John	2-0-0-1-0	Woods, John	1-0-0-2-0
Woltz, John	1-0-0-0-0	Welch, Samuel	1-0-0-4-0
Waters, John	1-0-0-0-0	Wilson, Moses	4-0-0-0-0
Wyncoop, Cornelius	1-0-2-4-0	Work, George	2-0-0-1-0
Wingerd, John	3-0-0-1-0	Woods, Andrew	1-0-0-0-0
Woolf, Henry	1-0-0-6-0	Wood, James	1-1-0-2-0
Williams, Charles	1-0-0-0-0	Wysong, Michael	2-0-1-0-0
Williams, John	1-0-0-0-0	Ware, John	1-0-0-0-0
Waggerer, John	1-0-0-0-0	Welch, Richard	2-0-2-8-0
Waggener, William	1-0-0-1-0	Welch, Zachariah	2-0-1-9-0
Waterman, Isaac	1-0-0-0-0	Washington, Corbin's Estate	3-9-40-31-0
Wilmoth, William	1-0-0-4-0		
Whillett, Robert	1-0-1-1-0	Windland, Frederick	1-0-1-4-0
Wagly, John	1-0-0-0-0	Wood, Isaac	1-0-0-5-0
Welchance, Joseph	2-0-0-0-0	Whiting, Beverly	1-3-21-30-0
Wright, Samuel	1-1-1-4-0	Welch, Jacob	1-0-2-6-0
Welchance, David	1-0-0-4-0	Wood, Zadock	1-0-0-4-0
Worley, William	2-0-0-1-0	Wilson, George	1-2-4-7-0
Watson, John	1-0-0-0-0	Wood, William	1-1-0-5-0
Watson, Richard	1-0-0-0-0	Worthington, Joseph	1-0-1-0-0
Walbert, Casper	2-0-2-7-1	Wycoff, Cornelius	1-0-0-1-0
Willis, Carver	1-0-5-9-0	Witherow, Joseph	1-0-0-2-0

Jefferson County, Virginia Personal Property Tax List
1804 Merchant Licenses

Wilson, William	1-0-0-4-0		White, James	0-0-0-0-0
Wilson, John	1-0-0-2-0		Yontz, John	2-0-0-0-0
Wilson, Hugh	1-0-0-2-0		Yontz, Conrod	1-0-0-0-0
Wolverton, Nathan	1-0-0-2-0		Young, Cristly	1-0-0-0-0
Wilt, Henry	1-0-0-3-0		Yasley, Michael	1-0-0-1-0
Wycoff, Peter	2-0-0-5-0		Young, Peter	1-0-0-0-0
White, Alexander	1-0-3-9-0		Yates, William	1-0-0-0-0
Williams, Patrick	1-0-0-1-0		Young, James	1-0-0-4-0
Wood, Jack	1-0-0-1-0		Yates, Jos[h]ua	1-0-0-0-0
Washington, S. George	1-2-17-15-0		Yantes, George	1-0-0-0-0
			Young, John cons't	2-0-1-2-0
Waggener, Andrew	1-0-0-1-0		York (free negro)	1-0-0-3-0
Woolf, Frederick	1-0-0-4-0		Yates, Charles	1-7-25-21
White, Ann	0-0-1-0-0		Young, Joseph	1-0-0-1-1
White, Thomas Sr.	2-1-3-2-0		Yantes, George	1-0-0-0-0
White, Uriah	1-0-0-0-0			

1804 Merchant Licenses

William Gibbs	Benjamin Boydstone
Anderson & Cherry	John Welch
John Kenedy	James & John Lane
Mathew Frame	Thomas Toole
W. W. Lane	John Roberts
Edward McCormack	Benjamin Bell
James Proctor	Sebastion Eaty
Michael Yasley	Beall & Stewert
Geo. & John Humphreys	James Stephenson
Morrow & Brown	Ann Frame
Doyne & Dare	North & Smalwood
Hammond & Futon	William Gibbs
Walter B. Sibby	John B. Weber

Jefferson County, Virginia Personal Property Tax List
1805

1805

Column numbers refer to: White males above 16 -- Black males above 12 & under 16 years old --Black males above 16 years of age -- Horses, Mares &c -- Ordinary Licenses

Name	Values
Anderson, Mathias	1-0-1-3-0
Anderson, James	3-0-0-1-0
Anderson, John	1-0-0-1-0
Anderson, Mahlon	1-0-0-1-1
Avery, Frances (C town)	1-0-0-0-0
Ager, John	1-0-0-7-0
Adams, William	1-0-0-0-0
Awkard, Sandy	2-0-0-0-0
Atwell, Thomas	2-0-2-2-0
Allstolt, John	3-0-2-7-0
Allimong, Christian	1-0-2-5-0
Alexander, Gerrard's heirs	1-0-10-11-0
Armstrong, William	1-0-0-0-0
Athy, Townly	2-0-0-3-0
Abett, Samuel (H. F.)	1-0-0-0-0
Ausworth, William	1-0-0-0-0
Ackmon, Peter	1-0-0-0-0
Ankrim, Arcky	1-0-0-0-0
Abrial, Jacob	1-0-0-1-0
Ager, Robert	1-0-0-0-0
Annin, Daniel	1-1-1-1-0
Akey, Peter	1-0-0-1-0
Ashfield, James	1-0-0-1-0
Abeet, John	1-0-2-0-0
Abrial, John	1-2-6-12-0
Angle, John	1-0-0-0-0
Avis, Davaid	2-0-0-3-0
Ankrim, Archibald	1-0-0-0-0
Alder, Marcus	1-1-3-7-0
Allabaugh, Simon	2-0-0-3-0
Avis, Robert	3-0-0-6-0
Addy, William	3-0-0-8-0
Aults, Jacob	2-0-0-3-0
Anderson, John (S. Mill)	1-0-0-0-0
Allstolt, Jacob	2-0-2-9-0
Allstolt, Daniel &	3-0-1-8-0
Bob Baley (free Negroes)	
Abbett, James (HF)	1-0-0-0-0
Aldsworth, Samuel (HF)	1-0-0-0-0
Annin, Samuel	1-0-0-0-0
Bridenhart, Christopher	1-0-0-0-0
Blackburn, William	2-0-0-2-0
Boley, Benjamin	1-1-1-5-0
Bradshaw, Joseph	1-0-0-0-0
Brown, Adam	1-0-0-1-0
Brown, William	1-0-0-2-0
Bennett, John (C. town)	1-0-0-0-0
Brackenridge, Thomas	1-0-4-5-0
Burgoine, John	2-0-0-0-0
Boley, John	1-1-3-5-0
Brown, Joseph	4-0-0-0-0
Bell, Hezekiah	2-0-8-9-0
Bell, John	1-0-0-2-0
Briscoe, John Esqr.	2-3-17-14-0
Briscoe, Alexander	1-0-6-6-0
Beisley, Cornelius	1-0-0-0-0
Burton, Joshua	2-0-1-5-0
Bowen, Jessee	1-0-1-3-0
Bowen, Alexander	1-0-0-1-0
Bell, Benjamin	2-1-0-2-0
Bideman, Dedrick	1-0-0-1-0
Biggs, William	1-0-0-5-0
Bell, Joseph Jr.	1-0-0-3-0
Bushman, Henry	1-0-0-1-0
Bushman, David	1-0-0-2-0
Bell, Joseph	2-0-1-9-0
Briscoe, George Exors	0-0-8-8-0
Briscoe, Phillip	1-0-0-0-0
Briscoe, Samuel	1-0-0-0-0
Briscoe, Harrison	1-0-0-0-0

Jefferson County, Virginia Personal Property Tax List
1805

Name	Values	Name	Values
Briscoe, John son of Geo.	1-0-1-0-0	Butt, Charles	1-0-0-0-0
		Bishop, George	1-0-1-0-0
Brown, Esther & brother	1-0-1-3-0	Brown, Perry	1-0-0-0-0
		Byres, John	1-0-0-0-0
Bramhall, John Jr.	1-0-0-4-0	Bryerly, John	1-0-0-0-0
Bond, Samuel	2-0-0-1-0	Boroff, Henry	1-0-0-0-0
Brown, Benjamin	1-0-0-2-0	Barnhart, Phillip	2-0-0-0-0
Beeler, Benjamin	2-3-6-20-0	Bennett, John	1-0-0-2-0
Beeler, Benjamin Jr.	1-0-0-1-0	Buckles, Abram	1-0-0-3-0
		Bussell, Benjamin	1-0-1-4-0
Bryan, John	2-2-6-10-0	Buckles, William Sr.	1-0-2-4-0
Buckmaster, Zachariah	3-0-0-1-0	Buckles, James	1-0-0-0-0
Burgoyne, Thomas	1-0-0-0-0	Buckles, Daniel	1-0-1-5-0
Bramhall, John Sr.	1-0-0-1-0	Brantner, Frederick	1-0-0-5-0
Boggs, Robert	1-0-0-1-0	Bowers, John	1-0-0-2-0
Beell, Ezekiel	1-6-5-18-0	Buckles, Henry	1-0-0-4-0
Brian, Charles	1-0-0-1-0	Buckles, William Jr.	1-0-0-3-0
Bell, F. David & Croper	2-0-2-2-0	Barnhart, Henry	2-0-0-2-0
		Buckles, John	1-0-0-3-0
Burr, William	1-0-0-2-0	Bankes, John	1-2-5-5-0
Burr, James	1-0-0-5-0	Brady, Joshua	1-0-0-0-0
Burr, Moses	1-0-0-4-0	Bryson, Barney	1-0-0-1-0
Blue, Joel	1-0-2-4-0	Backhouse, Thomas	4-0-0-3-0
Blue, Michael	2-0-0-4-0		
Blue, Daniel at G. Laffertys	2-0-0-0-0	Bell, Theodora	1-0-3-1-0
		Briscoe, Ann	0-0-4-2-0
Baylor, Richard	1-2-16-18-0	Bennett, Mason	1-1-3-5-0
Balor, Lucy	0-0-10-8-0	Burnett, George	1-0-0-2-0
Blue, Ezekiel	1-0-0-0-0	Burnett, William	1-0-2-4-0
Blue, John -Satler	1-1-1-7-0	Brown, James	2-0-1-6-0
Brown, James	3-0-2-1-0	Byres, John (HF)	1-0-0-0-0
Baker, John	1-1-3-3-0	Byrne, Dennis (HF)	1-0-0-1-0
Baker, John	1-0-0-0-0	Byrne, Patrick (HF)	1-0-0-0-0
Burkett, Michael	2-0-1-5-0	Berdes?, Daniel (HF)	1-0-0-0-0
Brown, Alexander	4-0-0-5-0		
Boydstone, Benjamin Revd.	0-0-0-3-0	Brisban, Samuel (HF)	1-0-0-0-0
Bowers, Frederick	1-0-0-2-0	Bridenbaugh, Martin (HF)	1-0-0-0-0
Byres, Sarah	0-0-0-2-0		
Bridgman, Francis	1-0-0-0-0	Bayly, John (HF)	1-0-0-0-0
Baker, Walter	1-2-3-7-0	Brewer, John (HF)	1-0-0-0-0
Blymire, Henry	1-0-0-4-0	Butler, Ignatius (free negro) (HF)	1-0-0-0-0
Brininger, Andrew	1-0-0-3-0		
Byres, Joseph	2-0-0-4-0	Breeden, H. Robert (HF)	1-0-0-0-0
Bennett, Van	1-0-3-9-0		

Jefferson County, Virginia Personal Property Tax List
1805

Name	Values	Name	Values
Bassell, John	1-0-0-2-0	Crusen, Jacob	1-0-0-1-0
Bountain, William	1-0-0-1-0	Conner, Samuel	1-0-0-0-0
Branson, Vincent	1-0-0-3-0	Copland, William	1-0-0-0-0
Bedinger Jacob (S. Cropper)	2-0-0-2-0	Currant, John	1-0-1-1-0
		Conaway, James	1-0-0-0-0
Butler, William	1-0-4-5-0	Connaway, William	1-0-0-1-0
Bond, Nehemiah	1-0-0-1-0	Curry, Thomas	1-0-0-0-0
Butler, Charles (free negro)	1-0-0-0-0	Crusen, Cornelius	1-0-0-2-0
		Clark, David	1-0-0-0-0
Basil (free negro as bonds)	1-0-0-0-0	Chamberlin, Elijah	1-1-1-8-0
		Cullember, Jesse	1-0-0-1-0
Brooks, James (free negro)	1-0-0-1-0	Cockrell, Peter	3-0-2-11-0
		Cerby, William	1-0-0-0-0
Craig, Andrew	1-0-0-0-0	Cleveland, Alexander	2-1-4-4-0
Crow, Richard	1-0-0-0-0		
Crawly, James	1-0-0-0-0	Crain, Joseph	1-5-9-17-0
Cross, Lewis	1-0-0-0-0	Clima, Peter	1-0-0-1-0
Chambers, Aaron	2-0-0-0-0	Clark, John? & brother	2-0-0-4-0
Crow, Israel	1-0-0-0-0		
Crow, William	1-0-0-1-0	Collett, Daniel	6-0-0-13-0
Clasbill, Robert	2-0-0-1-0	Conner, Charles	1-0-1-6-0
Cooper, Thomas	1-0-0-1-0	Cooper, Thomas	1-0-0-1-0
Cordell, E. George	3-0-0-2-0	Clark, Jeremiah	1-0-0-2-0
Cooper, Hiram	1-0-0-2-0	Clark, John	1-0-0-1-0
Cox, John F. (C town)	1-0-0-0-0	Coopers, Greenberry	2-0-0-3-0
Cremer, Samuel	1-1-0-2-0	Clark, Hezekiah	1-0-1-1-0
Coffin, William (C town)	1-0-0-0-0	Conklin, Jacob	2-0-0-4-0
		Cremer, Frederick	1-0-0-0-0
Cefer, Christian (C town)	1-0-0-0-0	Crimm, Michael	1-0-0-0-0
		Carter, Robert	2-1-3-7-0
Callahan, Thomas	1-0-0-0-0	Coyl, James	1-0-0-4-0
Cahill, Dennis	0-0-0-1-0	Coyl, William	1-0-0-1-0
Cahill, William	1-0-0-2-0	Carlyle, Benjamin	1-0-0-2-0
Chamblin, James	1-0-0-1-0	Clawson, John	2-0-0-5-0
Calbert, John	1-0-0-0-0	Crowl, Jacob	1-0-0-5-0
Cullis, Phillip	1-0-0-0-0	Croft, Phillip	1-0-0-0-0
Creek, Jacob	1-0-0-1-0	Collins, Christopher	2-2-8-6-0
Chrisman, John	1-0-0-2-0	Corcorran, Thomas	1-0-0-0-0
Crampton, Jacob	1-0-1-2-0	Cox, William	2-0-1-4-0
Chapman, Abram	1-0-0-2-0	Chaplin, Isaac Jr.	2-0-1-4-0
Craghill, Nathaniel	2-1-10-15-0	Chaplin, Isaac	1-0-0-2-0
Clark, P. Woodson at Flaggs	1-0-0-1-0	Crout, Daniel	1-0-0-0-0
		Cimes, Henry	2-0-0-0-0
Cowen, David	1-0-0-5-0	Conner, Peter	1-0-0-0-0
Cholclaser, Daniel	1-0-0-0-0	Cookes, Henry	2-0-0-2-0

Jefferson County, Virginia Personal Property Tax List
1805

Corl, Abram	3-0-0-0-0	Davis, Samuel Sr.	1-0-0-1-0
Cormon, Henry	1-0-0-0-0	Davis, Samuel Jr.	1-0-0-1-0
Cookes, Michael	2-0-0-0-0	Duke, Sarah	2-0-0-1-0
Croft, Jacob	2-0-0-1-0	Dorsey, Michael	1-0-0-3-0
Conn, James	1-1-1-4-0	Dorsey, John (b'smith)	1-0-0-1-0
Conn, Ralph	1-0-0-3-0	Dimmett, John	1-1-3-5-0
Conn, Richard (constable)	0-1-1-2-0	Dimmett, David	1-0-0-2-0
Catrow, Jacob	1-0-0-0-0	Dawsey, James	1-0-0-6-0
Cook, Andrew	4-0-0-4-0	Davis, Morris	1-0-0-1-0
Coon, Chrisley	2-0-0-2-0	Davis, Leonard Sr.	3-1-6-8-0
Cross, Rezin (Buckles land)	1-0-0-0-0	Daniels, Samuel	1-0-0-5-0
Carson, James (Furnace)	1-0-0-0-0	Daniels, John	1-0-0-5-0
Cox, William (HF)	1-0-0-1-0	Davenport, Abram	3-1-14-17-0
Crowl, Jacob (HF)	1-0-0-0-0	Downy, John	1-3-4-12-0
Cremer, Casper (HF)	1-0-0-0-0	Dillo, Peter	2-0-0-3-0
Cox, Samuel (apprentice to U. S. & Johnson, Daniel D$^{o)}$	2-0-0-0-0	Dillo, John	2-0-0-2-0
		Dillo, Joseph	2-0-0-2-0
		Dillo, William	1-0-0-3-0
		Dillo, Joseph	1-0-0-0-0
		Dillo, Thomas	1-0-0-0-0
Crutcher, James (HF)	1-0-0-0-0	Davis, Leonard Jr.	1-0-4-4-0
Conn, Thomas (free negro)	1-0-0-0-0	Dowden, Thomas	1-0-0-8-0
		Davis, William	1-0-1-2-0
		Davis, Andrew	1-0-1-7-0
Cook, Giles Sr.	2-3-9-12-0	Dunn, Patrick	1-0-0-0-0
Connereges, William	1-0-0-2-0	Davis, Thomas	1-1-3-5-0
		Daniels, John	1-1-0-3-0
Chopper, Nicholass	1-0-0-0-0	Downs, John Jr. (Chapins)	1-0-0-2-0
Chrisman, John	1-0-0-1-0	Dilrock, Michael	3-0-0-0-1
Catlett, James	1-0-0-4-0	Dire, Nathaniel	1-1-0-1-0
Chill, Thomas	1-0-0-0-0	Dust, John	1-0-2-6-0
Chriss, Michael	1-0-0-0-0	Dully, William	1-0-4-2-0
Clawson, John	2-0-0-5-0	Darke, Sarah	0-2-6-7-0
Cunnagim, John at Strayth	1-0-0-0-0	Duvoy, Michael	1-0-0-2-0
		Donaldson, A. John (HF)	1-0-0-0-0
Dunn, Richard	1-0-0-0-0	Dutch, Jeremiah	1-0-0-0-0
Dust, Paul	1-0-0-4-0	Davenport, Samuel	1-1-5-10-0
Dean, Ezekiel	1-0-0-1-0	Dandridge, S. Adam	1-1-32-19-0
Dixon, John	1-2-1-2-0		
Duke, James	2-0-0-0-0	Daughterty, Patrick	1-0-0-0-0
Davis, W. Joseph	1-1-3-3-0	Drake, Joseph (free negro) - Turners land	1-0-0-1-0
Davenport, John	3-1-4-9-0		
Deeckes, William	1-0-0-1-0		

Jefferson County, Virginia Personal Property Tax List 1805

Name	Values	Name	Values
Edwards, Nathan	1-0-0-0-0	(molutto)	
Eaty, Sebastian	1-0-0-1-0	Flagg, Thomas	1-2-3-4-0
Ensley, John	1-0-0-0-1	Fisher, Michael	1-0-0-2-0
Edwards, Hezekiah	1-0-0-2-0	Farrow, Samuel	1-0-0-2-0
Edwards, Joseph	1-1-2-4-0	Frame, Matthew	1-0-4-11-0
Edwards, Andrew	1-0-0-1-0	Figg, James	1-0-1-4-0
Edmundson, Thomas	1-0-0-0-0	Figg, William	1-0-1-5-0
		Farr, Joseph	2-0-0-0-0
Edmons, Benjamin	1-0-0-0-0	Fry, David	2-0-0-6-0
Essex, Joseph	1-0-0-0-0	Fizer, Jacob	1-0-0-0-0
Eversole, Jacob (w McSherry)	2-0-0-0-0	Fizer, Peter	1-0-0-0-0
		Fromm, David	1-0-0-0-0
Eckhart, Juliana	0-0-1-0-1	Faulk, Daniel	2-0-0-1-0
Eaty, William	3-0-0-0-0	Forman, Benjamin	3-0-0-4-0
Emerson, Dyre	2-0-0-3-0	Fouke, Michael Jr.	1-0-0-0-0
Eversole, Abram	2-0-0-7-0	Fouk, Christian	1-0-0-0-0
Entler, Martin	3-0-0-0-0	Falke, Frederick	2-0-0-3-0
Entler, Phillip	2-0-0-0-0	Famon, George	1-0-0-2-0
Emerson, John	1-0-0-0-0	Fisher, Peter	1-0-0-0-0
Eckhart, Michael	1-0-0-0-0	Fizer, Michael	3-0-1-8-0
Early, William	1-0-0-2-0	Fry, Peter	1-0-0-5-0
Erwin, Elias	3-0-0-1-0	Furgerson, S. James	1-0-3-4-0
Evans, Thomas	1-0-1-3-0		
Elliott, Benjamin (HF)	1-0-0-0-0	Forman, John	2-0-0-2-0
		Frances, James (HF)	1-0-0-1-0
Evans, B. Thomas	1-0-4-2-0		
Eversole, Abram Sr.	4-0-0-8-0	Frances, Thomas (HF)	1-0-0-1-0
Eversole, Henry	1-0-0-2-0	Funt, George	1-0-0-0-0
Eversole, Daniel	1-0-0-2-0	Fiser, Henry	1-0-0-0-0
Evans, Jeremiah	1-0-0-0-0	Fouke, Michael	1-0-0-0-0
Engles, Jacob (HF)	1-0-0-0-0	Frances, Arnold	1-0-0-0-0
French, Samuel	1-0-0-0-0	Farr, John	1-0-1-2-0
Frame, Ann	0-0-1-1-0	Fairfax, Ferdinando	1-7-51-50-0
Fouke, Charles	1-0-0-0-0	Fairfax, Thomas	1-2-4-6-0-0
Farr, Joseph	2-0-0-1-0	Gill, John	1-0-0-0-0
Fowler, Henry	1-0-0-0-0	Griggs, Thomas Jr.	1-0-1-1-0
Fulton, Jas., Robt & Anthony	3-0-0-1-0	Gibbs, William	2-1-2-1-0
		Glasscock, Travis	2-0-0-1-0
Forby, Weigtman	1-0-0-1-0	Groves, John	2-1-3-1-0
Fryer, John	1-0-0-2-0	Games, Basil	1-0-0-0-0
Fronk, Henry	1-0-0-0-0	Grady, Thomas	1-0-0-1-0
Fry, John	0-0-1-7-0	Grantham, Catherine	0-0-0-3-0
Fry, George & son	2-0-1-2-0		
Fry, Abbigail	0-0-1-2-0	Grantham, John of Jo.	0-0-0-1-1
Faug, Hamilton	1-0-0-2-0		

Jefferson County, Virginia Personal Property Tax List
1805

Name	Values	Name	Values
Gilbert, Elias	1-0-0-2-0	Gibbons, Morris	1-2-3-4-1
Garner, Absolem	2-0-0-0-0	Gibbons, Isaac	1-0-0-1-0
Gilbert, William	1-0-0-1-0	Gooding, Gabriel	1-0-0-2-0
Gilbert, Nathan	1-0-0-1-0	Goldsberry, Edward	1-0-0-1-0
Gilbert, Henry	1-0-0-1-0		
Gallaway, William	1-0-1-8-0	Gibbons, Moses	1-1-3-6-0
Grantham, John	3-0-0-8-0	Getzetenner, Jacob	2-0-0-2-0
Grantham, John son	1-0-0-0-0	Glasford, Alexander	1-0-0-0-0
Goosberry, Edward	0-0-0-1-0	Gummert, Christian	2-0-0-0-0
Gassaway, Thomas	2-0-0-5-0	Glenn, James	2-0-5-7-0
		Grove, Melker	1-0-0-0-0
Gundareem, George	1-0-0-1-0	Greenly, John	1-0-0-0-0
		Gibbons, John (w Dulles land)	1-0-0-0-0
Griggs, John	2-2-6-11-0		
Grubb, William & John	2-0-0-10-0	Grove, Jacob (on Kearsley land)	1-0-0-2-0
Grubb, William Jr.	1-0-0-1-0	George, Jacob	2-0-0-1-0
Grubb, Curtis	1-0-0-1-0	Garnhart, Henry	1-1-2-6-0
Grubb, Adam	1-0-0-3-0	Garner, Mary	2-0-1-4-0
Games, Robert	1-0-0-2-0	Gardner, S. John (HF)	1-0-0-0-0
Gorrell, James	2-0-0-4-0		
Grant, John	1-0-0-3-0	Graham, Mathew (HF)	1-0-0-0-0
Grant, James	1-0-0-1-0		
Gold, John	1-0-2-6-0	George, John (HF)	1-0-0-0-0
Gaunt, John	2-2-12-15-0	Gilpin, William	1-0-0-1-0
Gauntt, Henry	1-0-10-10-0	Goldsberry, John	0-0-0-2-0
Glasscock, Peter	1-0-0-1-0	Goldsberry, Teady	1-0-0-2-0
Griggs, Thomas Sr.	1-3-4-15-20	Goldsberry, John Jr.	1-0-0-0-0
Grantham, Joseph	1-2-5-8-0		
Glaze, Thomas	1-0-0-1-0	Goldsberry, Robert Jr.	1-0-0-1-0
Groves, William	1-0-0-1-0		
Gowans, Jason	2-0-0-4-0	Humphrey, David	1-0-2-1-0
Greenfield, Gabriel	1-2-12-5-0	Haines, Peter	2-0-0-0-0
Garrison, Nehemiah	2-0-1-2-0	Haines, Henry	1-0-1-2-1
		Howel, Samuel	2-0-1-2-0
Games, Robert	1-0-0-0-0	Hunsberry, Henry	1-0-1-2-0
Games, Absolem	1-0-0-1-0	Humphrey, John	2-1-1-2-0
Games, John	1-0-0-0-0	Heskett, Joseph	1-0-0-2-0
Griffith, David's Admr	0-3-12-9-0	Heath, Revd. Levi	0-0-1-3-0
		Hill, Thomas	1-0-0-1-0
Guin, Humphrey	1-3-7-8-0	Hail, Thomas	2-0-0-4-0
Green, John	1-0-0-3-0	Howard, Henry	1-0-0-0-0
Giddings, Nathan	1-0-0-1-0	Herriss, William	2-0-0-1-0
Guinn, W. Mathew	1-0-1-1-0	Hows (C town)	1-0-0-0-0
Garrett, Edward	1-0-0-2-0	Hite, George	1-0-5-5-1

Jefferson County, Virginia Personal Property Tax List
1805

Name	Values	Name	Values
Harding, H. William	1-3-8-10-0	James heirs	
Hollis, William	1-0-0-3-0	Hammond, William	1-0-0-2-0
Harmison, Jonathan	1-0-0-0-0	Howard, William	1-0-0-2-0
		Hardesty, George	1-0-0-2-0
Harmison, Campbell	1-0-0-1-0	Hall, Thomas	1-0-0-1-0
		Haslett Richard Sr.	1-1-1-2-0
Houseman, Martin	1-2-1-6-0	Hammon, Adam	1-0-0-1-0
Hyett, John	1-0-0-4-0	Heath, Jonas	1-0-0-2-0
Hays, Samuel	1-0-0-2-0	Heath, Zachariah	1-0-0-1-0
Hays, Jeremiah	1-0-0-2-0	Honnell, Jacob Sr.	2-0-0-3-0
Hebelly, Abram	1-0-0-1-0	Honnell, John	1-0-0-2-0
Cherry [??], Edward	1-0-0-0-0	Honnell, Jacob	1-0-0-2-0
		Hurdle, John	1-0-0-1-0
Hansicker, Peter	3-0-0-7-0	Heskett, Timothy	1-0-0-2-0
Hays, Andrew	1-0-0-4-0	Heskett, Benjamin Sr.	2-0-0-4-0
Hyett, Thomas	2-0-0-5-0		
Himes, John	1-0-0-0-0	Heskett, Ann	1-0-0-3-0
Hardesty, Richard	1-0-2-5-0	Heskett, Benjamin	1-0-0-1-0
Hardesty, Joseph	1-1-1-2-0	Heskett, John	1-0-0-3-0
Hyett, Leonard	1-0-0-1-0	Humphreys, Rachel	1-0-0-1-0
Howard, Martin	2-0-1-3-0	Hall, David	1-0-0-0-0
Heath, James	1-0-0-2-0	Hageley, Isaac	1-0-0-1-0
Henderson, John	2-0-1-2-0	Hall, Benjamin	1-0-0-1-0
Henderson, Henry	2-0-1-1-0	Hite, Joseph Sr.	2-1-3-4-0
Hayney, John	1-0-2-1-0	Hite, Joseph Jr.	1-0-0-3-0
Hibbings, Cyrus	1-0-0-1-0	Hiser, John	1-0-0-0-0
Hains, Thomas	1-0-0-0-0	Hite, Samuel	1-0-2-3-0
Harper, John	2-0-0-4-0	Hite, Francis	0-2-6-8-0
Hambleton, Hugh	1-0-0-0-0	Hendlain, Phillip	1-0-0-0-0
Harbaugh, Leonard	1-1-0-1-0	Hiteman, John	1-0-0-0-0
Harbaugh, Thomas	1-0-0-0-0	Hizer, Adam	1-0-0-0-0
Haines, Daniel	1-0-0-1-0	Harriss, David	1-0-0-0-0
Haines, Nathan	2-0-0-9-0	Harriss, Jeremiah	1-0-2-4-0
Hanes, John	2-0-0-2-0	Hart, Miles	1-0-0-0-0
Harriss, Fielding	1-0-0-1-0	Hewett, John	3-0-0-0-0
Hughes, Charles	1-0-0-1-0	Hust, John	1-2-5-5-0
Hughes, John	2-0-0-5-0	Hizer, John Sr.	1-0-0-0-0
Hagan, Charles	1-0-3-4-0	Heastong, Davis	1-0-0-0-0
Hayslip, Richard Jr.	1-0-0-3-0	Hains, Henry	1-0-0-1-0
Heath, Zachariah	1-0-0-1-0	Hains, John	2-0-0-0-0
Hardridge, William	1-0-0-0-0	Hoge, Rev'd Moses	0-2-4-2-0
Hyett, William Jr.	1-0-1-5-0	Hite, John Rev'd.	1-0-0-1-0
Hyett, William Sr.	3-0-1-7-0	Hite, James	1-1-6-11-0
Harriss, S. George	1-0-0-0-0	Hendrix, James	2-0-3-11-0
Hale, Samuel	1-0-0-0-0	Hill, Abram	1-0-0-3-0
Hammond,	0-5-4-6-0	Holstetler, Samuel	1-0-0-0-0

Jefferson County, Virginia Personal Property Tax List
1805

Name	Values
Haines, Nicholass	1-0-0-0-0
Hovermill, Hervey	1-0-0-2-0
Hyatt, James	1-0-0-4-0
Hendrix, Daniel	2-0-0-7-0
Hersey, Andrew	1-0-1-1-0
Huffman, John & one black	2-0-0-5-0
Hout, Rudolph	1-0-0-3-0
Huffman, Robert	1-0-0-4-0
Hizer, Martin	1-0-0-5-0
Haggerly, George	1-0-0-4-0
Hunt, James	2-0-0-4-0
Hurst, James	1-3-13-10
Hummel, Robert (at E. Harpers)	1-0-0-0-0
Hamilton, Benjamin	1-0-0-1-0
Hall, Antony	3-0-0-6-0
Harper, Ebenezar Sr.	1-0-1-5-0
Harper, Clayton	1-0-0-1-0
Harper, Ebenezar Jr.	1-0-0-2-0
Hoops, George	1-0-0-2-0
Hamilton, A. John	1-1-2-3-0
Hoops, Elisha	1-0-0-0-0
Haines, Jacob	4-0-1-1-0
Hall, Thomas Sr.	2-0-1-3-0
Homes, Richard	1-0-0-0-0
Hart, Thomas	1-0-2-5-0
Hall, William	1-0-0-4-0
Hibbons, William	1-0-0-5-0
Huffman, Joseph (HF)	1-0-0-0-0
Hartman, Martin (HF)	1-0-0-0-0
Humes, John (HF)	1-0-0-2-0
Humes, William	1-0-0-0-0
Harriss, Fielding	1-0-0-1-0
Humphreys, Roger	1-0-0-0-0
Henry, John	1-0-0-0-0
Halter, Frank (free negro) a Robinson	1-0-0-0-0
Homes, Bartlet (free molatto on McPhersons land)	1-0-0-0-0
Hains, Jacob	4-0-1-1-0
Jorden, Jacob	2-0-0-0-0
Isler, Henry	3-0-0-0-0
Jackson, William	1-0-0-0-0
Inglish, James	1-1-0-1-0
Jefferson, Hamilton	0-1-0-1-0
Jett, William	1-0-0-1-0
Johnson, William	1-0-0-1-0
Jones, Thomas	1-0-0-0-0
Johnson, William	1-0-0-1-0
Jackson, George	1-0-0-0-0
Johnson, Hugh	1-0-0-0-0
John, David	1-0-0-0-0
James, Zachariah	1-0-0-0-0
Johnson, Robert	1-0-0-0-0
Jackson, James	1-0-0-3-0
Isler, Henry Jr.	1-0-0-0-0
Jinkins, William (? Moses)	1-0-0-0-0
Jones, David	1-0-0-2-0
Jones, John	1-0-0-0-0
Jinkins, Edward	1-0-0-1-0
Jones, Francis	1-0-0-5-0
Jones, John	2-0-0-5-0
Ingle, William	1-0-0-3-0
Ingle, John	1-0-0-6-0
Ingle, Phillip Sr.	2-0-1-6-0
Ingles, Samuel	1-0-1-1-0
Ingle, Joseph	1-0-0-7-0
Ingle, Phillip Jr.	1-0-0-6-0
Jones, Joshua (at W. Morgins)	1-0-0-0-0
Jones, Isaac	1-0-0-0-0
Jones, George	1-0-0-3-0
Jones, Jonathan	1-0-0-2-0
Ingrum, John	1-0-0-2-0
Jackson, John (at River)	2-0-0-2-0
Jackson, John (Furnace)	1-0-0-0-0
Jinkins, Elexus (HF)	1-0-0-0-0
Jacobs, John	1-0-0-1-0
James (free black at F. Fairfax)	1-0-0-0-0

Jefferson County, Virginia Personal Property Tax List 1805

Jackson, Peter on McPherson's land	1-0-0-2-0	Livy?, Abraham	1-0-0-0-0
King, James	2-0-0-0-0	Lott, Hannah	0-2-0-2-0
Kennedy, John	1-0-0-2-0	Labow, Michael	1-0-0-0-0
Kroesen, Richard	1-0-0-1-0	Lane, W. Willoughby	3-1-1-2-0
Kerney, Alexander	1-0-1-5-0	Likens, Thomas	5-0-0-1-0
Kerchaville, Benjamin	3-0-1-6-0	Little, William	2-1-5-7-0
Kellenberger, Michael	1-1-0-4-0	Linkhart, Barny	1-0-0-3-0
		Lock, Sandy	1-1-0-6-0
		Leveston, Adam	2-0-0-2-0
Kellenberger, Peter	1-0-0-5-0	Lock, John	1-1-3-8-0
Kidwell, Josiah	1-0-0-2-0	Lock, James	1-0-0-5-0
Kyles, Agness	3-0-0-4-0	Lock, John Jr.	1-0-0-2-0
Kyles, Joseph	1-0-0-0-0	Lockart, Isaac	1-0-0-2-0
Kyles, John	2-0-1-3-0	Leach, Archibald	1-0-0-0-0
Kirkhart, Jacob	1-0-0-1-0	Lee, William	1-4-20-12-0
King, Samuel	1-0-0-1-0	Lashells, Jehu	2-1-3-8-0
Kerny, James	2-1-11-18-0	Lane, Thomas	1-1-1-8-0
Kerny, William	1-0-3-8-0	Lee, Lancelot	2-1-14-8-0
Kerny, Antony - & Harry a black	2-0-0-4-0	Letele, Peter	3-0-0-2-0
		Luellen, Richard	1-1-6-4-0
Kelly, Sampson	1-0-0-2-0	Lounds, Charles	1-0-5-2-0
King, William	2-0-0-7-0	Lemon, Robert	2-0-0-4-0
Kean, William	2-0-0-0-0	Lafferty, George	1-0-1-3-0
Kensley, Jacob	2-0-0-1-0	Lemmon, William	2-0-0-8-0
Kellenberger, Jacob	2-0-0-5-0	Lemmon, John	2-0-0-4-0
		Lakens, Joseph	2-0-0-0-0
Kesicker, Widow	1-0-0-3-0	Line, Henry	2-0-1-4-0
Kidwell, William (N? Benets)	2-0-0-2-0	Laley, Michael	1-0-0-0-0
		Lynn, James	1-0-0-0-0
Kearsley, John	1-0-4-2-0-	Lakens, James Jr.	3-0-0-0-0
King, Samuel	2-0-0-1-0	Lakens, Joseph & father	3-0-0-0-0
Kilt, Peter (on Bedingers land)	1-0-0-4-0		
		Loury, John	1-0-0-1-0
Krutcher, James (at Furnace)	2-0-0-0-0	Lane, S. James	3-0-1-1-0
		Lee, John (at Pages)	1-0-0-0-0
Keys, Thomas	2-0-2-5-0	Lisiticomb, Nathan	2-0-0-0-0
Keys, Gersham	2-0-4-7-0	Lemmon, Alexander	1-0-0-5-0
Knight, Jacob (HF)	1-0-0-0-0		
Keen, Jonah	1-0-0-0-0	Lemmon, R. John	1-0-0-2-0
Koose, Jacob Sr.	2-0-0-5-0	Line, John	2-0-1-1-0
Koose, Jacob Jr.	1-0-0-2-0	Levick, Caleb	1-0-0-0-0
Koose, Abraham	1-0-0-3-0	Lee, Thomas	1-0-0-0-0
Kermes, Adam	1-0-0-0-0	Lay, Jacob	2-0-0-0-0
Kearsley, Jonathan	1-1-1-2-0	Long, Jacob	1-0-0-1-0
Loury, William	1-0-0-1-0		

Jefferson County, Virginia Personal Property Tax List
1805

Name	Values	Name	Values
Longbrake, Jacob	1-0-0-0-0	McKnight, John	1-0-0-0-0
Lafferty, Thomas	3-0-3-9-0	McColtry, James (Doc)	1-0-0-1-0
Lucas, Edward	3-0-3-12-0	McDaniel, James (SF)	1-0-0-0-0
Lucas, Robert	1-0-0-6-0	Moudy, Adam	1-0-0-1-1
Link, Adam	1-0-2-7-0	Micott, Robert (SF)	1-0-0-0-0
Lancaster, J. Joseph	1-0-0-2-0	McSherry, William	2-0-0-1-0
Lambrake, Daniel	2-0-0-4-0	Mulingnix, Henry	1-0-0-2-0
Leonard, Widow	2-0-0-4-0	Moore, Jane	0-0-1-3-0
Laughlighter, Conrad	1-0-1-3-0	Mouser, Jacob	1-0-0-2-0
Lancaster, Jacob	2-0-0-4-0	Mulingnix, Henry Jr.	1-0-0-2-0
Lancaster, Daniel	1-0-0-0-0	Mouser, George	1-0-0-4-0
Louden, William	1-0-0-0-0	Martin, Isaac	1-0-0-2-0
Lindsay, John	1-0-0-1-0	Mitchell, John	1-3-1-7-0
Less, Hervey	1-0-0-0-0	Mulingnix, John	1-0-0-1-0
Lemmon, Thomas	1-0-0-0-0	McKerna, John at Richard Hardestys	1-0-0-0-0
Lemmon, James	1-0-0-1-0	McCormick, Olliver	1-0-0-0-0
Markwood, John	1-0-0-0-0	Moser, Christopher	1-0-0-2-0
McCloy, Alexander	2-0-0-6-0	Mouser, John	1-0-0-3-0
Morrow, William	1-0-1-1-0	Mendenall, Samuel	1-0-0-9-0
McDaniel, Robert	1-0-0-1-0	Middleton, Fulton	1-0-0-1-0
Miller, Joshua	1-0-0-0-0	Muse, Battaile Exors	2-2-21-44-0
McQuade, Edward	1-0-0-0-0	McMasters, John	1-0-0-1-0
Mouser, Phillip	1-0-0-2-0	McMahan, John	3-0-0-4-0
Mahony, Thomas	1-0-0-0-0	McMahan, John Jr.	1-0-0-2-0
Moore, Johnathan	1-1-0-0-0	Molice, Phillip	1-0-0-2-0
McIlhany & Owings	2-0-0-1-0	Molice, Edward	1-0-0-0-0
Miller, John (C town)	2-0-1-1-0	McGowan, John	1-0-0-1-0
McClinsay, James	1-0-0-0-0	McDaniel, Hugh	1-0-0-0-0
McQuade, John	1-0-0-1-0	McCormick, Joshua	1-0-0-2-0
McIntree, John	1-0-1-2-0	Mitchell, William	1-0-0-5-0
McIntree, William	1-0-0-1-0	Murphy, Edward	1-0-0-0-0
McCormick, Edward	1-0-1-1-0	McPherson, William	1-0-0-2-0
McCarty, James	1-0-0-0-0	McPherson, Isaac	1-0-0-4-0
Morgan, Richard	4-0-0-10-0	McPherson, John	3-0-0-17-0
Morgan, William	1-0-0-0-0	Marr, James	1-0-0-0-0
McKenny, Tully	1-0-0-3-0	Meder, Balser	1-0-0-0-0
McKenny, John	1-0-0-1-0	McPherson, Daniel	1-0-2-11-0
Mitchell, William	1-1-3-7-0	McCormick, Andrew	3-0-2-7-1-0
McDaniel, William	1-0-1-3-0		
Morriss, James Jr.	1-0-0-2-0		
Morriss, James	2-0-1-4-0		
McKnight, Harmon	2-0-0-2-1		

Jefferson County, Virginia Personal Property Tax List 1805

Name	Values	Name	Values
McCormick, George	1-0-0-2-0	Miller, John (NT)	3-0-0-1-0
McCarty, Henry	1-0-0-4-0	Miller, Barny	1-0-0-0-0
Mahony, James	1-0-0-2-0	Magaffy, Hugh	1-0-0-0-0
McSherry, Richard	2-0-7-17-0	Morrow, John	1-1-4-3-0
McCormick, Moses	3-0-1-4-0	Melvin, Samuel	1-0-1-4-0
Morriss, George	1-0-0-1-0	McGee, James	1-0-0-0-0
Murphy, John	1-0-0-2-0	Mark, John	0-0-6-7-0
Malin, William (constable)	0-0-0-1-0	Morgan, Daniel	1-0-2-11-0
McQuade, John	1-0-0-0-0	Morgan, Abram	2-0-5-6-0
Morrow, Robert	1-0-0-0-0	D° for T Morgan's hs.	0-0-1-2-0
Marshall, James	1-0-0-1-0	McAnelly, Thomas (at Showmans)	1-0-0-0-0
McDaniel, James (C town)	1-0-0-0-0	Moser, Phillip (at Laffertys)	1-0-0-2-0
McCarty, Andrew	1-0-0-0-0	Myres, William (Hains land)	1-0-0-6-0
McCormick, James	1-0-0-1-0	Melvin, John	1-0-1-8-0
Mahew, John	1-0-0-0-0	McMurran, Joseph	1-0-1-7-0
McDaniel, Allen	1-0-0-0-0	Moler, Michael	1-1-2-8-0
Mahony, James	1-0-0-2-0	Moler, Frederick	1-0-0-3-0
Matheny, John	1-0-0-1-0	Myres, John (at J. Hoffmans)	1-0-0-0-0
Matheny, Jonas	1-0-0-1-0	Moler, Adam	1-0-2-6-0
McLaughlin, John	1-0-0-0-0	Melvin, Thomas	2-1-0-4-0
McLaughlin, Isaac	1-0-0-0-0	Melvin, Cylus	1-0-0-2-0
More, David & McNutt	2-2-1-4-0	Moler, Mary	0-0-0-3-0
Marley, Rosey	1-0-0-1-0	Manning, H. Jacob	1-3-11-12-0
Mahew, John	1-0-0-0-0	Mouser, Christians (Manings)	1-0-0-1-0
McLauglin, Daniel	1-0-0-0-0	Martin, Peter Jr.	1-0-0-1-0
Marshall, William	1-0-0-4-0	Martin, Cavalier	2-0-0-4-0
Martin, Levi	2-1-0-8-0	Melvin, Benjamin	1-0-0-3-0
Maughter, John	3-1-0-2-0	McCance, Thomas	1-0-1-1-0
McIntire, Aaron dec'd	1-1-1-9-0	Moler, Jane	1-0-0-3-0
D° for estate of N. McIntire	1-1-2-7-0	McLure, Daniel (Furnace)	1-0-0-0-0
McIntire, Isaac	1-0-1-2-0	Moler, John	1-1-1-7-0
McMauner, Luke	1-0-0-0-0	Moore, Jessee	1-1-2-6-0
McCoy, Alexander	1-0-0-0-0	McCarty, John	1-0-0-2-0
McGarry, Mathew	2-0-1-3-0	Meltze, George (HF)	1-0-0-0-0
Miller, Henry	3-0-0-10-0	More, Samuel (HF)	1-0-0-0-0
Miller, John	2-0-0-2-0	Malleory, Thomas Sr.	2-0-0-1-0
Massey, John	1-0-0-0-0		
Morgan, William	2-2-5-20-0		
Morgan, Andrew	1-0-1-5-0	Maleory, George	1-0-0-0-0
Miller, George	3-0-0-0-0		

Jefferson County, Virginia Personal Property Tax List
1805

Name	Values
(HF)	
Malleory, William	1-0-0-0-0
McCleland, Archibald	1-0-0-0-0
McCabe, Michael	1-0-0-0-0
More, Garland	1-3-5-7-0
More, John	1-0-0-1-0
More, Vincent	1-0-0-1-0
McDaniel, John at A. Davenports	1-0-0-2-0
McLaughlin, Levi	1-0-0-0-0
Mahoney, Clement	1-0-0-0-0
Moler, Mary	0-0-0-2-0
Myers, Leodwick	2-0-0-1-0
Morgan, Zacheus Jr.	0-1-0-1-0
Matson, Elijah	1-0-0-0-0
Mericle, Daniel	1-0-0-0-0
Moyer, Jacob	1-0-0-0-0
Maleory, Thomas	1-0-0-1-0
Martin, Peter (constable)	0-0-0-1-0
Massey, Jessee	1-0-0-0-0
Morgan, Raughly	1-1-4-6-0
McCartney, Joseph	1-0-0-0-0
Mahue, Wm.	1-0-0-0-0
North, George	1-0-4-3-0
Nelson, Robert	1-0-0-0-0
Nelson, John Exor	1-3-5-10-0
Neall, Francis (at Beells)	1-0-0-1-0
Nixon, James	1-0-0-0-0
Nicely, Henry	1-0-0-0-0
Noffsinger, John	1-0-0-0-0
Nasee, Henry	2-0-0-4-0
Nase, Jacob	1-0-0-4-0
Night, Jacob	1-0-0-0-0
Newman, Andrew	1-0-0-1-0
Otlin, Thomas	1-0-0-1-0
Orr, D. John	1-0-3-2-0
Oldham, Edward	1-0-0-0-0
Offutt, Samuel	1-1-0-3-0
Obanion, John	2-0-2-5-0
Ollabaugh, Jacob	1-0-0-0-0
Owens, Thomas (red lion)	1-0-0-0-0
Offutt, Joseph	2-0-0-2-0
Oram, Henry	1-0-0-2-0
Orandorf, Henry	1-0-2-12-0
Ox, George	1-0-0-1-0
Oneal, John	1-0-0-0-0
Osburn, William	1-0-4-7-0
Osburn, Thomas	1-1-2-5-0
Osburn, David Jr.	1-0-2-7-0
Osburn, David Sr.	1-1-7-8-0
Osburn, Jonathan	1-0-0-0-0
Ogden, John	1-0-0-4-0
Ogden, Charles	1-0-0-1-0
Ott, John	1-0-0-4-0
Ollebaugh, Simon	1-0-0-2-0
Oglesvie, David	1-0-2-2-0
Palmer, John	1-0-0-4-0
Perry, Thomas	1-0-0-0-0
Purnal, Jessee	1-0-0-0-0
Patton, David	1-1-0-0-0
Piercy, Henry	1-0-2-1-1
Price, Samuel	1-0-0-0-0
Prothator, Phillip	1-1-0-0-0
Pulse, Jacob	1-0-0-4-0
Pulse, John	1-0-0-0-0
Pulse, George (SF)	1-0-0-0-0
Payne, John	1-0-0-5-0
Pulse, Michael Sr.	1-0-0-2-0
Pulse, George	1-0-0-6-0
Pultze, David	1-0-0-2-0
Pultz, Peter	1-0-0-0-0
Packett, John Esqr	1-0-3-7-0
Price, John	1-0-0-1-0
Parsons, John	1-0-0-1-0
Pritchett, Reze	1-0-0-2-0
Pain, Jacob	1-0-0-1-0
Piper, William	1-0-0-1-0
Page, B. William	2-0-16-10-0
Price, T. John	1-0-1-0-0
Painter, John	2-0-0-3-0
Palmer, David	1-0-0-1-0
Phillips, James	1-0-0-1-0
Proctor, James	1-0-0-0-0
Paterson, Thomas a black man on Watsons land	1-0-0-2-0
Peck, Zadock	1-0-0-0-0

Jefferson County, Virginia Personal Property Tax List
1805

Name	Values	Name	Values
Perry, John	1-0-0-0-0	Crafton	
Page, Nathaniel	3-0-0-7-0	Riley, Robert	1-0-0-1-0
Pierce, John	1-0-0-0-0	Roberts, Thomas	1-0-0-1-0
Piper, Jacob	1-0-0-0-0	Richards, Daniel	1-0-0-2-0
Pirce, Clements Admr	1-2-5-5-0	Riley, Thomas	2-0-0-5-0
		Riley, Robert at Nelsons	1-0-0-0-0
Pritchett, Jessee (at Slyes)	1-0-0-1-0	Roberts, William Sr.	2-0-0-6-0
Piles, Stephen	1-0-0-0-0		
Piles, Robert Sr.	1-0-0-2-1	Roberts, John	1-0-0-4-0
Piles, William	1-0-0-1-0	Roberts, William	1-0-0-1-0
Porter, Phillip	2-2-2-5-0	Riley, William	2-0-0-3-0
Philby, John	1-0-0-3-0	Riley, Jessee	1-0-0-1-0
Perkins, Joseph (HF)	1-0-0-1-0	Reynolds, George	2-1-4-9-0
		Richards, Michael	2-0-0-0-0
Peacher, John (HF)	1-0-0-0-0	Russell, Robert	2-0-0-1-0
Piles, Robert Jr.	1-0-0-1-0	Riley, George	1-4-3-9-0
Presley, Gregory (a free negro)	1-0-0-1-0	Robinson, John (at Morgans)	1-0-0-0-0
Parson, John (a free molatto at Jno. Griggs)	1-0-0-0-0	Rop, George	1-0-0-0-0
		Rop, Samuel	2-0-0-0-0
		Rutherford, Van	1-0-0-0-0
[following entry appeared at end of U & V section]		Roarer, John	1-0-0-2-0
		Rhortroff, Jonas	1-0-0-4-0
Potts, Stephen & Thomas - slaves to John of Alexa.	0-0-2-0-0	Ronamus, Conrad	2-0-1-6-0
		Ronamus, Lewis & Corker	2-0-1-4-0
Read, Thomas	1-0-0-0-0	Right, Samuel	1-1-1-5-0
Richcreek, Phillip	1-0-0-4-0	Ramley, John	1-0-0-0-0
Riley, William	1-0-0-2-0	Ramley, Samuel	1-0-0-0-0
Roach, Richard	1-0-0-0-0	Riddle, Joseph	1-0-0-4-0
Ronamus, Andrew	3-0-0-6-0	Ryon, John	1-1-0-3-0
Reese, John	1-0-0-4-0	Rodgers, James	1-0-0-2-0
Richardson, Samuel	1-0-1-4-0	Rutherford, Drusilla	1-0-4-5-0
		Read, William (HF)	1-0-0-0-0
Ridaway, Mary	0-1-2-5-0	Riley, Frederick (HF)	1-0-0-0-0
Ridgaway, Rebecca	0-0-0-2-0		
		Rocanbaugh, John & appren.	2-0-0-0-0
Roper, Nicholass	1-0-2-1-0		
Read, Samuel (whiles)	1-0-0-0-0	Russler, John (HF)	1-0-0-0-0
		Russler, Michael (HF)	1-0-0-0-0
Robinson, William	1-0-6-4-0		
Rock, John	1-0-0-0-0	Rocanbaugh, Jacob Jr.	2-0-0-0-0
Rease, William	1-0-0-2-0		
Riley, Alexander	1-1-3-6-0	Riley, Zecker	1-0-0-4-0
Raysel, John	1-0-0-3-0	Robin (a free negro	1-0-0-1-0

Jefferson County, Virginia Personal Property Tax List
1805

Name	Values
at C. Griffith)	
Stephenson, James (C town)	1-0-0-1-0
Sutton, John	1-0-0-0-0
Stewart, Thomas	2-0-0-1-0
Sheeley, Samuel	1-0-0-0-0
Simpson, George	1-0-0-0-0
Sponcellor, Jacob	2-0-0-0-0
Spangler, John	3-0-0-1-0
Sensabaugh, Jacob	1-0-0-0-0
Shope, William	2-0-0-0-0
Stuart, John	1-0-0-1-0
Stanford, John	1-0-0-1-0
Shirly, William	1-0-0-1-0
Spangler, George (C town)	1-0-0-0-0
Shirley, Walter	1-0-0-0-0
Sprint, Patrick	2-0-0-0-0
Slaughter, Smith	1-0-10-12-0
Strother, Antony	1-2-3-3-0
Smitley, George	1-3-5-7-0
Speer, Abram	1-0-0-0-0
Sumpro, John	1-0-0-1-0
Shall, Nicholass Jr.	2-0-0-9-0
Shall, Michael	1-0-0-6-0
Shingler, Richard (at Shalls)	1-0-0-0-0
Stephenson, William	1-0-0-0-0
Smith, John (S Field)	1-0-0-1-1
Shirly, James	2-0-2-7-0
Sumpro, Peter	2-0-0-2-0
Stone, Joseph	2-0-0-2-0
Smith, Henry	1-0-0-1-0
Smith, Seth	1-0-2-2-0
Shirly, Robert	1-0-0-3-0
Shall, Nicholass Sr.	2-0-0-5-0
Smith, Lewis	1-0-0-2-0
Shingler, Conrad	1-0-0-2-0
Shepherd, Godfry	1-0-0-3-0
Smith, Frederick	1-0-0-3-0
Steen, Frederick	1-0-0-1-0
Sanderson, Alexander	1-0-0-1-0
Saunders, Cyrus	3-2-7-10-1
Sholtz, Dederick	1-0-0-0-0
Saunders, James	0-0-1-0-0
Shirly, James of Walter	1-0-0-1-0
Shirly, Samuel	1-0-0-0-0
Shirly, Jarvis	2-0-0-4-0
Shirly, Robert Sr.	2-0-0-7-0
Shirley, Robert Jr.	1-0-0-1-0
Shirly, John	2-0-0-4-0
Slusher, George	1-0-1-3-0
Satterfield, Benjamin	1-0-0-2-0
Sheely, John Sr.	3-0-0-4-0
Sheeley, William	1-0-0-2-0
Strath, Alexander	1-0-2-5-0
Sinclare, John	2-2-14-12-0
Smock, William (at F. Whitings)	1-0-0-0-0
Sumpro, Daniel	1-0-0-2-0
Smith, Moses	1-0-0-1-0
Smith, William	1-0-0-0-0
Smock, Mathias	1-0-0-0-0
Sumpro, Jacob	1-0-0-0-0
Sherley, Michael	1-0-0-0-0
Saintmire, George	1-0-0-5-0
Swango, Isaac	2-0-0-5-0
Stidman, Thomas	1-0-0-4-0
Shewbridge, John	1-0-0-3-0
Shewbridge, Cornelius	1-0-0-1-0
Smith, Daniel	1-0-0-1-0
Shewbridge, John	1-0-0-5-0
Speaks, William	1-0-0-2-0
Smith, Lewis	2-0-0-2-0
Snider, John	1-0-0-4-0
Shrodes, Solomon Sr.	2-0-0-4-0
Shrodes, Solomon Jr.	1-0-0-2-0
Shrodes, John	1-0-0-2-0
Shunk, Simon & Ronamas	2-0-0-4-0
Strider, Isaac & William Thompson	2-0-0-6-0

Jefferson County, Virginia Personal Property Tax List 1805

Name	Values	Name	Values
Shirly, John & J. Games	2-1-1-6-0	Slippy, Frederick	1-0-0-0-0
Stephens, William (at Watsons)	1-0-0-0-0	Showman, Michael	1-0-1-5-0
Shaw, William (at Watsons)	1-0-0-0-0	Strider, Jacob	1-0-1-5-0
Sheetz, Martin	4-0-0-1-0	Strider, Phillip	1-0-4-3-0
Shaner, George	1-0-0-0-0	Snider, John (at Hendrix)	1-0-0-5-0
Staley, Stephen	1-0-0-5-0	Shuck, Michael	1-0-0-2-0
Shindler, Conrad Jr.	2-0-0-0-0	Storne, Henry	10-0-2-0
Shindler, Conrad Sr.	1-0-0-0-0	Show, Widow	1-0-0-2-0
Shutt, Phillip	1-0-1-1-0	Strider, Christianna	2-0-4-14-0
Staley, Daniel	1-1-1-11-0	Swagley, Mathias	1-0-0-2-0
Staley, Peter	2-0-0-6-0	Slye, Henry	1-0-0-1-0
Stipp, John Sr.	2-0-1-5-0	Slye, Mathias	1-1-1-5-0
Stipp, George	1-0-2-4-0	Stewart, John (Furnace)	1-0-0-0-0
Stipp, John Jr. & M. Staley	2-0-1-4-0	Saggerty, Peter (Furnace)	1-0-0-0-0
Sappington, Thomas	1-0-1-2-0	Smith, James	1-0-0-0-0
Smallwood, George	2-1-2-9-0	Shageley, Jacob	1-0-0-2-0
Smallwood, Gabriel	1-0-0-3-0	Stidman, James	4-0-0-5-0
Strain, Samuel	1-0-0-1-0	Short, James	2-0-0-1-0
Stephens, Dennis	1-0-3-7-0	Sheeler, Martin	2-0-0-5-0
Stipp, Susannah	0-0-0-2-0	Spotts, Andrew (at G. Keys)	1-0-0-0-0
Swearangen, Hezekiah	2-0-6-13-0	Sickafuse, John (HF)	1-0-0-0-0
Shepherd, Abraham	2-1-7-12-0	Shough, Jacob (HF)	1-0-0-0-0
Shanton, Charles	1-0-0-3-0	Strickland, John (HF)	1-0-0-0-0
Shanton, Zadock	1-0-0-2-0	Seelig, Frederick (HF)	1-0-0-0-0
Smurr, Andrew	1-0-0-0-0	Sprigg, Thomas (free negro HF)	1-0-0-0-0
Smurr, Jacob	1-0-0-0-0	Straws, John	1-0-0-0-0
Stephens, Thomas	1-0-0-0-0	Saunders, Aaron	2-0-1-2-0
Shepherd, Thomas	2-0-0-1-0	Swearangen, Joseph	1-2-14-21-0
Sockman, John	1-0-0-0-0	Sulsvin, Harcules	1-0-0-1-0
Stong, Jacob	1-0-0-0-0	Stidman, William	1-0-0-4-0
Smurr, Peter	1-0-0-0-0	Spencer, Samuel	2-0-0-5-0
Stephenson, Benjamin	1-0-2-1-0	Spencer, Edmund	1-0-0-0-0
Strother, Benjamin	2-1-10-10-0	Shubridge, John	2-0-0-9-0
Stall, Jessee	1-0-0-5-0	Sellers (a free negro at E. Griffith)	1-0-0-1-0
Smithy, Moses (at Jas. City?)	1-0-0-1-0		

Jefferson County, Virginia Personal Property Tax List
1805

Name	Values
[*following entry appeared in S section with Isaac Strider*]	
Thompson, William ??	1-0-0-0-0
Throckmorton, John	1-2-11-15-0
Tillett, Francis	1-0-0-0-0
Timberlake, Harfield	1-2-5-7-0
Thompson, Thomas	1-0-0-0-0
Thompson, Abram	1-0-0-4-0
Tenly, George	1-1-0-2-0
Tate, William	1-0-0-1-0
Thomas, Joseph	1-0-1-1-0
Thompson, John	1-0-0-1-0
Throckmorton, Robert	1-0-2-4-0
Thomas, Richard	1-0-0-1-0
Tate, Magnus Sr.	2-1-10-16-0
Toys, Andrew	3-1-8-15-0
Turner, Henry	1-3-13-18-0
Taylor, John	1-0-0-0-0
Tucker, John	1-0-0-0-0
Tracy, James	1-0-0-1-0
Tucker, William	2-0-0-1-0
Thomas, Leonard	4-1-0-7-0
Thomas, Samuel	1-0-0-0-0
Tabb, Robert	2-0-1-4-0
Toole, Joseph	1-0-0-0-0
Turner, Thomas	2-2-8-13-0
Toole, John	2-0-0-8-0
Thornburgh, John	2-0-1-5-0
Turner, Joseph	3-0-2-10-0
Taylor, Samuel	1-0-0-2-0
Tullis, James	1-0-0-0-0
Titman, Jacob	1-0-0-0-0
Toole, Thomas	1-0-1-1-0
Thomas, William	1-0-0-1-0
Turner, Elisha	1-0-0-2-0
Tone, James	1-0-0-0-0
Taylor, William	1-0-2-9-0
Taylor, Levi	1-0-5-10-0
Tompson, John	1-0-0-3-0
Talbert, Elizabeth	3-1-6-6-0
Talbert, John & Henly	2-0-1-4-0
Tullis, John	1-0-0-0-0
Thompson, Thomas (HF)	1-0-0-1-0
Unseld, Henry	2-0-0-1-0
Vance, Robert	1-0-0-4-0
Vestal, John	1-0-0-2-0
Vestal, David	1-0-0-1-0
Valraven, Jonas	1-0-0-3-0
Violett, Edward	1-0-4-7-0
Vanhorn, John	1-0-0-0-0
Underdunk, Henry	1-0-0-1-0
Varder, James	1-1-1-8-0
Vanzant, Christopher	2-0-0-6-0
Vardier, Adam	1-0-0-2-0
Verner, Jacob	1-0-0-0-0
Unsell, John Jr.	1-0-0-0-0
Vandoron, Christopher	1-0-0-4-0
Vestrail, William	1-0-0-1-0
United States	0-0-0-2-0
Wilson, Mouses	3-0-0-0-0
Warke, George	2-0-0-1-0
Woods, Andrew	1-0-0-0-0
Wicoff, Peter	1-0-0-3-0
White, Thomas	1-0-3-1-0
Ware, John	1-0-0-0-0
Wright, James (at Hamonds)	1-0-0-1-0
Wood, James Doc	1-1-0-2-0
White, Alexander	1-0-3-17-0
Whiting, Beverly	1-4-20-27-0
Willis, Rich	2-2-13-21-0
Wilson, John	1-0-0-0-0
Womersdoff, Frederick	1-0-0-0-0
Williams, Elijah	1-0-0-0-0
Williams, William	1-0-0-1-0
Williams, William (SF)	1-0-0-0-0
Wadson, John (wever)	1-0-0-0-0
Wadson, Henry	1-0-0-1-0
West, Thomas	1-0-0-1-0
Willis, Carver	1-0-6-9-0

Jefferson County, Virginia Personal Property Tax List 1805

Name	Values	Name	Values
Washington, Thoranton	1-1-11-14-0	Watson, John	1-1-1-5-0
Welsh, Richard	3-0-2-9-0	Wize, George	1-0-0-0-0
Welsh, Jacob	1-0-0-6-0	Wingerd, John	4-0-0-0-0
Welsh, Zachariah	1-0-0-13-0	Walker, William	1-0-0-1-0
Wilson, William	1-0-0-5-0	Williamson, David	1-0-0-4-0
Wilson, John & Hugh	2-0-0-5-0	Williamson, Theodora	1-1-0-5-0
Wilson, George	1-0-7-8-0	Williamson, Jacob Doc	1-0-0-2-0
Witherrow, Joseph	1-0-0-2-0	Wolfe, George	1-0-0-0-0
Wood, Isaac	1-0-0-6-0	Williamson, Jacob	3-0-1-4-0
Welsh, John	1-0-0-1-0	Williamson, John	1-0-2-6-0
Wager, Massey	0-0-1-0-0	Wortz, Peter	1-0-0-0-0
Wason, James	1-0-0-1-0	Worley, William	2-0-0-3-0
Woods, William	1-1-0-5-0	Ware, Ralph	1-0-0-0-0
Whiting, Francis	1-0-11-12-0	Writz, Doc	1-0-0-1-0
Washington, S. George	1-1-17-17-0	Welshamer, Frederick	1-0-0-1-0
White, Thomas Jr.	1-0-0-1-0	Wysong, Jacob	2-0-0-0-0
Watson, Thomas	1-0-0-4-0	Welshaunce, Jacob	3-0-0-0-0
Wineland, Frederick	1-0-1-4-1	Wisenall, Barney	3-0-0-0-0
		Wals, John	1-0-0-0-0
Wood, Jack free negro	1-0-0-1-0	Welshaence, David	1-0-0-4-0
White, Ann	0-0-1-0-0	Welshaunce, Joseph	2-0-0-1-0
Washington, Corbin's estate	3-10-40-32-0	Wilson, Thomas	2-0-0-5-0
		Wynkoop, Cornelius	1-0-1-2-0
Wood, William	1-0-0-3-0	Wolf, Henry	2-0-0-6-0
Willett, Aquila	1-0-0-1-0	Wolf, Frederick	1-0-0-4-0
Wilt, Henry	1-0-0-3-0	Williamson, Basil	1-0-3-1-1
White, Robert	1-0-0-0-0	Wager, John	1-1-3-5-0
Wickersham, Abram	1-0-0-0-0	Wasters, William	1-0-0-1-0
Watson, James	2-0-0-5-0	Williams, Samuel	1-1-5-5-0
Wood, Rubin (a black man on James Watsons land)	1-0-0-1-0	Williams, Charles (HF)	1-0-0-0-0
		Whensett, John (HF)	1-0-0-0-0
Wever, Adam	2-1-2-1-0	Williams, John (HF)	1-0-0-0-0
Wallingford, James	2-0-0-4-0	Wickham, T. Marsice (HF)	1-0-0-0-0
Wallingford, Nicholas	1-0-0-3-0	Waggoner, Wm. & A. Glasford	2-0-0-1-0
Walters, Isaac	1-0-0-0-0	Waggoner, John (HF)	1-0-0-0-0
Williams, Zachariah	1-0-0-4-0		
Wood, John	1-0-0-3-0		
Walper, Casper	2-0-2-6-1	Willmith, William	1-0-0-4-0

Jefferson County, Virginia Personal Property Tax List
1805 Merchant Licenses

(HF)
Wolverton, Nathaniel (HF) 1-0-0-0-0
Whillett, Robert 1-0-0-1-0
Waganner, Andrew 1-1-1-2-0
Young, Joseph 1-0-1-2-1
Young, John 2-0-0-2-0
Young, Thomas 1-0-0-2-0
Young, George (N Cremers?) 1-0-0-0-0
Yerkaus, Joshua Sr. 1-0-0-0-0
Yerkas, Joshua Jr. 1-0-0-1-0
Yerkas, Josiah 1-0-0-1-0

Yontz, Conrad 1-0-0-0-0
Yeasley, Michael 1-0-0-0-0
Yates, Charles Esqr 1-0-25-21-0
Young, James & Timothy a black 2-0-0-5-0
Yontz, John 2-0-0-0-0
Young, Chrisley 1-0-0-0-0
Yates, William (at S rights) 1-0-0-0-0
Young, Peter (HF) 1-0-0-0-0
Yontz, George (HF) 1-0-0-0-0
Yorke a free negro 1-0-0-2-0

1805 Merchant Licenses

Absolem Gardner
William Patton
James & Robert Fulton
Joseph Stone
Davenport & Willett
David Patton
John Anderson
James Stephenson
James & Robert Fulton
Willowby W. Lane
Davenport & Willitt
William Stephenson
Geo. & Jno. Humphrey
Ann Frame
North & Smallwood
McIlhenny & Owings
William McSherry

Michael Yeasley
William Gibbs
Edward McCormick
Theodore Bell
James Proctor
Daniel Annin
Matthew Frame
John B. Webber
Jas. S. & Jno. Lane
John Welch
Selby & Crow
Thomas Toot
Morrow & Brown
Sebastian Eaty
James Gardner
John Stewart
Jas. S. & Jno. Lane

Jefferson County, Virginia Personal Property Tax List
1806

1806

Column numbers refer to: White males above 16 -- Black males above 12 & under 16 years old --Black males above 16 years of age -- Horses, Mares &c -- Ordinary Licenses

Alexander, Gerrerd's heirs	1-0-9-7-0	Boxell, William	1-0-0-0-0
		Bull, Ezekiel W.	1-0-4-18-0
Armstrong, William	1-0-0-0-0	Bond, Samuel	1-0-0-2-0
Anning, Daniel	1-1-1-2-0	Briscoe, John & brother	2-0-2-2-0
Anderson, James	3-0-0-1-0		
Anderson, John	3-0-1-3-0	Briscoe, Philip	1-0-1-2-0
Allimong, Christian	1-1-1-5-0	Briscoe, Cuthbert	1-0-1-1-0
Atwell, Thomas	1-0-2-4-0	Briscoe, Samuel	1-0-1-2-0
Alstott, John	4-0-1-6-0	Briscoe, Harrison	1-0-1-2-0
Anderson, Mahlon	1-0-0-1-0	Brown, Elias	1-0-0-0-0
Athey, Townly	1-0-0-4-0	Bideman, Dedrick	1-0-0-1-0
Avery, Francis	1-0-0-0-0	Bell, Benjamin	1-0-0-1-0
Anderson, Mathias	1-0-1-3-0	Brown, Jesse	1-0-1-3-0
Auckhart, Sandy	2-0-0-0-0	Bell, Hezekiah	1-1-8-10-0
Abbott, James	1-0-0-0-0	Burgoyne, John	2-0-0-1-0
Austin, Thomas	1-0-0-1-0	Brown, Adam	1-0-0-1-0
Auckhart, Hugh	1-0-0-0-0	Bradshaw, Joseph	1-0-0-0-0
Anderson, John	1-0-0-0-0	Butler, Charles	1-0-0-0-0
Abel, John	1-4-6-12-0	Blackburn, William	2-0-0-1-0
Alstott, Jacob	2-0-1-9-1	Buckmaster, Zachariah	2-0-0-1-0
Abbott, Samuel	1-0-0-0-0		
Ager, John	1-0-0-5-0	Boyd, Robert	1-0-0-0-0
Anning, Samuel	1-0-0-0-0	Brown, Joseph	3-0-0-1-0
Auldworth, Samuel	1-0-0-0-0	Boley, John	1-1-3-6-0
Ault, Jacob	1-0-0-3-0	Burton, Joshua	2-0-1-5-0
Alstott, Daniel	1-0-0-7-0	Brown, Hester & brother	1-0-0-4-0
Alder, Marcus	1-0-4-6-0		
Auckhart, Michael	1-0-0-0-0	Basil, John	1-0-0-3-0
Ager, Samuel	1-0-0-0-0	Bell, John	1-0-1-3-0
Angle, John	1-0-0-0-0	Briscoe, John Esqr	2-3-16-14-0
Avis, Robert	2-0-0-5-0	Briscoe, Alexander M.	1-0-6-7-0
Ancrom, Archibald	1-0-0-0-0		
Avis, Davis	1-0-0-3-0	Bridgman, William	1-0-0-0-0
Avis, John	1-0-0-1-0	Bowen, Jonathan	1-0-0-3-0
Anocran, John at Striders Mill	1-0-0-0-0	Bowen, Alexander	1-0-0-3-0
		Briant, John	2-2-5-9-0
Aulebough, Simon	1-0-0-0-0	Bell, Joseph	3-0-0-9-0
Aulebough, John	1-0-0-0-0	Bell, Thomas	1-0-0-2-0
Alnut, Jesse	1-1-3-5-0	Bell, Joseph Jr.	1-0-0-3-0
Alsop, Jacob	no entries	Best, John	1-0-0-1-0

Jefferson County, Virginia Personal Property Tax List
1806

Name	Values	Name	Values
Bushman, David	1-0-0-4-0	Blue, Ezekiel	1-0-0-0-0
Boley, Benjamin	1-0-3-5-0	Byers, John	1-0-0-0-0
Bless, Olliver	1-0-0-0-0	Baley, John	1-0-0-0-0
Bradford, Benjamin	1-0-0-3-0	Beltz, Adam	1-0-0-0-0
Beeler, Benjamin	2-1-7-18-0	Brewer, John	1-0-0-0-0
Beeler, Benjamin (of Kentucky)	1-0-0-1-0	Bridenbaugh, Martin	1-0-0-0-0
		Bords, Daniel	1-0-0-0-0
Biggs, William	1-0-0-6-0	Breeding, Robert	1-0-0-0-0
Biggs, Daniel	1-0-0-0-0	Bynne, Patrick	1-0-0-0-0
Bowen, David	1-0-0-0-0	Bynne, Dennis	1-0-0-0-0
Bowen, Jesse	1-0-1-3-0	Burnett, George	1-0-0-3-0
Bushman, Henry	1-0-0-1-0	Brown, Rachel	0-0-1-5-0
Brown, Benjamin	1-0-0-2-0	Bond, Dennier	1-0-0-2-0
Bell, John	1-0-0-2-0	Blue, Daniel	2-0-0-0-0
Brackenridge, Thomas	1-0-4-7-0	Bennet, Van	1-1-2-9-0
		Brooks, William	1-0-0-1-0
Brown, William (printer)	1-0-0-2-0	Brown, James	1-1-8-1-0
		Bishop, George Jr.	1-0-0-0-0
Bryant, Charles	1-0-0-1-0	Boyers, Joseph	1-0-0-4-0
Basil, John	1-0-0-2-0	Byers, John	1-0-0-0-0
Boyles, Edward	1-0-0-0-0	Bedinger, Jacob	1-0-0-3-0
Bennett, John	1-0-0-0-0	Buckles, Abraham	1-0-0-4-0
Becsley, Conn	1-0-0-0-0	Baker, John	1-1-3-3-0
Bull, Esoph	1-0-0-0-0	Baker, John	2-0-0-0-0
Briton, William	1-0-0-0-0	Boggs, John	1-0-0-0-0
Baker, Walter	1-0-6-8-0	Bishop, George	1-0-1-0-0
Bowers, John	1-0-0-4-0	Bruninger, Andrew	1-0-0-3-0
Buckles, John	1-0-0-3-0	Bane, Joseph	1-0-0-2-0
Bennett, John	1-0-0-0-0	Butler, Henry	1-0-0-1-0
Baden, John	1-0-0-0-0	Banks, John	1-2-5-8-0
Backhouse, Thomas	3-1-0-3-0	Buckles, William	1-0-0-3-0
Burr, James	1-0-0-5-0	Buckles, Henry	1-0-0-3-0
Bridgman, Francis Jr.	1-0-0-0-0	Butler, Harrier	1-0-0-5-0
		Burr, William	1-0-0-2-0
Butler, William	1-0-4-6-0	Brown, Piercy	1-0-0-0-0
Burr, Moses	1-0-0-3-0	Brown, Frederick	1-0-0-3-0
Burnett, William	1-0-2-5-0	Buckles, James	1-0-0-6-0
Bennett, Mason	1-0-3-4-0	Byers, Solomon	2-0-0-1-0
Bell, John	1-0-0-1-0	Barnhart, Philip	2-0-0-0-0
Bussel, Benjamin	1-0-1-4-0	Butts, Charles	1-0-0-0-0
Bell, Theodore	1-2-3-1-0	Barnett, Wisonall	1-0-0-0-0
Bozworth, William	1-0-0-0-0	Brown, Alexander	3-0-0-4-0
Bounton, William	1-0-0-0-0	Borough, Henry	1-0-0-0-0
Brewer, William	2-0-1-0-0	Banks, Clement	1-0-0-0-0
Berry, John	1-0-0-0-0	Bell, James	1-0-0-2-0
Blue, Salter	1-0-0-7-0	Branton, Frederick	1-0-0-4-0

Jefferson County, Virginia Personal Property Tax List
1806

Name	Values	Name	Values
Boyers, Simon	1-0-0-1-0	Cherbey, William	1-0-0-1-0
Bilmier, Martin	1-0-0-3-0	Cullimber, Jesse	1-0-0-1-0
Brady, Joshua	1-0-0-0-0	Cleveland, Alexander	0-0-4-5-0
Buckles, Daniel	1-0-1-3-0		
Buckles, William	1-0-2-4-0	Claspil, Robert	2-0-0-1-0
Burket, Michael	2-0-1-6-0	Craghill, Nathaniel	2-1-10-15-0
Barnhart, Henry	1-0-0-1-0	Campbell, William	1-0-0-0-0
Briscoe, Ann	0-0-4-2-0	Cooper, Sarah	0-0-0-2-0
Byers, Sarah	0-0-0-2-0	Conner, Samuel	1-0-0-0-0
Blue, Joel	1-0-2-4-0	Cruson, Jacobus	1-0-0-1-0
Blue, Michael	2-0-0-4-0	Currey, Thomas	1-0-0-0-0
Brily, John	1-0-0-0-0	Craig, Andrew	1-0-0-0-0
Bolin, John (black man in S. Townp)	1-0-0-2-0	Crisman, John	1-0-0-2-0
		Crane, Joseph	1-5-7-17-0
Baylor, Richard	1-2-15-20-0	Creamer, Samuel J.	1-1-0-2-0
Baylor, Lucy	0-0-3-1-0	Catro, Jacob	1-0-0-0-0
Cruson, James	1-0-0-1-0	Conn, Richard (constable)	1-1-1-2-0
Christman, John	1-0-0-1-0		
Crumpton, Jacob	1-0-1-2-0	Catlett, James	1-0-0-4-0
Chamberlin, James	2-0-0-2-0	Conn, James	1-1-0-3-0
Connell, Joseph	1-0-0-0-0	Conn, Ralph	1-0-0-3-0
Cherry, William	1-0-0-1-0	Collins, Christopher	2-0-8-6-0
Cullers, Philip	1-0-0-0-0	Commins, John	1-0-0-0-1
Creek, Jacob	1-0-0-1-0	Crutcher, James	2-0-0-0-0
Crawley, James	1-0-0-0-0	Copler, Barnhart	1-0-0-0-0
Crow, William	1-0-0-0-0	Caheil, William	1-0-0-0-0
Cuningham, John	1-0-0-0-0	Conaway, John	1-0-0-2-1
Cordell, George E.	3-0-0-3-0	Coil, James	1-0-0-2-0
Conner, Charles	1-0-1-4-0	Coil, William	1-0-0-0-0
Chambers, Aaron	2-0-0-0-0	Carter, Robert	2-2-4-7-0
Cowen, David	1-0-0-4-0	Carlisle, Benjamin	1-0-0-3-0
Cruson, Jacob	1-0-0-1-0	Cox, William	1-0-0-1-0
Copland, William	1-0-0-0-0	Crowl, Jacob	1-0-0-0-0
Colclaser, Daniel	1-0-0-0-0	Croft, David	1-0-0-0-0
Clark, William	1-0-0-0-0	Crutcher, James	1-0-0-0-0
Cooper, John	1-0-0-0-0	Carson, James	1-0-0-0-0
Calleham, ___	1-0-0-0-0	Claspil, David	1-0-0-0-0
Cockrell, Peter	3-1-1-8-0	Cox, Samuel	1-0-0-0-0
Collett, Daniel	5-0-0-13-0	Conn, Thomas	1-0-0-0-0
Crafton, J. Russell	1-0-0-3-0	Cramer, Casper	1-0-0-0-0
Chamberlin, Elijah	1-1-1-7-0	Cross, Reason	1-0-0-0-0
Clark, William	1-0-0-3-0	Crook, John	1-0-0-0-0
Cooper, Jonah	1-0-0-0-0	Crabb, Jeremiah	1-0-0-0-0
Clima, Peter	1-0-0-1-0	Chaplin, Isaac Sr.	1-0-1-3-0
Crow, Richard	1-0-0-0-0	Cooke, Giles	2-2-8-10-0
Crow, Israel	1-0-0-0-0	Cooke, George	1-0-0-1-0

Jefferson County, Virginia Personal Property Tax List
1806

Name	Values	Name	Values
Coner, Peter	1-0-0-0-0	Dorsey, John	1-0-0-1-0
Cockran, Thomas	1-0-0-0-0	Dillin, John	1-0-0-0-0
Craft, Jacob	1-0-0-0-0	Dean, Ezekiel	1-0-0-1-0
Craft, Philip	1-0-0-0-0	Davis, Leonard Sr.	3-2-5-8-0
Carmen, Henry	1-0-0-0-0	Dillo, Peter	2-0-0-4-0
Chopper, Philip	1-0-0-0-0	Dillo, John	2-0-0-2-0
Comagys, William	1-0-0-2-0	Dillo, William	1-0-0-2-0
Croat, Daniel	1-0-0-0-0	Davis, Morris	1-0-0-1-0
Cameron, Daniel	1-0-0-0-0	Dillo, Joseph	1-0-0-0-0
Clayton, John	1-0-0-0-0	Dillo, Thomas	1-0-0-0-0
Cook, Henry	3-0-0-1-0	Duke, Robert	1-0-0-1-0
Correll, Abraham	1-0-0-0-0	Duke, Joseph	1-0-0-0-0
Correll, George	1-0-0-0-0	Debostean, Elizabeth	0-0-0-2-0
Cooke, Michael	1-0-0-0-0	Davis, William	1-0-2-3-0
Carr, George	1-0-0-0-0	Dicks, John	1-0-0-0-0
Cramer, Peter	1-0-0-0-0	Dial, James	1-0-0-1-0
Conklin, Jacob	2-0-0-5-0	Davis, Andrew	1-0-1-8-0
Crine, Michael	1-0-0-0-0	Dust, Paul	1-0-0-4-0
Clausin, John	1-0-0-1-0	Davis, Thomas	1-0-4-4-0
Clausin, William	1-0-0-4-0	Davenport, Samuel	2-2-4-11-0
Campbell, William	1-0-0-1-0	Duroy, Michael	1-0-0-0-0
Coons, Jacob	1-0-0-2-0	Dandridge, Adam T.	0-3-24-21-0
Coons, Abraham	1-0-0-3-0	Daley, Michael	1-0-0-0-0
Chaplin, Isaac	1-0-0-2-0	Donnoldson, John A.	1-0-0-0-0
Coons, John	1-0-0-1-0	Dunn, Joseph	1-0-0-0-0
Coons, Jacob	1-0-0-4-0	Devist, John	1-0-2-6-0
Coons, Abraham	1-0-0-5-0	Downs, John	1-0-0-2-0
Duddell, James	1-0-0-0-0	Davis, Cornelius	1-0-0-1-0
Daniels, John	1-0-0-0-0	Daughterty, John	1-0-0-0-0
Ducker, William	1-0-0-1-0	Dirumple, Joseph	1-0-0-0-0
Duke, James	2-0-0-0-0	Deavers, Isaac	1-0-0-0-0
Dillo, Joseph	2-0-0-2-0	Daughterty, Patrick	1-0-0-0-0
Davis, Joseph W.	1-0-3-3-0	Daniels, John	1-0-1-7-0
Dickson, John Esqr	1-0-3-2-0	Dunn, Smith	1-0-2-0-0
Dorsey, Michael (miller)	2-0-0-3-0	Davis, Leonard	1-0-3-4-0
Dimmit, John	1-1-1-5-0	Doudon, Thomas	2-0-0-6-0
Dobson, John	1-0-0-2-0	Dall, John	1-0-0-0-0
Dorim, Joseph	1-0-0-0-0	Deelhea, William	1-0-4-4-0
Dotts, George	1-0-0-1-0	Dark, Sarah	0-2-6-7-0
Downey, John	1-2-4-11-0	Davenport, John	1-2-3-9-0
Davenport, Abram	3-0-15-18-0	Davenport, Benjamin	1-0-1-3-0
Ducker, William	1-0-0-1-0		
Dimmitt, David	1-0-0-3-0	Daugherty, Patrick (C town)	1-0-0-0-0
Dimmitt, John Jr.	1-0-0-1-0		
Dorsey, James	1-0-0-6-0	Evans, George	1-0-0-0-0

Jefferson County, Virginia Personal Property Tax List
1806

Name	Values	Name	Values
Emmery, Hezekiah	1-0-0-1-0	Fry, David	3-0-0-6-0
Eaty, Sebastian	2-1-0-1-0	Fosset, John	1-0-0-1-0
Edwards, Andrew	1-0-0-1-0	(C town)	
Endsley, John	1-0-0-4-0	Fry, George	1-0-1-2-0
Endsley, Thomas	1-0-0-1-0	Fry, Abigail	0-0-1-2-0
Edrington, William P.	1-0-0-0-0	Furgeson, John	1-0-0-0-0
Edwards, Nathan	1-0-0-0-0	(at Nobles)	
Edmondson, Thomas T.	1-0-0-1-0	Faugh, Hamilton (at T. Watsons)	1-0-0-0-0
Edwards, Joseph	1-2-2-5-0	Fisher, Jacob	1-0-0-0-0
Edwards, Hezekiah	1-0-0-2-0	Ferrell, William	1-0-0-0-0
Edmonds, Benjamin	1-0-0-0-0	Fisher, Michael	1-0-0-0-0
Ervan, Elias	2-0-0-3-0	Farlon, James	1-0-0-3-0
Early, William	1-0-0-2-0	Filbert, Mary	0-0-0-3-0
Evans, Thomas	1-0-2-4-0	Francis, James	1-0-0-1-0
Evans, Jeremiah	1-0-0-0-0	Francis, Thomas	1-0-0-1-0
Engler, Jacob	1-0-0-0-0	Francis, William	1-0-0-0-0
Eversole, Abraham	5-0-0-8-0	Freeman, John	1-0-0-2-0
Evans, Thomas B.	1-0-3-4-0	Fizer, Peter	1-0-0-0-0
Eckhart, Juliana	0-0-1-0-1	Furtney, Peter	1-0-0-0-0
Eaty, William	3-0-0-0-0	Frashier, Jonathan	2-0-1-3-0
Ebbert, John	1-0-2-0-0	Fulton, Anthony	1-0-0-0-0
Ensworth, William	1-0-0-0-0	Frazure, Maryland	1-0-0-3-0
Entler, Martin	2-0-0-1-0	Frazure, Reason	1-0-0-1-0
Elliot, Benjamin	1-0-0-0-0	Ferguson, James S.	1-0-3-6-0
Entler, Philip	1-0-0-0-0	Fry, Peter	1-0-0-6-0
Emberson, John	1-0-0-0-0	Fitz, James	1-0-0-2-0
Emberson, Dyer	2-0-0-3-0	Fouke, Frederick	2-0-0-2-0
Eckhart, Michael	1-0-0-0-0	Fouke, Michael	1-0-0-0-0
Farr, Joseph	1-0-1-1-0	Foulke, Daniel	1-0-0-1-0
Fox, Joseph (at Turners)	1-0-0-2-0	Froome, David	1-0-0-0-0
		Fouke, Michael Sr.	1-0-0-0-0
Furgeson, John	1-0-0-0-0	Foreman, John	3-0-0-2-0
Fronk, Henry	1-0-0-0-0	Fisher, Jacob	1-0-0-1-0
Fouler, Henry	1-0-0-1-0	Famon, George	1-0-0-2-0
Fryer, John	2-0-0-3-0	Fulke, Frederick	1-0-0-2-0
Fry, John of George	1-0-0-0-0	Foulke, Christian	1-0-0-0-0
Fouke, Charles	1-0-0-1-0	Fiser, Michael	2-0-1-7-0
French, Samuel	1-0-0-0-0	Fiser, Adam	1-0-0-2-0
Frame, Ann	0-0-1-0-0	Furgeson, James S.	1-0-3-4-0
Fulton, James & Robert	2-0-0-1-0	Fizer, Jacob	1-0-0-0-0
		Fisher, Peter	1-0-0-0-0
Frame, Mathew	1-2-5-12-0	Fairfax, Ferdinando	1-5-36-28-2
Farra, Samuel	2-0-0-2-0	Flood, William P.	1-1-10-6-0
Flagg, Thomas	1-0-3-6-0	Fairfax, Thomas	0-0-0-0-0
Fry, John	1-0-1-6-0	Greenfield, Gabriel	1-2-14-10-0

Jefferson County, Virginia Personal Property Tax List
1806

Name	Values	Name	Values
Gatell, Henry	1-0-6-10-0	Gardner, Francis	1-0-0-3-0
Grant, James	1-0-0-1-0	Grove, Jacob	1-0-0-4-0
Games, Robert	1-0-0-3-0	Gibbons, Elizabeth	0-1-2-2-0
Gilbert, William	1-0-0-2-0	Glenn, James	1-0-5-10-0
Grantham, John son of Joseph	1-0-0-1-0	Gibbons, Moses	1-0-4-5-0
		Gibbons, Isaac	1-0-0-1-0
Grantham, Joseph	1-2-5-8-0	Green, Luke	1-0-0-1-0
Gilbert, Henry	1-0-0-1-0	Gardner, Isaac	1-0-0-1-0
Griffith, Samuel	1-0-0-0-0	Gardner, John S.	1-0-0-0-0
Gilbert, Elias	1-0-0-0-0	Graham, Mathew	1-0-0-0-0
Gardner, Absalom	1-0-0-1-0	Graham, John	1-0-0-0-0
Green, John	1-0-0-1-0	Gonter, Conrad	1-0-0-0-0
Grantham, John son of John	1-0-0-2-0	George, John	1-0-0-0-0
		Guntrom, George	1-0-0-0-0
Gibbs, William	2-1-2-1-0	Gilpin, William	1-0-0-1-0
Glasscock, Travis	1-0-1-1-0	Garnhart, Henry	1-1-1-8-0
Games, Absalom	1-1-0-2-0	Grenlay, John	1-0-0-0-0
Griggs, Thomas	1-0-0-1-0	Givens, John	1-0-0-0-0
Games, Basil	1-0-0-0-0	Gommet, Christian	1-0-0-1-0
Goings, Jason	2-0-0-1-0	Gutwelt, Jacob	1-0-0-0-0-
Gardner, James	1-0-0-1-0	Gummer, John	1-0-0-1-0
Groves, William	1-0-0-0-0	Grove, Jacob	2-0-0-2-0
Groves, John	1-1-3-1-0	Garret, Edward	1-0-0-2-0
Grady, Thomas	1-0-0-1-0	Goldsberry, Edward	1-0-0-0-0
Gantt, John	2-2-12-13-0	Grove, Milker	1-0-0-0-0
Glasscock, Peter	1-0-0-1-0	Glassford, Alexander	no entries
Grant, John	1-0-0-3-0		
Griggs, John	2-2-6-16-0	Hall, Maryland	1-0-0-0-0
Grubb, William	1-0-0-2-0	Hiett, Leonard	1-0-0-1-0
Grubb, John	1-0-0-5-0	Hiveley, Abraham	1-0-0-0-0
Grubb, Adam	1-0-0-3-0	Hardister, Richard	1-0-2-6-0
Gollaway, William	1-0-1-10-0	Haines, Henry	1-0-0-2-1
Grantham, John	3-0-0-9-0	Haines, Peter	2-0-0-0-0
Gold, John	1-0-2-5-0	Humphreys, Rachel	1-0-0-1-0
Garrison, Nehemiah	2-0-1-4-0	Haines, John	2-0-0-5-0
Grantham, Catherine	0-0-0-3-0	Harriss, George S.	1-0-0-0-0
		Humphreys, George & John	2-0-2-2-0
Griggs, Thomas	1-3-15-20-0		
Griffith, David Exor	0-1-3-1-0	Harding, Wm. H.	1-3-7-10-0
Grimes, Benjamin	1-0-0-0-0	Hammond, Thomas	1-2-8-22-0
Grubb, Curtis	1-0-0-1-0	Hiett, William	3-0-0-10-0
Games, John	1-0-0-0-0	Hiett, John	1-0-0-2-0
Guynn, Mathew W.	1-1-1-2-0	Harper, John	2-0-0-4-0
Goldsberry, John	1-0-0-2-0	Haynes, John	1-0-2-1-0
Guynn, Humphrey	1-3-10-11-0	Hall, Benjamin	1-0-0-1-0
Grubb, William Jr.	1-0-0-1-0	Hickman, William	1-1-1-0-0

Jefferson County, Virginia Personal Property Tax List 1806

Name	Values	Name	Values
Himes, John	1-0-0-0-0	Hunt, James	2-0-0-3-0
Howel, Samuel	3-0-1-2-0	Hart, Miles	1-0-0-0-0
Hall, William	1-0-0-0-0	Hall, Joshua	1-0-0-0-0
Hayes, Andrew	1-0-0-5-0	Hoops, Elisha	1-0-0-0-0
Hayes, Samuel	1-0-0-2-0	Hall, Thomas Jr.	1-0-0-0-0
Hiett, John	1-0-0-6-0	Hurst, James	1-2-13-11-0
Hansiker, Peter	2-1-0-7-0	Hunter, Ann	0-0-11-11-0
Hockings, John	1-0-0-1-0	Hibbons, William	1-0-0-1-0
Hughs, Thomas	2-0-0-4-0	Harris, Jeremiah	1-0-0-3-0
Hughs, Charles	1-0-1-3-0	Hite, James	1-2-10-17-0
Holmes, Bartlett	1-0-0-0-0	Humphreys, Roger	1-0-0-0-0
Haley, Isaac	1-0-1-1-0	Hall, Thomas Sr.	1-0-1-3-0
Haines, William	1-0-0-1-0	Hall, John	1-0-0-1-0
Hale, Samuel	1-0-0-1-0	Hoops, George	1-0-0-2-0
Hale, Thomas	2-0-0-3-0	Hurst, John	1-3-5-6-0
Hagan, Charles	1-0-0-1-0	Hite, Joseph	2-1-2-6-0
Hamilton, Hugh	1-0-0-0-0	Hite, Joseph Jr.	1-0-1-4-0
Hammond, Mary	0-5-4-9-0	Hite, Samuel	1-0-1-3-0
Hill, Thomas	1-0-0-1-0	Humes, John	1-0-0-2-0
Hollis, William	1-0-0-4-0	Humes, William	1-0-0-0-0
Hayes, Jeremiah	1-0-0-2-0	Huffman, Joseph	1-0-0-4-0
Hiett, Thomas	1-0-0-5-0	Hoilt, James	1-0-0-0-0
Hibbons, Cyrus	1-0-0-1-0	Hartman, Martin	1-0-0-0-0
Haines, Thomas	1-0-0-0-0	Holt, John	1-0-0-0-0
Howard, William	1-0-0-2-0	Heath, James	1-0-0-3-0
Hammon, Adam	1-0-0-1-0	Hall, William	1-0-0-2-0
Humphrey, David	1-0-2-1-0	Hogers, John	1-0-0-0-0
Houseman, Martin	1-2-1-4-0	Hamilton, Benjamin	1-0-0-0-0
Heath, Jonas	1-0-0-3-0	Hinkle, John	1-2-1-7-0
Heath, Zachariah	1-0-0-2-0	Harger, Martin	1-0-0-4-0
Honnel, Jacob	1-0-0-3-0	Hessey, John	1-0-0-0-0
Hesket, Joseph	1-0-0-4-0	Hay, William	1-1-1-0-0
Hesket, Benjamin	2-0-0-5-0	Hill, Christian	1-0-0-0-0
Hesket, Ann	1-0-0-2-0	Harris, David	1-0-0-0-0
Hesket, David	1-0-0-1-0	Hideman, John	1-0-0-0-0
Howard, Martin	1-0-1-2-0	Hizer, John	1-0-0-0-0
Hesket, John	1-0-0-1-0	Hizer, Adam	2-0-0-0-0
Haines, Nathan	2-0-0-9-0	Hizer, John Sr.	1-0-0-0-0
Haines, John son of Nathan	2-0-0-2-0	Hovermill, Dedwick	1-0-0-2-0
		Hamilton, John A.	1-0-1-2-0
Haines, Daniel	1-0-0-1-0	Hamilton, Thomas	1-1-0-0-0
Hess, Bolser	1-0-0-0-0	Hooper, George	1-0-2-0-0
Henderson, John	2-0-1-2-0	Hageley, George	1-0-0-7-0
Heath, James	1-0-0-2-0	Hewit, John	1-0-0-0-0
Hinkle, John	1-0-0-0-0	Haines, John	1-0-0-0-0
Harris, William	1-0-0-0-0	Haines, Jacob	3-0-1-1-0

Jefferson County, Virginia Personal Property Tax List
1806

Name	Values	Name	Values
Hogue, Moses	2-1-4-2-0	Ingle, John	1-0-0-5-0
Hart, Jacob	1-0-0-3-0	Ingle, Samuel	1-0-0-1-0
Himes, Harris	1-0-0-1-0	Ingle, Joseph	1-0-0-5-0
Hartman, George	1-0-0-0-0	Ingrum, John	1-0-0-3-0
Huffman, John	1-0-0-0-0	Jacob, Michael	1-0-0-2-0
Hestong, David	1-0-0-0-0	Johnson, George	1-0-0-0-0
Hendrix, James	1-0-3-8-0	Jinkins, Elias	1-0-0-0-0
Hofesticker, Samuel	1-0-0-0-0	Jones, Jonathan	1-0-0-3-0
Huffman, Robert	1-0-0-2-0	Jones, George	1-0-0-1-0
Huffman, John	1-0-1-5-0	Jackson, John	1-0-0-1-0
Hout, Rudolph	1-0-0-5-0	Jones, John	1-0-0-6-0
Holt, Jesse	1-0-0-1-0	Jordon, Jacob	1-0-0-0-0
Hill, Abraham	1-0-0-3-0	Jinkins, William	1-0-0-1-0
Hovermill, Henry	1-0-0-2-0	Jones, Francis	1-0-0-5-0
Henry, Andrew	1-0-1-10-0	Jinkins, Edward	1-0-0-2-0
Homes, Richard	1-0-0-0-0	Jacob, George	2-0-0-1-0
Hendrix, Daniel	1-0-2-7-0	Kercheval, George	1-0-0-2-0
Hart, Thomas	1-0-2-5-0	Kercheval, Benjamin	3-0-1-6-0
Hendrix, Philip	1-0-0-0-0	Kellenberger, Michael	2-0-0-7-0
Huffman, Robert	1-0-0-4-0		
Hamilton, Benjamin	1-0-0-1-0	Kirk, Thomas free negro	1-0-0-1-0
Hite, George	2-0-4-1-1		
Honnell, Samuel	1-0-0-0-0	King, James	1-0-0-1-0
Hammond, James' heirs	0-1-3-5-0	Kennedy, John	1-0-0-1-0
		Kidwell, Josiah	1-0-0-1-0
Johnson, Hugh	1-0-0-0-0	Kruson, Dedrick	1-0-0-1-0
Jackson, Richard	1-0-0-0-0	Kellenburger, Joseph	1-0-0-0-0
Isler, Henry	3-0-0-0-0		
Isler, Henry Jr.	1-0-0-0-0	Keyes, Thomas	1-0-2-5-0
Jinkens, Levi at W. H. Hardings	1-0-0-2-0	Kirkhart, Jacob	1-0-0-2-0
		Keer, Jonah	1-0-0-0-0
Jones, Thomas	1-0-0-0-0	Keyes, Gersham	1-1-2-6-0
Johnson, William	1-0-0-1-0	King, Samuel	2-0-0-2-0
Jackson, Peter a free negro	1-0-0-1-0	Kidwell, Josiah	1-0-0-2-0
		Kensel, Jacob	2-0-0-1-0
Johnson, David	1-0-0-1-0	Kayne, William	2-0-0-0-0
Johnson, Robert	1-0-0-0-0	Kitseturner, Jacob	1-0-0-1-0
Jackson, James	1-0-0-4-0	Kline, John	1-0-0-0-0
Jefferson, Hamilton	0-1-0-1-0	Kile, William	1-0-0-0-0
Johnson, John	1-0-0-0-0	Kisecker, John	1-0-0-2-0
Ingle, Philip Sr.	1-0-2-5-0	Kimes, Henry	1-0-0-0-0
Jones, Sarah	0-0-0-2-0	Kearsley, John	1-0-5-2-0
Jackson, John	1-0-0-2-0	Karnes, Adam	1-0-0-0-0
Ingle, Philip Jr.	1-1-0-8-0	Kile, William	1-0-0-5-0
Ingle, Michael	1-0-0-1-0	Kile, Joseph	1-0-0-0-0
Ingle, William	1-0-0-3-0	Kile, John	2-0-1-2-0

Jefferson County, Virginia Personal Property Tax List
1806

Name	Values	Name	Values
King, William	2-0-3-8-0	Lancihiskys, John	1-0-0-0-0
Kerney, Elly	0-0-1-2-0	Lancihiskys, Jacob	1-0-0-1-0
Kerney, Anthony	1-0-2-3-0	Longbrake, Daniel	2-0-0-4-0
Kerney, James	2-1-11-19-0	Loudon, Samuel	1-0-0-0-0
Kretzer, Henry	1-0-0-1-0	Lancihiskys, Daniel	1-0-0-0-0
Kellenburger, Jacob	2-0-0-5-0	Linkhart, Andrew	1-0-0-1-0
Kerney, William	1-0-3-8-0	Lemon, James	1-0-0-2-0
Kearsley, Jonathan	1-1-1-4-0	Lindsey, John	1-0-0-1-0
Kile, Agnus	3-0-0-4-0	Leonard, George	1-0-0-0-0
Kilty, Sampson	1-0-0-2-0	Lepps, Henry	1-0-0-0-0
Kissiker, Widow	1-0-0-3-0	Lafferty, Thomas	3-0-3-8-0
Kit, Peter	1-0-0-4-0	Lane, James	6-0-2-1-0
Keplinger, Adam	2-0-0-3-0	Lee, John	1-0-0-0-0
King, Benjamin	1-0-0-0-0	Leonard, Elizabeth	1-0-0-4-0
Lee, Lancelott	2-3-12-9-0	Lemon, William	1-0-1-5-0
Locke, John	1-1-3-8-0	Lee, Thomas	1-0-0-0-0
Leach, Archibald	1-0-0-1-0	Long, Jacob	1-0-0-0-0
Locke, John Jr.	1-0-1-2-0	Lynn, James	1-0-0-0-0
Lashel, Jehu	2-0-4-9-0	Likens, James Jr.	2-0-0-0-0
Lee, William	1-3-18-11-0	Linthecomb, Nathan	1-0-0-0-0
Locke, Alexander	1-1-0-5-0	Lucas, Edward	2-1-3-15-0
Lott, Hannah	0-0-0-2-0	Loury, John	3-0-0-1-0
Laboo, Michael	1-0-0-0-0	Luce, Martin	1-0-0-0-0
Lane, Willoughby W.	2-1-1-1-0	Lindsey, Alexander	1-0-0-0-0
Likens, Thomas	5-0-0-1-0	Link, Adam	1-1-0-8-0
Lenaham, Jeremiah	1-0-0-0-0	Linthecomb, Nathan	2-0-0-0-0
Linkhart, George	1-0-0-3-0	Lancaster, Joseph	1-0-0-2-0
Linkhart, Barnherd	1-0-0-0-0	Laly, Michael	1-0-0-0-0
Lounds, Charles	1-0-4-5-0	Lassford, Alexander	1-0-0-0-0
Little, Charles	1-0-4-5-0	Levick, Caleb	1-0-0-0-0
Little, William	2-0-5-11-0	Lay, Jacob	1-0-0-0-0
Little, Charles	1-0-0-1-0	Line, John	2-0-1-1-0
Lewellin, Richard	1-0-6-4-0	Lay, Jacob	2-0-0-0-0
Livingston, Adam	2-0-0-2-0	Longbrake, Jacob	1-0-0-1-0
Lions, John at Downeys	1-0-0-1-0	Lemon, Robert	1-0-0-3-0
Leitle, Peter	2-0-0-1-0	Lemon, Thomas	1-0-0-2-0
Leitle, John	1-0-0-1-0	Lafferty, George	1-0-1-3-0
Lawrence, James	1-0-0-0-0	Lemon, Jane	1-0-0-0-0
Loudon, William	1-0-0-0-0	Lindsey, John	1-0-0-2-0
Long, Longbrake	1-0-0-0-0	McPherson, John	3-0-0-17-0
Laurence, Levi	1-0-0-0-0	McMaken, John Jr.	1-0-0-6-0
Lemon, William	1-0-0-4-0	McMaken, James	1-0-0-1-0
Lucas, Robert	1-0-1-5-0	McMaken, John Sr.	2-0-1-5-0
Line, John	1-0-0-1-0	Murphey, John	1-0-0-2-0
Laughliter, Conrad	2-0-1-4-0	Moudy, Adam	1-0-0-1-1
		McCaughtry, James	1-0-0-1-0

74 Jefferson County, Virginia Personal Property Tax List
1806

Name	Values	Name	Values
McDaniel, James	1-0-0-0-0	McLaughlin, Isaac	1-0-0-0-0
Mahew, James	1-0-0-0-0	Medler, Sebastian	1-0-0-1-0
Milter, Robert	1-0-0-2-0	Marchant, William	1-0-0-0-0
McIntire, William	1-0-0-2-0	Markwood, John	1-0-0-0-0
Molynax, Henry Jr.	1-0-0-2-0	Miller, Joshua	1-0-0-0-0
Molynax, John	1-0-0-1-0	McQuade, Edward	1-0-0-0-0
McKnight, John	1-0-0-0-0	McEntree, John	1-0-1-2-0
McSherry, William	2-0-0-1-0	McCartney, Joseph	1-0-0-0-0
Morgan, Richard	4-0-0-8-0	McCormick, Joshua	1-0-0-2-0
Mofford, Robert	1-0-0-1-0	McGowen, John	1-0-0-1-0
McKnight, Harmon	2-0-0-2-1	Malin, William	0-0-0-1-0
Moore, James	1-0-0-0-0	McDaniel, Allen	1-0-0-0-0
Mooday, James	1-0-0-0-0	Miller, John (tailor)	1-0-0-0-0
McCarty, Andrew	1-0-0-0-0	McCormick, Moses	2-0-1-7-0
Masse, Elizabeth	0-0-0-1-0	McPherson, Daniel	1-0-3-10-0
McCarty, James	1-0-0-0-0	Mathena, Jonah	1-0-0-2-0
Morrow, William	3-0-0-0-0	Mahony, James	1-0-0-3-0
Morrow, Robert	1-0-0-0-0	Mathena, John	0-0-0-1-0
McMaken, James (C town)	1-0-0-0-0	Massey, Samuel	1-0-0-4-0
McLaughlin, James	1-0-0-0-0	McQuade, John	1-0-0-0-0
Miller, John (b smith)	2-0-0-1-0	McClinsey, James	1-0-0-0-0
McKentree, John	1-0-1-3-0	McCormick, James (b smith)	1-0-0-1-0
McDaniel, William	1-0-1-5-0	McCartney, Henry	1-0-0-1-0
Middleton, Robert F.	1-0-0-2-0	McKinney, John	1-0-0-1-0
McCaffry, Hugh	1-0-0-0-0	Mahony, James	1-0-0-1-0
McKinney, Tully	2-0-0-3-0	McDaniel, John at A. Davenports	1-0-0-3-0
McSherry, Richard	1-0-8-17-0	McDaniels, Hugh	1-0-0-0-0
Morgan, William	1-0-0-0-0	Martin, Cavalier	2-0-0-5-0
McClenning, William	1-0-0-2-0	Mouser, Christopher	1-0-0-12-0
McClenning, David	1-0-0-1-0	Martin, Levi	1-1-0-8-0
McKewan, Widow (McSherry Tenant)	0-0-1-2-0	McDonnel, John	1-0-0-2-0
Marshall, James	1-0-0-0-0	Miller, Philip	2-0-0-2-0
Mouser, Jacob	1-0-0-4-0	McCance, Thomas	1-0-1-1-0
Moore, Jane at Opeaquon bridge	0-1-1-5-0	Miller, Jacob	1-0-0-5-0
		McEntire, Isaac	1-0-0-2-0
Molynax, Henry	1-0-0-2-0	McEntire, Aaron	1-0-1-5-0
Mendingall, Samuel	2-0-0-12-0	Miller, Henry	1-0-1-5-0
McCloy, Alexander	2-0-0-6-0	Manning, Jacob	1-3-11-12-0
Mouser, John	1-0-0-5-0	McGarry, Mathew	2-0-0-6-0
Mouser, George	1-0-0-3-0	Moore, Jesse	2-2-2-5-0
Murphey, Edward	1-0-0-1-0	Melvin, Samuel	1-0-1-5-0
McPherson, Isaac	1-0-0-4-0	McCarty, John	1-0-0-1-0
McPherson, William	1-0-0-3-0	Miller, Thomas	1-0-0-0-0
Muse, Battaile Exor	2-2-25-39 0	Moore, John	1-0-2-1-0

Jefferson County, Virginia Personal Property Tax List
1806

Name	Values	Name	Values
McKenny, John	1-0-0-0-0	Moler, John	3-1-0-1-0
McBride, John	1-0-0-0-0	McKee, James	1-0-0-0-0
Moser, Philip	1-0-0-2-0	Moore, David	2-1-2-5-0
Moore, Samuel	1-0-0-0-0	Morgan, William	1-1-5-30-0
Mallery, Thomas	1-0-0-0-0	Myers, John	1-0-0-1-0
Mallery, George	1-0-0-0-0	Molar, Mary	1-0-0-4-0
Mallery, William	1-0-0-0-0	Mowers, Henry	1-0-0-1-0
McCleland, Archibald	1-0-0-0-0	McCormick, Andrew Sr.	2-0-1-7-0
McCabe, Michael	1-0-0-0-0	McCormick, James	1-0-0-0-0
McClure, Daniel	1-0-0-0-0	McCormick, John	1-0-0-0-0
Metts, George	1-0-0-0-0	McCormick, Andrew	1-0-0-0-0
Moore, James	1-0-0-0-0	McCormick, George	1-0-0-1-0
Moore, Vincent	1-0-0-1-0	Melton, James	2-0-4-6-0
Miller, John (brewer)	1-0-0-1-1	Morgan, Raley	1-1-4-6-0
Marley, Rozy	1-0-0-1-0	Noble, Alexander	2-0-8-10-0
Moler, Frederick	1-0-0-5-0	Neal, Francis	1-0-0-1-0
McMurran, Joseph	1-0-1-7-0	Nelson, John Exor	0-3-5-10-0
Moler, Jane	2-0-0-4-0	Norriss, Arnel	1-0-0-2-0
Martial, William	1-0-0-4-0	Ned a free negro	1-0-0-2-0
Melvin, Benjamin	1-0-0-4-0	Nelson, Robert	1-0-0-0-0
Miers, Lewis	2-0-0-1-0	North, George	1-1-3-4-0
Melvin, Ciles	1-0-0-2-0	Nicely, Henry	1-0-0-0-0
Moler, Adam	1-1-2-5-0	Nace, Henry	1-0-0-5-0
Moler, Michael	1-1-2-9-0	Nace, Jacob	1-0-0-4-0
Montgomery, Thomas	1-0-0-0-0	Neal, John	1-0-0-0-0
		Nixon, James	1-0-0-0-0
Morrow, John	2-0-4-2-0-	Orr, John D.	1-0-3-2-0
Mitchel, Samuel	1-0-0-0-0	Obanion, John	1-0-2-4-0
McGee, James	1-0-0-0-0	Owings, Thomas	1-0-0-0-0
McMannus, Luke	1-0-0-0-0	Oldham, Edward	1-0-0-0-0
Miller, George	2-0-0-0-0	Oram, Henry	1-0-0-2-0
McUlrath, John	1-0-0-1-0	Offutt, Samuel	1-0-1-3-0
Moore, Francis	1-0-2-3-0	Oram, Moses	1-0-0-2-0
McClure, Daniel	1-0-0-0-0	Offutt, Joseph	1-0-0-2-0
Morgan, Abraham	2-0-8-14-0	Obrian, Edward	1-0-0-0-0
Morgan, Zacheus	0-0-1-1-0	Ogdon, John	1-0-0-4-0
Messer, Mary	0-0-0-1-0	Ogdon, Charles	1-0-0-1-0
Morgan, George (guardian to pay)	1-0-0-1-0	Ox, George	1-0-0-1-0
		Orendorff, Henry	2-0-2-9-0
Myers, Adam	1-0-0-1-0	Orman, Samuel	1-0-0-0-0
Morgan, Daniel	1-0-2-12-0	Osborn, William	1-2-4-6-0
Morgan, Andrew	1-1-1-5-0	Osborn, David	1-2-0-8-0
Mark, John	0-1-7-10-0	Osborn, David Jr.	1-0-2-6-0
Myers, Adam	1-0-0-2-0	Osborn, Thomas	1-0-1-6-0
Melvin, Thomas	1-1-0-5-0	Osborn, Jonathan	1-0-0-0-0

Jefferson County, Virginia Personal Property Tax List
1806

Name	Values	Name	Values
Osborn, George	1-0-0-0-0	Read, Samuel at A. Whites	1-0-0-0-0
Osborn, Joseph	1-0-0-0-0	Ridgaway, Mary (to pay for 1 free negro)	0-0-2-3-0
Orendorff, Christopher	2-0-0-0-0		
Oliver, Simon	1-0-0-2-0		
Odenbough, Jacob	1-0-0-0-0	Ridgaway, Rebecca	0-0-0-1-0
Prichett, Reese	1-0-0-2-0	Read, Thomas	1-0-0-0-0
Piper, William	1-0-0-1-0	Riley, Alexander	1-1-5-7-0
Pulse, George	2-0-0-1-0	Roper, Nicholas	1-0-2-4-0
Pulse, John	1-0-0-1-0	Ronimus, Andrew	3-0-0-6-0
Pulse, David	1-0-0-4-0	Roberts, Thomas	1-0-0-1-0
Pulse, George	1-0-0-6-0	Richards, Daniel	1-0-0-1-0
Perry, Thomas	1-0-0-0-0	Riley, Thomas	1-0-0-3-0
Price, Samuel	1-0-0-0-0	Riley, Thomas Sr.	1-0-0-0-0
Profator, Philip	1-0-0-1-0	Robey, William	1-0-0-0-0
Patrige, Mathew	1-2-3-9-0	Richcreek, Philip	1-0-0-4-0
Parsons, John	1-0-0-1-0	Riley, William	1-0-0-2-0
Paine, John	2-0-0-7-0	Rutherford, Drusilla	0-0-4-5-0
Paine, Jacob	1-0-0-1-0	Riley, James	1-0-0-0-0
Proctor, James	1-0-1-1-0	Rockenbrock, Jacob	1-0-1-0-0
Page, William B.	1-0-15-12-0	Reed, William	1-0-0-0-0
Phillips, James	1-0-0-1-0	Riley, Frederick	1-0-0-0-0
Pulse, Peter	1-0-0-0-0	Rokinbough, John	1-0-0-0-0
Painter, John	2-0-0-3-0	Russler, John	1-0-0-0-0
Painter, William	1-0-0-0-0	Russler, Michael	1-0-0-0-0
Peacock, Samuel	1-0-0-1-0	Roberts, Samuel	1-0-0-1-0
Palmer, John	1-0-0-3-0	Roberts, William	2-0-0-5-0
Pulse, Jacob	1-0-0-4-0	Riley, Zachariah	1-0-0-2-0
Palmer, David	1-0-0-1-0	Ramsburg, John	1-0-0-2-0
Purnel, Jesse	1-0-0-0-0	Rickhart, Michael	1-0-0-0-0
Piles, Robert	1-0-0-1-0	Russel, Robert	1-0-0-1-0
Piles, Stephen	2-0-0-0-0	Russel, Samuel	1-0-0-0-0
Porter, Philip	3-1-3-5-0	Reetz, Charles	1-0-0-1-0
Perkins, Joseph	1-0-0-1-0	Richardson, Samuel	1-0-0-0-0
Perkins, Henry	1-0-0-2-0	Restice, William	1-0-0-0-0
Pritchet, Jesse	1-0-0-0-0	Reynolds, George	2-3-4-12-0
Peacher, John	1-0-1-0-0	Ropp, George	1-0-0-0-0
Potts, John of Alexandria	0-0-2-0-0	Ropp, Solomon	1-0-0-1-0
		Remley, Frederick	1-0-0-0-0
Philips, William	1-0-0-0-0	Roberts, William Jr.	1-0-0-2-0
Pierce, John	1-0-0-0-0	Roach, John	1-0-0-0-0
Russell, John Crafton	1-0-0-3-0	Robinson, William	1-0-0-0-0
		Ramby, Samuel	1-0-0-1-0
Robin at Mrs. Griffiths	1-0-0-3-0	Ramby, John	1-0-0-0-0
		Rulot, Daniel	1-0-0-1-0
Robinson, William	1-0-5-5-0	Riley, George	1-4-3-8-0

Jefferson County, Virginia Personal Property Tax List
1806

Name	Values	Name	Values
Right, Samuel	1-1-1-5-0	Shindler, Conrad	1-0-0-2-0
Riddle, Joseph	1-0-0-6-0	Shepherd, Godfrey	1-0-0-2-0
Riley, William	2-0-0-2-0	Steen, Frederick	1-0-0-1-0
Rutherford, Van	1-0-0-0-0	Smock, Mathias	1-0-0-0-0
Ronemus, Conrad	2-0-1-6-0	Sinclair, John	2-1-14-14-0
Ronemus, Lewis	2-1-1-4-0	Simpson, George	1-0-0-0-0
Ransone, Mathew	1-0-0-1-0	Stuart, John	1-0-0-0-0
Sheely, Michael	1-0-0-0-0	Stanford, John	1-0-0-0-0
Sellers	1-0-0-3-0	Sensebaugh, Jacob	1-0-0-0-0
at Mrs. Griffiths		Spurr, Abraham	1-0-0-0-0
Smith, John SF	1-0-0-1-1	Shultz, Dedrick	1-0-0-0-0
Sampro, Peter	2-0-0-2-0	Smith, William	1-0-0-0-0
Stephenson, William	1-0-0-1-0	Saintmyer, George	1-0-0-5-0
Smith, Moses	1-0-0-1-0	Smallwood, Thomas	2-0-0-0-0
Stone, Joseph	2-0-0-2-0	& John Packet	
Smith, Henry	2-0-0-1-0	Shirley, John	2-0-0-3-0
Sampro, John	1-0-0-1-0	Smithey, George	1-2-3-5-0
Schall, Michael	2-0-0-5-0	Steadman, Thomas	1-0-0-4-0
Schall, Nicholas	2-0-0-7-0	Simpson, John	1-0-0-1-0
Shindler, Richard	1-0-0-0-0	Smith, Daniel	1-0-0-1-0
Smock, William	1-0-0-0-0	Sansberry, William	1-0-0-1-0
Sheeley, Samuel	1-0-0-0-0	Stephenson, James	2-0-0-1-0
Spangler, John	2-0-0-0-0	Strider, Philip	1-1-5-5-0
Sutton, John	1-0-0-0-0	Strider, Jacob	1-0-0-4-0
Shirley, William	1-0-0-2-0	Strider, Christiannah	0-0-3-13-0
Saunders, John	1-0-0-3-0	Short, James	1-0-0-2-0
Sprint, Patrick	2-0-0-0-0	Strider, Henry	1-0-0-1-0
Smith, Lewis	1-0-0-1-0	Short, George	1-0-0-0-0
Shirley, Robert	2-0-0-5-0	Sheeler, Martin	2-0-1-4-0
Shirley, Robert Jr.	1-0-0-2-0	Spots, Andrew	1-0-0-0-0
Shirley, John	3-0-0-3-0	Strain, Samuel	1-0-1-1-0
Shirley, Jarvis	2-0-0-3-0	Suval, Amos	1-0-0-0-0
Slusher, George	1-0-1-3-0	Smallwood, George	1-1-2-8-0
Satterfield, Benjamin	1-0-0-2-0	Spencer, Edmund	1-0-0-2-0
Seypole, Isaac	1-0-0-0-0	Strider, John	1-0-0-1-0
Settle, William	1-0-0-0-0	Stevens, Dennis	1-0-1-2-0
Saunders, Cyrus	4-1-7-10-1	Spencer, Samuel	2-0-0-7-0
Shirley, James	2-1-2-7-0	Shewbridge, John	1-0-0-9-0
Shirley, Robert	1-0-0-3-0	Stidman, William	1-0-0-4-0
Smith, Seth	1-0-2-5-0	Shageley, Jacob	1-0-0-5-0
Stead, Thomas	1-0-0-0-0	Strother, Benjamin	2-1-14-15-0
Straith, Alexander	1-2-2-6-0	Simprote, Jacob	1-0-0-0-0
Slaughter, Smith	1-0-10-11-0	Sullivan, Daniel	1-0-0-1-0
Schall, Nicholas Sr.	1-0-0-5-0	Sullivan, Hartley	1-0-0-0-0
Schall, George	1-0-0-3-0	Smallwood, Gabriel	1-0-0-4-0
Smith, Frederick	1-0-1-3-0	Smallwood, Samuel	1-0-0-0-0

Jefferson County, Virginia Personal Property Tax List
1806

Name	Values	Name	Values
Stidman, James	4-0-0-9-0	Smurr, Peter	1-0-0-0-0
Shirley, John	2-0-2-5-0	Shingler, Conrad	2-0-0-0-0
Strider, Isaac	1-0-0-7-0	Shingler, Conrad Sr.	1-0-0-0-0
Stong, Jacob	1-0-0-1-0	Shaner, George	1-0-0-0-0
Sukafuse, John	1-0-0-0-0	Stephens, James	1-0-0-0-0
Shough, John	1-0-0-0-0	Stephens, Robert	1-0-0-0-0
Seeleg, Frederick	1-0-0-0-0	Shanton, Charles	1-0-1-5-0
Swann, James	1-0-0-0-0	Spangler, George	1-0-0-0-0
Shook, Peter	1-0-0-2-0	Sly, Mathias	1-1-1-4-0
Strickland, John	1-0-0-0-0	Sly, Henry	1-0-0-1-0
Sagathy, Peter	1-0-0-0-0	Show, Catherine	1-0-0-2-0
Seeleg, Jacob	1-0-0-0-0	Storam, Henry	1-0-0-3-0
Smurr, John	1-0-0-0-0	Slippy, Frederick	1-0-0-0-0
Sprigg, Thomas	1-0-0-0-0	Smurr, Andrew	1-0-0-0-0
Straw, John	1-0-0-0-0	Spinkle, Anthony	1-0-0-0-0
Saunders, Henry	1-0-0-1-0	Slarry, Nicholas	1-0-0-0-0
Smallwood, Parmenius	1-0-0-0-0	Stephens, Thomas	1-0-0-0-0
		Smithy, Moses	1-0-0-1-0
Speaks, William	1-0-0-3-0	Sands, York?	1-0-0-2-0
Shaw, Thomas	1-0-0-0-0	Shank, Simon	1-0-0-2-0
Smith, William	1-0-0-1-0	Snider, John	1-0-0-3-0
Stipp, John	2-0-2-6-0	Shrode, Solomon	2-0-0-4-0
Stipp, John Jr.	1-0-2-4-0	Shrode, Solomon Jr.	1-0-0-1-0
Stipp, George	1-0-1-4-0	Shrode, John	1-0-0-2-0
Shepherd, Thomas	1-0-0-0-0	Stipp, Susannah	0-0-0-3-0
Shepherd, Abraham	2-1-7-12-0	Show, Jacob	1-0-0-1-0
Strider, Jacob	1-0-1-5-0	Shunk, Simon	2-0-0-4-0
Stall, Jesse	1-0-0-5-0	Shook, Michael	1-0-0-2-0
Swagler, Mathias	2-0-0-2-0	Snider, John	1-0-0-4-0
Sockman, John	1-0-0-2-0	Strother, Anthony	1-3-3-4-0
Stephens, William	1-0-0-0-0	Saul, formerly the property of Giles Cooke	1-0-0-4-0
Shanton, Zadock	1-0-1-2-0		
Swearingen, Hezekiah	2-0-6-11-0		
		Taws, Andrew	3-1-8-15-0
Sheetz, Martin	3-0-0-1-0	Turner, Henry S.	1-2-15-25-0
Sappington, Thomas	1-0-0-0-0	Taylor, John	1-0-0-0-0
Staley, Stephen	1-0-0-6-0	Thompson, Joseph	1-0-0-0-0
Snider, John	1-0-0-6-0	Tate, William	1-0-0-1-0
Staley, Daniel	1-0-1-9-0	Thomas, Joseph	1-0-1-1-0
Staley, Stephen	2-0-0-6-0	Thomas, Leonard	5-0-2-7-0
Staley, Peter	3-0-0-7-0	Throckmorton, Robert	1-0-2-4-0
Shoot, Philip	1-0-1-2-0		
Staley, Adam	1-0-0-0-0	Throckmorton, John	2-2-11-11-0
Swearingin, Joseph	1-2-17-21-0	Thomas, Richard	1-0-0-1-0
Selby, Walter	3-2-0-1-0-	Tucker, William	1-0-0-1-0
Slyer, Peter	1-0-0-0-0	Tillett, Francis	1-0-0-1-0

Jefferson County, Virginia Personal Property Tax List 1806

Name	Values	Name	Values
Thompson, Thomas	1-0-0-0-0	Vansant, Christopher	2-0-0-5-0
Thompson, Abraham	1-0-0-5-0	Vansant, Richard	1-0-0-2-0
Tate, Magnus	1-1-10-16-0	Varner, Jacob	1-0-0-0-0
Tucker, John	1-0-0-0-0	Vardier, James	1-1-2-13-0
Timberlake, Harfield	1-2-5-7-0	Whiting, Beverly	1-4-19-31-0
Tracy, James	1-0-0-2-0	Wilson, George	1-3-4-9-0
Talbert, Henly	1-0-0-2-0	Williams, Isaac	1-0-0-0-0
Talbert, John	1-0-0-2-0	Wormendorff, Frederick	2-0-0-2-0
Thomas, Aquila	1-0-0-2-0		
Toole, Thomas	1-0-1-1-0	Wilson, John	1-0-0-0-0
Thornburgh, Azariah	1-0-2-3-0	Williams, Elijah	1-0-0-0-0
Thompson, Thomas	1-0-0-1-0	Wisong, Michael	2-0-0-1-0
Thomas, William	1-0-0-1-0	Wark, George	2-0-0-0-0
Tootwiler, Michael	1-0-0-2-0	Wilson, Moses	2-0-0-0-0
Toole, John	2-0-0-8-0	Woods, Andrew	2-0-0-0-0
Turner, Joseph	3-0-2-12-0	Welsh, Richard	2-0-4-10-0
Thornburg, John	2-0-0-6-0	Wilson, John and brother	2-0-0-5-0
Trail, Nathan	1-0-0-0-0		
Taylor, Levi	1-0-5-9-0	Wilson, William	1-0-0-5-0
Taylor, William	1-0-2-7-0	White, Alexander	1-2-3-7-0
Thompson, John	1-0-0-3-0	Wood, William on the river	1-0-0-4-0
Tidman, Jacob	1-0-0-0-0		
Turner, Elisha	1-0-0-2-0	Wood, Isaac	1-0-0-6-0
Tully, James	1-0-0-0-0	Watson, Thomas	1-0-0-4-0
Turner, Anthony	1-2-4-14-0	Welsh, John	1-0-1-1-0
Tone, James	1-0-0-0-0	Wager, Masse	0-0-1-0-0
Taylor, Samuel	1-0-0-2-0	Warson, James	1-0-0-0-0
Thornburgh, Prudance	0-0-0-0-1	Watson, Henry	1-0-0-1-0
		West, Thomas	1-0-0-0-0
Tabb, Robert	2-0-1-5-0	Willett, Aquila	1-0-0-1-0
Taylor, Bennet	0-0-5-9-0	White, Ann	0-0-1-0-0
Utt, Philip	1-0-0-2-0	Wood, John (free negro)	1-0-0-1-0
Utt, John	1-0-0-6-0		
United State property at H. Ferry	2-0-0-2-0	Ware, John	1-0-0-0-0
		Wright, James	1-0-0-1-0
		Wood, James	1-1-0-1-0
Underdunk, Henry	2-0-0-1-0	Wormendorff, Frederick	1-0-0-0-0
Unsel, John	1-0-0-0-0		
Unsel, John Jr.	2-0-0-1-0	Washington, Thornton	1-1-11-14-0
Unsel, George	1-0-0-0-0		
Vanhorn, John	1-0-0-0-0	Wilt, Henry	1-0-0-3-0
Violett, Edward	1-0-4-7-0	Wood, William (Richwoods)	1-0-0-4-0
Vestall, John	1-0-0-2-0		
Vestall, David	1-0-0-1-0	Whiting, Francis	1-4-11-13-0
Vestall, William	1-0-1-2-0	Washington,	3-9-43-43-0

Jefferson County, Virginia Personal Property Tax List
1806

Name	Values	Name	Values
Corbin's heirs		Ware, Ralph	1-0-0-0-0
Washington, George S.	1-1-17-20-0	Wise, George	1-0-0-1-0
		Williamson, Jacob Jr.	1-0-0-1-0
Wycoff, Peter	1-0-0-2-0		
Willis, Carver	1-1-7-9-0	Warters, Williams	1-0-0-2-0
Wilt, Henry	1-0-0-4-0	Watson, John	1-0-0-6-0
Wycoff, Peter	1-0-0-3-0	Watson, James	1-0-0-2-0
Walraven, Jonas	1-0-0-3-0	Woolf, George	1-0-0-2-0
Welsher, John	1-0-0-0-0	Watson, John	1-0-0-0-0
Wager, John	1-1-4-4-0	Williams, Edward	1-0-0-1-0
Williamson, Basil	1-0-3-1-1	Wilson, Benjamin	1-0-0-1-0
Watson, James	1-0-0-3-0	Welshham, Jacob	2-0-0-0-0
Wingard, John	2-0-0-1-0	Wartz, Peter	1-0-0-0-0
Whillett, Robert	1-0-0-1-0	Walton, John	1-0-0-0-0
Wood, Rubin (a black)	1-0-0-1-0	Waltz, John	1-0-0-0-0
		Wisong, Jacob	2-0-0-0-0
Williams, Samuel	1-1-5-6-0	Walters, John	1-0-0-0-0
Warters, William	1-0-0-2-0	Worley, William	1-0-0-2-0
Walleer, John	2-2-1-7-0	Williams, Edward (E. O.)	1-1-1-1-0
Whip, Peter	3-0-0-5-0		
Willis, Rich	1-1-10-15-0	Welshhonce, Joseph	1-0-0-1-0
Williams, Zachariah	1-0-0-1-0	White, Thomas	2-0-2-2-0
Williams, Sarah	0-0-0-1-0	Worley, Elias	1-0-0-0-1
Wallingsford, James	2-0-0-4-0	Welsh, John	1-0-0-2-0
Wallingsford, Nicholas	1-0-0-3-0	Welshhonce, David	1-0-0-2-0
		Washington, Laurence A.	0-0-3-5-0
Walters, Isaac	1-0-0-2-0		
Weaver, Adam	1-1-1-1-0	Washington, Lawrence J Tank	0-2-5-0-0
Williams, Charles	1-0-0-0-0		
Wickham, Maurine	1-0-0-0-0	Washington, Samuel	1-0-0-1-0
Waggoner, John	1-0-0-0-0	Welchimer, Catherine	0-0-0-0-1
Waggoner, William	1-0-0-2-0		
Williams, John	1-0-0-4-0	Young, Thomas	1-0-0-2-0
Wilmith, William	1-0-0-0-0	Young, John	2-0-0-1-0
Wood, Zadock	1-0-0-2-0	Young, Joseph	1-0-1-2-0
Wolverton, Nathan	1-0-0-2-0	Yearkes, Joshua	2-0-0-2-0
Worthington, Robert	2-0-0-0-0	Yontz, Conrad	1-0-0-1-0
Williamson, John	1-2-2-5-0	Young, Peter	1-0-0-0-0
Walper, Casper	2-0-2-6-0	Yontz, George	1-0-0-0-0
Woolf, Henry	1-0-0-5-0	Yearsley, Michael	1-0-0-1-0
Williamson, Jacob Sr.	2-0-1-2-0	Yontz, John	1-0-0-0-0
		Yates, Joshua	1-0-0-0-0
Williams, John	1-0-0-0-0	Young, Christopher	1-0-0-0-0
Waggener, Andrew	1-2-1-2-0	Young, James	2-0-1-4-0
Watson, Richard	1-0-0-0-0	Yates, Charles	1-7-26-17-0

Jefferson County, Virginia Personal Property Tax List
1806 Merchant Licenses

1806 Merchant Licenses

Davenport & Humphreys
Geo & John Humphreys
Davenport & Humphreys
William Gibbs
Willoughby W. Lane
John Anderson
Mathew Frame
James & Robert Fulton
North & Smallwood
James Stephenson
William Stephenson
Ann Frame
Curtis Grubb
Davenport & Willett

Thomas Toole
James & John Lane
Daniel Staley
Bell & Cherry
Sebastian Eaty
William McSherry
Selby & Crow
Michael Yeasley
Robert Worthington & Co
James Proctor
Absalom Gardner
William Locke
Patrick Daughterty

1806 Free Negroes

Benjamin Grimes at Fairfax
William Bridgman on Williss land
Charles Butler in C Town
James Hogan in C Town
James Punch in C Town
John Cunningham in C Town
Richard Jackson at McPersons
Joseph Fox at H Turners
Robert at Mrs. Griffiths
Sellers at Mrs. Griffiths
Jesse Burwell at Tittwells
Fang Hamilton at T. Watsons
Joseph Doram at Hellenburgers
Thos. Kirk on Saunders' land
Peter Jackson on Boley's land
Ned a negro
Basil at Ransons
Frank Hatter free negro
Jack Wood free black

James Broom free negro
Jason Goings on Shirleys land
John Parsons at J. Griggs
Bartlett Holmes free negro
Dafney negro woman on Striders land
Grace free negro woman
Lotty free negro women keep house
Rachal free negro woman
Jonathan Butler free man
Thomas Sprigg free man
Thomas Conn free man
Linder a free woman
Lucy a Davenport free woman
Lucy free negro woman
Rachal free negro woman
Grace free woman a Brown

Jefferson County, Virginia Personal Property Tax List 1807

1807

Column numbers refer to: White males above 16 -- Black males above 12 & under 16 years old -- Black males above 16 years of age -- Horses, Mares &c -- Ordinary Licenses

Part A: The following is list of taxable property in the county for the year 1807 which was omitted in the commissioners book returned by me but which I have taken in, in obedience to an order of the Court of said County.

Name	Values	Name	Values
Lock, John Jr.	1-1-0-2-0	McMaken, James	1-0-0-1-0
Lock, James	1-0-0-5-0	Whiting, Beveley	2-18-2-20-0
Henderson, John	2-1-0-2-0	Biggs, Wm.	1-0-0-3-0
McPherson, Wm.	1-0-0-3-0	Cleeveland, Alexander	1-0-0-1-0
Alexander, Garad heirs	1-9-1-7-0	McIheney, John	0-0-0-1-0
Turner, Hennery S.	1-14-3-24-0	Wood, Wm.	1-0-0-4-0
McCherry, Richard	2-7-0-17-0	Pipper, Wm.	1-0-0-1-0
Cleaveland, Leroy	1-0-0-0-0	Grove, Wm.	1-0-0-0-0
Brown, Adam	1-0-0-1-0	Oldham, Edward	1-0-0-0-0
Shurley, John lab	2-0-0-2-0	Krick, Jacob	1-0-0-0-0
Anderson, John	1-0-0-2-0	Bedeman, Derick	1-0-0-0-0
Hite, Robt. G.	1-0-0-1-0-	Emmery, Hesekiah	1-0-0-0-0
Hammond, Thos.	1-8-2-22-0	Perphetor, Phillip	1-0-0-0-0
Allimong, Christian	1-2-0-6-0	Taylor, John	1-0-0-0-0
Vestell, Wm.	1-1-0-4-0	Wood, Jack (negro)	1-0-0-0-0
Strath, Alaxander	1-2-2-6-0	Yates, Charles	1-0-0-0-0
Perlz, Jacob	2-0-0-7-0	Strath, Alaxander	$3.14 land tax
Smith, Hennery Clip	1-0-0-0-0		
McMaken, John Sr.	3-0-0-8-0		

1807 Part B

Name	Values	Name	Values
Arwin, Elias	2-0-0-1-0	Anderson, James	1-0-1-2-0
Arwin, Eleer?	1-0-0-1-0	Anderson, Mahlon	1-0-0-2-0
Alsop, Jacob	1-0-0-1-0	Alin, Isaac	2-0-0-6-0
Avis, David	1-0-0-3-0	Armstrong, Wm.	1-0-0-0-0
Avis, John	1-0-0-1-0	Allstatt, John	3-0-1-6-0
Avis, Wm.	1-0-0-1-0	Auston, Thomas	1-0-1-2-0
Arbough, Lenard	1-0-0-1-0	Anning, Danel	1-0-1-2-0
Avis, Robert Sr.	1-0-0-0-0	Athy, Townley	1-0-0-4-0
Alsworth, Samuel	1-0-0-0-0	Atwell, Thomas	1-0-2-4-0
Anning, Samuel	2-0-0-2-0	Alstatt, Daniel	2-0-1-8-0
Able, John	1-3-6-12-0	Avis, Robert	3-0-0-4-0

Jefferson County, Virginia Personal Property Tax List 1807

Name	Values	Name	Values
Alder, Mark	1-0-3-6-0	Bell, Joseph	2-1-0-3-0
Amberson, Edward	1-0-1-4-0	Bell, Bengemin	2-0-1-1-0
Allstatt, Jacob	3-0-2-10-0	Baker, Walter	1-2-4-8-0
Ankram, Archabled	1-0-0-0-0	Butler, Wm.	2-0-4-7-0
Agle, John	1-0-0-0-0	Bennett, John	1-0-0-0-0
Adams, Hugh	1-0-0-0-0	Berrey, John	1-0-0-0-0
Briscoe, McGruder	1-1-6-6-0	Bealer, Richard	1-2-17-20-0
Briscoe, John Eqr	1-5-17-17-0	Buckals, Abraham	1-0-0-4-0
Bond, Samuel	2-0-0-3-0	Breeden, John	1-0-0-1-0
Buckmaster, Theofless	1-0-0-0-0	Bennett, Wm.	1-0-2-4-0
Briscoe, Phillip	1-1-2-2-0	Bryon, Barrey	2-0-0-1-0
Bannon, O. John	1-0-2-1-0	Bowen, John	1-0-0-4-0
Briscoe, Harrison	1-0-1-2-0	Bowers, Frederick	1-0-0-3-0
Bramhall, James	0-0-0-1-0	Bridgeman, Francis	1-0-0-0-0
Briscoe, M. John	1-0-2-2-0	Briscoe, Ann	0-0-4-3-0
Boyles, Edward	1-0-0-0-0	Burr, Moses	1-0-0-4-0
Borgoyne, John	2-0-0-0-0	Bousworth, William	1-0-0-0-0
Butler, Charles (negro)	1-0-0-0-0	Bird, Hennery	1-0-0-0-0
		Breeden, Robert	1-0-0-1-0
		Beal, Theadore	1-2-2-1-0
Brown, Wm. printer heirs	1-0-0-2-0	Bruer, John	1-0-0-0-0
		Bowles, John	1-0-0-0-0
Bradshaw, Joseph	1-0-0-0-0	Bryan, Paterick	1-0-0-0-0
Bell, Thos.	1-0-0-3-0	Bredenbaugh, Martain	1-0-0-0-0
Bell, Joseph Sr.	2-0-1-9-0		
Brown, James	1-1-0-3-0	Bryan, Dennes	1-0-0-0-0
Bowley, Bengemin	1-0-2-6-0	Burgess, Ruben	1-0-0-0-0
Bowley, John	1-1-3-7-0	Buttzs, Davis	1-0-0-0-0
Bryan, John	2-2-6-9-0	Byers, John	1-0-0-0-0
Beeler, Bengamin, Sr.	2-4-5-10-0	Brown, Charles	1-0-0-1-0
		Brown, Alaxander	3-0-0-6-0
Berry, Wm.	1-0-0-0-0	Bawden, Stephen	1-0-0-0-0
Bushman, David	1-0-0-2-0	Buckles, Henery	1-0-0-5-0
Brackenridge, Thomas	1-1-5-9-0	Barnhood, Henery,	1-0-0-2-0
		Buckels, John	1-0-0-5-0
Beal, Heakiah	1-0-9-9-0	Barninger, Andrew	1-0-0-3-0
Bound, Neamiah	1-0-0-1-0	Banks, Samuel	1-0-0-1-0
Briscoe, Samuel	1-1-2-2-0	Byers, Joseph	1-0-0-4-0
Britain, Joshua	1-1-0-6-0	Brown, Rebeca	0-0-0-2-0
Blackburn, Wm.	3-0-0-0-0	Brantner, Frederick	1-0-0-4-0
Beahan, John	1-0-0-0-0	Beal, John	1-0-0-1-0
Britain, Wm.	1-0-0-0-0	Busel, Bengemin	1-1-1-3-0
Bazel, John	1-0-0-2-0	Byers, Sarah	1-0-0-3-0
Baker, Peter	1-0-0-3-0	Buckels, James	2-0-0-7-0
Butt, Zadock	1-0-0-4-0	Bennett, Mason	1-0-3-4-0
Brown, Elias	1-0-0-0-0	Backhouse,	2-0-1-4-0

Jefferson County, Virginia Personal Property Tax List
1807

Name	Values	Name	Values
Thomas		Crow, Isral	2-0-0-0-0
Banks, John	1-2-5-7-0	Crow, Richard	1-0-0-0-0
Burket, Michel	1-0-1-6-0	Cassaday, H. John	1-0-0-0-0
Buckeles, Wm.	1-1-2-4-0	Creamer, J. Samuel	2-2-1-3-0
Bukeles, Daniel	1-0-1-3-0	Colbert, John	1-0-0-0-0
Boyer, Seamon	1-0-0-1-0	Cleaveland, Harrison	1-1-5-8-0
Brown, Samuel	1-0-0-1-0	Curry, Thos. Jr.	1-0-0-0-0
Brown, James	1-1-3-0-0	Curry, Thos. Sr.	1-0-0-1-0
Butler, Henery	1-0-0-1-0	Clarck, Wm.	1-0-0-0-0
Baker, John	1-0-0-0-0	Cooper, Jonah	1-0-0-0-0
Byers, John	1-0-0-0-0	Cooper, John	1-0-0-0-0
Boylestone, Bengamin	1-0-0-3-0	Chambers, Aron	2-0-0-0-0
Bays, John	1-0-0-0-0	Cowen, David	1-0-0-4-0
Bowers, John	1-0-0-4-0	Crooson, Jacob	1-0-0-1-0
Barnhood, Phillip	?-0-0-0-0	Crooson, James	1-0-0-1-0
Brise, Frederick	?-0-0-0-0	Connel, Joseph	1-0-0-1-0
Brooks, Bengemin	1-0-0-0-0	Cherrey, Wm.	1-0-0-1-0
Byshop, George,	1-0-0-0-0	Cockrel, Peter	2-0-2-9-0
Brooks, Wm. constable	0-0-0-1-0	Craghill, Nathaniel	2-0-10-15-0
Bedenerger, Jacob	0-0-0-4-0	Cramton, John	1-0-0-1-0
Brown, Perrey	1-0-0-0-0	Cramton, Jacob	1-0-1-15-0
Bealer, Bengemin	1-0-0-1-0	Chamberland, James	1-0-0-2-0
Bennett, Van	1-1-2-11-0		
Buckels, Wm.	1-0-2-4-0	Craine, Joseph	1-5-7-17-0
Baker, John	0-3-2-3-0	Crawly, James	1-0-0-0-0
Blue, Michel	1-0-0-4-0	Copland, Wm.	1-0-0-0-0
Blue, Joel	1-0-2-4-0	Clema, Peter	1-0-0-1-0
Burr, James	1-0-0-2-0	Cumberland, Jessee	1-0-0-1-0
Burr, Wm.	1-0-0-2-0		
Beall, James	1-0-0-2-0	Cooper, Sarrah	0-0-0-2-0
Byers, John	3-0-0-1-0	Conaway, Wm.	1-0-0-1-0
Bryerley, John	1-0-0-0-0	Conaway, John	1-0-0-1-0
Buckmaster, Zachariah	0-0-0-1-0	Conaway, James	1-0-0-0-0
		Commons, John	1-0-0-0-0
Berrey, Dennes (free negro)	1-0-0-3-0	Current, Charles	1-0-0-0-0
		Curcher, James Sr.	2-0-0-0-0
Bradford, ___ (free negro a smith)	1-0-0-2-0	Cross, Reason	1-0-0-0-0
		Curtcher, James Jr.	1-0-0-0-0
Brown, Joseph	2-0-0-1-0	Cox, Wm.	1-0-0-0-0
Conner, Charles	1-0-1-5-0	Cook, John	1-0-0-0-0
Croson, Derrick	1-0-0-2-0	Cook, Michel	1-0-0-0-0
Chamberland, Eliga	1-1-2-8-0	Creamer, Casper	1-0-0-0-0
Collett, Daniel	6-0-0-13-0	Creable, Zeremiah	1-0-0-0-0
Crow, Wm.	1-0-0-0-0	Collons, M. John	1-0-0-0-0

Jefferson County, Virginia Personal Property Tax List 1807

Name	Values	Name	Values
Carson, James	1-0-0-0-0	Conn, Ralph	1-1-1-3-0
Creamer, Frederick	1-0-0-0-0	Craft, David	1-1-1-3-0
Cook, George	1-0-0-1-0	Davis, Lenard	2-2-0-4-0
Coons, Abam	1-0-0-0-0	Durst, Paul	2-0-0-1-0
Cox, Samuel	1-0-0-0-0	Duvoy, Michel	1-0-0-0-0
Coons, Jacob	3-0-0-8-0	Daniels, John	1-0-1-7-0
C. Beard, Edward	1-0-0-1-0	Doyl, Simioner	1-1-0-3-0
Carell, Bengemin	2-0-0-4-0	Dulleia, Wm.	1-0-4-8-0
Cretzer, Henry	1-0-0-3-0	Durst, John	1-0-2-6-0
Chaplan, Isaac	2-0-1-6-0	Durmee, D. Charles	1-0-0-0-0
Crum, Michel	1-0-0-0-0		
Cruson, John	1-0-1-6-0	Dawlin, John	1-0-0-0-0
Carrell, Wm.	1-0-0-0-0	Devenport, Samuel	2-3-4-11-0
Cook, Giles	2-2-8-10-0	Davis, Thos.	1-0-5-5-0
Cook, Andrew	3-0-0-4-0	Donelson, John	1-0-0-0-0
Coon, Cristian	2-0-0-2-0	D. Williams, Reason	1-0-0-1-0
Catro, Jacob	1-0-0-1-0		
Con, Wm.	1-0-1-4-0	Downes, John	1-0-0-2-0
Craton, John	1-0-0-0-0	Davis, Ezechel	1-0-0-2-0
Crowell, Jacob	1-0-0-5-0	Davis, Corneles	1-0-0-1-0
Crowell, Henry	1-0-0-0-0	Daugaty, John	1-0-0-0-0
Combes, Joseph	1-0-0-0-0	Dunn, Archebled	1-0-0-0-0
Craft, Phillip	1-0-0-0-0	Dunn, L. Hugh	1-0-2-0-0
Chopper, Phillip	1-0-0-0-0	Dansley, Owen	1-0-0-0-0
Correl, John	1-0-0-0-0	Duffield, Ruchard	1-1-4-0-0
Cutwalt, Jacob	1-0-0-0-0	Dandrige, Stephen	2-2-25-26-0
Carman, Henry	1-0-0-0-0	Duke, John	1-0-0-1-0
Corment, John	1-0-0-1-0	Deen, Ezeheil	1-0-0-2-0
Cookes, Michel	1-0-0-0-0	Dosey, Michel	1-0-0-2-0
Corment, Christian	1-0-0-1-0	Dosey, John	3-0-0-1-0
Cline, Daniel	1-0-0-0-0	Devenport, Bengemin	2-1-1-6-0
Cook, John	1-0-0-0-0		
Creamear, John	1-0-0-0-0	Davis, James	1-0-0-0-0
Creamear, Peter	1-0-0-0-0	Drake, Robt.	1-0-0-0-0
Craft, Jacob	1-0-0-0-0	Denton, Bengemin	1-0-0-0-0
Creamer, Peter	1-0-0-0-0	Dixon, Wm.	1-0-0-0-0
Cever, Henery	1-0-0-0-0	Dixon, John	1-0-1-2-0
Creamer, Daniel	2-0-0-0-0	Duke, James	2-0-0-0-0
Cline, John	1-0-0-0-0	Dillow, Peter	2-0-0-3-0
Collett, James	1-0-0-6-0	Dillow, John	2-0-0-2-0
Conkland, Jacob	1-0-0-1-0	Davis, Morris	1-0-0-2-0
Conkland, Henry	1-0-0-4-0	Dillow, Joseph	2-0-0-2-0
Chambers, David	1-0-0-0-0	Draner, Connrod	1-0-0-1-0
Conn, J. W. Ruchard (Const.)	0-0-2-2-0	Dillin, John	1-0-0-0-0
		Davis, Wm.	1-0-1-1-0
Conn, James	1-1-1-4-0	Ducker, Wm.	1-0-0-1-0

Jefferson County, Virginia Personal Property Tax List
1807

Name	Values	Name	Values
Davis, Lenard Sr.	3-2-6-9-0	Eckhart, Julian	0-0-1-0-0
Devenport, Abraham	3-0-15-19-0	Fergeson, James	1-0-3-7-0
		Ferding, James	1-0-0-5-0
Davis, W. Joseph	1-0-3-3-0	Filbirt, Mary	0-0-0-1-0
Dobson, Samuel	1-0-0-1-0	Farmer, John	1-0-0-0-0
Dotts, George	1-0-0-1-0	Frances, James	1-0-0-0-0
Downey, John	2-2-4-11-0	Furtiney, Peter	1-0-0-0-0
Devenport, John	1-2-3-9-0	Frigle, George	1-0-0-0-0
Daugaty, Paterick	1-0-2-?-0	Fiser, Peter	1-0-0-0-0
Dade, Langhorn	1-0-8-5-0	Fiser, Jacob	1-0-0-1-0
Duke, Joseph	1-0-0-0-0	Fiser, Mickel	1-0-0-1-0
Duke, Mart.	1-0-0-0-0	Freasher, Jonathan	3-0-2-4-0-
Duke, Robt.	1-0-0-0-0	Freasher, Maryland	1-0-0-4-0-
Evans, George	1-0-0-0-0	Fiser, Mickel	1-0-1-4-0
Eversole, David	1-0-0-0-0	Foulk, Cristian	1-0-4-?-0
Edmons, Bengemin	1-0-0-0-0	Foulks, Charles	1-0-0-1-0
Edward, Joseph	1-0-2-5-0	Foulk, Mickel	1-0-0-0-0
Edwards, Andrew	1-0-0-0-0	Fiser, Henery	1-0-0-0-0
Eaty, Sebastion	2-1-0-2-0	Ferrel, William	1-0-0-0-0
Ednsley [Endsley?], Thos.	1-0-0-8-0	Fulk, Frederick	2-0-0-3-0
		Frum?, Daved	1-0-0-0-0
Endsley, John	1-0-0-2-0	Fiser, Adam	1-0-0-2-0
Edwards, Heseakia	1-0-0-3-0	Frances, George	1-0-0-2-0
Endge, Phillip Jr.	1-1-0-8-0	Fiser, Peter	1-0-0-0-0
Eversole, Abraham	2-0-0-4-0	Falk, Danel	1-0-0-0-0
Engel, Phillip Sr.	1-0-2-5-0	Frye, Peter	1-0-0-1-0
Engl, Isaac	0-0-0-0-0	Fluth, James	1-0-0-2-0
Engel, George	1-0-0-3-0	Fry, David	2-1-0-7-0
Engle, Wm.	1-0	Farr, Joseph	2-0-1-3-0
Eversole, Abraham Jr.	4-0-0-8-0	French, Samuel & son	2-0-0-0-0
Evans, B. Thomas	1-0-3-7-0	Fulton, James, Robt. & Antony	3-1-0-1-0
Evans, Thos.	1-0-1-1-0		
Evans, Jeremiah	1-0-0-0-0	Fryer, John	1-0-0-5-0
Engle, Jacob	1-0-0-0-0-	Flagg, Thos.	1-0-3-5-0
Eversole, Danel	1-0-0-5-0	Fry, John	1-0-1-7-0
Eversole, Henery	1-0-0-1-0-	Farrow, Samuel	1-0-0-2-0
Engle, Samuel	1-0-0-1-0	Fronk, Henery	1-0-0-0-0
Earley, Wm.	1-0-0-2-0	Fry, Grove	1-0-0-2-0
Engle, Michel	1-0-0-1-0	Fosett, John	1-0-0-0-0
Engle, John	1-0-0-6-0	Fairfax, Fardenando	1-3-33-31-0
Engle, Joseph	2-0-1-6-0		
Eaty, Wm.	2-0-0-1-0	Fairfax, Fardenando one stod	0-0-0-0-0
Emberson, John	1-0-0-0-0		
Entler, Martain	2-0-0-1-0		
Entler, Phillip	1-0-0-0-0	Fairfax,	0-0-0-0-0

Jefferson County, Virginia Personal Property Tax List 1807

Fardenando one stod		Griffith, David's heirs	0-1-3-1-0
Frame, Mathew	1-2-5-12-0	Grubb, Curtis	1-0-1-1-0
Fry, Abbegal	0-0-1-2-0	Guynor, Mathew	1-2-3-3-0
Flood, William	1-1-10-6-0	Gibbons, Gilbert	1-0-0-1-0
Grant, Robert	1-0-0-1-0	Gibbons, Isaac	1-0-0-1-0
Grubb, Wm. Jr.	1-0-0-1-0	Gibbons, Moses	1-0-2-4-0
Gouldsberry, John	0-0-0-2-0	Gardner, John	1-0-0-0-0
Galleway, William	1-1-1-6-0	Gibbs, Wm.	2-1-2-1-0
Griggs, Thos. Sr.	2-2-15-20-0	[following G entries appeared after Y section]	
Gregory, Presley (negro)	1-0-0-2-0	Garnhart, Henry	2-1-1-6-0
Grant John	2-0-1-7-0	Grady, Thos.	2-0-0-1-0
Greenfield, Gabrel	1-2-13-9-0	Gooding, Gabril	1-0-0-2-0
Games, Robert	1-0-0-0-0	Glen, James	1-0-5-10-0
Gasaway, John	1-0-0-5-0	Gardner, Frances	1-0-1-4-0
Gasaway, Thomas	2-0-0-5-0	Gabel, John	1-0-0-0-0
Garrison, Neamiah	2-0-1-3-0	Gardener, John S. (Harpers Ferry)	1-0-0-0-0
Games, Bazel	1-0-0-0-0		
Golowhor, Domaka	1-0-0-0-0	Graham, John	1-0-0-0-0
Grubb, John	1-0-1-6-0	Graham, Mathew	no entries
Gilpin, Wm.	1-0-0-1-0	Gonter, Conrod	1-0-0-0-0
Gilbert, Henery	1-0-0-2-0	Glafford, Adam	1-0-0-0-0
Gray, John	1-0-0-0-0	Green, Luke	1-0-0-1-0
Griffith, Samuel	1-0-0-0-0	Glafferd, George	1-0-0-0-0
Granthom, John Sr.	1-0-0-2-0	Gaugh, Chas.	1-0-0-0-0
Granthom, John Jr.	3-0-0-9-0	Goldsberry, Edward	1-0-0-0-0-
Gaimes, Absolum	1-0-1-1-0	Grove, Jaacob	1-0-0-2-0
Griggs, Thos. Jr.	1-0-1-1-0	Gibbens, Elizabeth	0-1-2-2-0
Goove, John	1-0-4-1-0	Goble, John	1-0-0-0-0
Gouldsberry, Robert	1-0-0-0-0	Glaz, Vandle	1-0-0-6-0
Games, John	1-0-0-1-0	Grove, Melchi	1-0-0-0-0
Gant, Henery	1-6-0-10-0	Graham, Judith	0-0-0-1-0
Gant, John Sr.	2-2-14-15-0	Gibbens, Frances	1-0-0-1-0
Guenn, Humphreys	0-12-5-12-0	Hamond, Adam	1-0-0-1 0
Granthom, John (constab.)	0-0-0-1-0	Hammond, James Sr.	0-1-9-8-0
Gilbert, Elias	1-0-0-0-0-0	Hagan, Charles	1-1-3-7-0
Gilbert, Wm.	1-0-0-2-0	Hess, Bolser	1-0-0-0-0
Granthon, Caterreen	0-0-0-1-0	Haims, Henery	1-0-3-2-1
		Howell, Samuel	3-0-0-1-1
Granthom, Joseph	1-2-5-8-0	Hayne, John	1-0-2-1-0
Glascock, Travis	4-0-1-1-0	Hoopes, David	1-0-0-1-0
Gardner, James	1-0-0-0-0	Haydey, Isaac	1-0-1-1-0
Griggs, John	1-2-6-16-0	Howard, Martain	1-0-0-2-0
Grubb, Adam	1-0-0-3-0	Howard, Wm.	1-0-0-1-0

Jefferson County, Virginia Personal Property Tax List
1807

Name	Values	Name	Values
Martain's son Hammond, Jame's estate (wrights)	0-1-3-6-0	Henderson, James	2-0-2-6-0
		Hust, John	1-5-4-8-0
		Hersshy, Andrew	1-0-1-12-0
Harper, John	1-0-0-4-0	Hamelton, John	1-0-1-3-0
Haines, Peter	2-0-0-1-0	Hite, James	1-2-12-18-0
Haines, John (Nathan)	2-0-1-3-0	Hale, Wm.	1-0-0-2-0
		Hibbon, Cyres	2-0-0-3-0
Haines, Daniel	1-0-1-2-0	Harris, William	1-0-0-0-0
Highet, Thos.	1-0-0-5-0	Harris, James	1-0-0-0-0
Hockins, John	1-0-0-1-0	Hambleton, Benjamin	1-0-0-2-0
Holmes, Bartlet (negro)	1-0-0-0-0	Hart, Miles	1-0-0-1-0
Hardesty, Richard	1-0-2-2-0	Holmes, Richard	1-0-0-0-0
Highett, John	1-0-0-5-0	Hofman, Robt.	1-2-0-0-0
Hynes, John	1-0-0-0-0	Hayley, George	1-0-0-2-0
Hughes, Charles	2-0-0-4-0	Hoopes, Eliga	1-0-0-0-0
Hughes, Thomas	2-0-0-4-0	Hoopes, Abraham	1-0-0-1-0
Heskett, Benjamin	2-0-0-6-0	Hinkle, John	1-2-0-8-0
Heskitt, David	1-0-0-1-0	Hays, John	1-0-0-0-0
Heskitt, William	1-0-0-1-0	Hart, Thomas	1-0-1-5-0
Heskitt, Solomon	1-0-0-1-0	Henerey, Wm.	1-0-0-0-0
Heskitt, Anne	1-0-0-2-0	Humphreys, Rodger	2-0-0-1-0
Heskitt, Joseph	1-0-0-4-0	Humes, John	1-0-0-0-0
Heskitt, John	1-0-0-2-0	Humer, John	1-0-0-0-0
Hickman, Wm.	1-0-2-1-0	Hoofman, Joseph	1-0-0-0-0
Holles, Wm.	1-0-0-5-0	Hawkley, George	1-0-0-0-0
Humphreys, Geo. & Jno.	2-0-3-2-0	Humes, Wm.	1-0-0-0-0
		Holloway, Henery (Harpers ferry)	1-0-0-0-0
Humphreys, David	1-1-2-1-0	Hoot, John	1-0-0-0-0
Heath, Jones	1-0-0-3-0	Hall, Thos.	2-0-1-3-0
Heath, Zechariah	1-0-0-2-0	Hedge, John	1-0-0-0-0
Hall, Joseph	1-0-0-0-0	Handerson, John	1-0-0-0-0
Heath, James	1-0-0-2-0	Hite, Joseph Jr.	1-0-1-3-0
Hays, Andrew	1-0-0-5-0	Hager, Martain	1-0-0-5-0
Honnel, Jacob	1-0-0-4-0	Hibbons, Wm.	1-0-0-1-0
Hays, Samuel	1-0-0-2-0	Hoofman, John	1-0-0-4-0
Handsucker, Peter	1-1-1-6-0	Hensel, Larance	1-0-1-8-0
Hambeton, Fergoson (negro)	1-0-0-0-0	Hambleton, Thomas	1-0-0-1-0
		Hambleton, Elizabeth	0-0-1-0-0
Highett, John	1-0-0-4-0		
Hogan, James (negro)	1-0-0-1-0	Hant, Randolph	2-0-0-5-0
Haines, William	1-0-0-1-0	Hill, Abraham	1-0-0-4-0
Haines, Danel (rocks)	1-0-0-2-0	Hastings, John	1-0-0-0-0
		Hurst, James	2-2-12-12-0
Harding, H. William	2-11-3-24-0	Hovermill, Ludwick	1-0-0-4-0

Jefferson County, Virginia Personal Property Tax List
1807

Name	Values	Name	Values
Hesey, John	1-0-0-0-0	Jit, Archabled	1-0-0-0-0
Hillon, Mathew	1-0-0-0-0	Jones, Francis	1-0-0-6-0
Hay, William	1-0-1-0-0	Jones, John (above Shepherd Town)	2-0-0-5-0
Hurst, John	1-0-0-0-0		
Hartman, George	1-0-0-0-0	Judsworth, Wm.	1-0-0-0-0
Hull, Peter	1-0-0-0-0	Jonston, Francis	1-0-0-0-0
Hill, Christian	1-0-0-0-0	Jordon, Jacob	1-0-0-0-0
Haines, John	1-0-0-0-0	Kerchevell, George	1-0-0-3-0
Huston, David	1-0-0-0-0	Kiser, Christian	1-0-0-0-0
Heser, John	1-0-0-0-0	Kerchevell, Benjamin	3-0-1-6-0
Heser, John Jr.	1-0-0-0-0		
Heser, Adam	2-0-0-0-0	King, James	1-0-0-1-0
Haines, Jacob	3-1-1-0-0	Kirby, Wm.	1-0-0-0-0
Hofmon, John	1-0-0-0-0	Kidwell, Joseph	1-0-0-2-0
Houge, Moses	1-0-3-1-0	Kellenburger, Michel	3-0-0-7-0
Hite, Samuel	1-1-1-3-0	King, Geor[g]e	1-2-0-1-0
Hunter, Ann	0-0-11-9-0	Kennedy, John	1-0-0-1-0
Harris, David	1-0-0-0-0	Kearney, Wm.	1-1-3-7-0
Hostetler, Samuel	1-0-0-0-0	Kinley, Jonathan	1-1-1-5-0
Hutt, James	1-0-0-3-0	Kirkhert, Jacob	1-0-0-2-0
Howard, Thos.	1-0-0-1-0	King, Samuel	1-0-0-3-0
Haimes, John (C town)	1-0-0-5-0	Keys, Thomas	1-0-2-5-0
		Kerns, Adam	1-0-0-0-0
Hale, Thomas	2-0-0-3-0	Knight, Jacob	1-0-0-0-0
Hale, Samuel	1-0-0-1-0	Keen, Jonah	1-0-0-0-0
Hamilton, Hugh	1-0-0-0-0	Kile, Joseph	1-0-0-0-0
Hains, Nathan	2-0-0-9-0	Kyle, William	1-0-0-4-0
Howard, William	1-0-0-1-0	Kyle, James	1-0-0-0-0
Jones, Thomas	1-0-0-0-0	Kyle, James	1-0-0-3-0
Jackson, Peter (negro)	1-0-0-1-0	Koyle, Wm.	2-0-0-1-0
		Kitwilier, Michel	1-0-0-4-0
Johnston, David	1-0-0-1-0	Keyes, Gasham	0-0-2-6-0
Isler, Henery Sr.	2-0-0-0-0	Keyes, James	1-0-0-0-0
Isler, Henery Jr.	1-0-0-0-0	Kyle, John	3-0-1-5-0
Isler, Jacob	1-0-0-0-0	Kerney, Antoney	2-0-0-3-0
Ingram, John	1-0-0-3-0	King, Phillip	1-0-0-0-0
Jinkins, Wm.	1-0-0-1-0	McKey, James	1-0-0-0-0
Jonston, Danel	1-0-0-0-0	Keyster, James	1-0-0-0-0
Jonston, Robert	1-0-0-0-0	Kensell, Jacob	2-0-0-1-0
Jonston, Benjamin	1-0-0-0-0	Kain, William	2-0-0-0-0
Jinkins, Elias	1-0-0-1-0	Kinsell, John	1-1-4-5-0
Jones, Sarah	0-0-0-2-0	King, Benjamin	1-0-0-0-0
Jones, Jonathan	1-0-0-3-0	Kimes, Wm.	2-0-0-0-0
Jones, George	2-0-0-1-0	Kitt, Peter	1-0-0-4-0
Jackson, John	2-0-0-4-0	Kearney, James	2-1-9-19-0
Jacobs, George	2-0-0-1-0	Kiplinger, Adam	2-0-0-3-0

Jefferson County, Virginia Personal Property Tax List
1807

Name	Values	Name	Values
Lanon, Jane	1-0-0-0-0	Larence, James	1-0-0-0-0
Lankester, Johnston	1-0-0-3-0	Lee, Lanslott	1-0-11-6-0
Lankester, Malin (living w/ Henery Wolf)	1-0-0-0-0	Lee, Lanslott Jr.	1-1-4-2-0
		Lack, John Sr.	1-1-4-6-0
		Lane, Wm. W.	2-0-2-1-0
Longbrake, Jacob	1-0-0-2-0	Lethell, Peter	1-0-0-1-0
Lee, Wm.	1-0-0-0-0	Lethell, John	1-0-0-0-0
Lafferty, George	1-0-1-4-0	Lack, Alaxander	1-0-1-5-0
Lafferty, Thomas	3-0-3-9-0	Little, Wm.	1-1-5-10-0
Lanceskers, John	1-0-0-1-0	Lowens, Charles	1-0-7-5-0
Lanceskers, Jacob Sr.	1-0-0-1-0	Leverton, Adam	2-0-0-5-0
		Likens, Thos. Jr.	3-0-0-1-0
Lanceskers, Danel	1-0-0-0-0	Lue?, Wm.	1-4-20-12-0
Lanceskers, Robert Sr.	1-0-1-6-0	Lachel, Jehue	1-1-3-7-0
		Linkhart, Andrew	1-0-0-1-0
Luckliter, Conrod	2-0-1-4-0	Layley, Michel	1-0-0-5-0
Line, Henery	3-0-1-3-0	Lamon, Jane	1-0-0-0-0
Lemon, Robert	1-0-0-4-0	Lamon, Wm.	2-0-0-3-0
Lemon, Thomas	1-0-0-0-0	Mayfield, Thos.	1-0-0-0-0
Landen, Samuel	1-0-0-0-0	Mayfield, Bengemin	1-0-0-0-0
Landen, Wm.	1-0-0-0-0	Mosey, Elizabeth	1-0-0-1-0
Linsey, John	1-0-0-0-0	Malin, Wm. (Constable)	0-0-0-1-0
Leeper, George	1-0-0-0-0		
Lips, Henery	1-0-0-0-0	More, James Jr.	1-0-0-0-0
Lanceskes, Jacob	1-0-0-1-0	Morrow, Wm.	2-0-0-0-0
Laman, Wm.	2-0-0-4-0	Miller, John Taylor	1-0-0-0-0
Lumes?, Edward	2-1-3-14-0	Miller, John Smith	2-0-0-0-0
Link, Adam	2-1-0-9-0	Morgan, Ruchard	3-0-0-9-0
Lenacey, Alexander	2-0-0-0-0	Morgan, Wm.	1-0-0-1-0
Ludwickgood, John	1-0-0-0-0	Moser, George	1-0-0-4-0
Lane, James	5-0-1-2-0	McDanel, Hugh	1-0-0-1-0
Lensecomb, Nathan	1-0-0-0-0	McDanel, Wm.	1-0-1-5-0
Long, Jacob	1-0-0-0-0	McNight, Harmon	1-0-0-2-0
Likens, James	2-0-0-0-0	McKinley, John	1-0-0-0-0
Likens, Joseph	2-0-0-0-0	Melone, Wm.	1-0-0-0-0
Lucy, Martain	1-0-0-0-0	Melone, John	1-0-0-2-0
Levick, Caleb	1-0-0-0-0	McMaken, John Sr.	1-0-0-4-0
Lowerry, John	2-0-0-1-0	McCartney, Joseph	1-0-0-0-0
Lay, Jacob	1-0-0-0-0	Moody, James	1-0-0-0-0
Lingenfelt, Michel	1-0-0-1-0	McCormack, Moses	3-0-0-9-0
Lyon, John	2-0-0-1-0	McCormak, James	2-0-0-1-0
Lyon, John	1-1-0-1-0	McCormak, George	1-0-02-0
Lyon, George	1-0-0-1-0	McCormak, Andrew	1-0-0-0-0
Lewelen, Ruchard	1-0-4-7-0	McCormak, Andrew Sr.	1-1-1-9-0
Leeboe, Michel	1-0-0-0-0		
Likens, Thos.	2-0-0-1-0	Mauser, John	1-0-0-6-0

Jefferson County, Virginia Personal Property Tax List
1807

Name	Values	Name	Values
Mendinghall, Samuel	1-0-0-12-0	McCanse, Thos.	1-0-1-1-0
McCloy, Alaxander	1-0-0-5-0	McMurren, Joseph	1-0-1-7-0
McPherson, Daniel son Wm.	1-0-3-14-0	Morgan, Wm.	1-3-3-32-0
		Martain, Levey	1-1-1-10-0
		Martain, Caveleer	3-0-0-4-0
McPherson, John & Daniel	4-1-0-13-0	McGary, John	2-0-0-7-0
		Miller, Philip	2-0-0-2-0
McEndree, Wm.	1-0-0-5-0	Miller, Henery	1-1-0-5-0
McPherson, Samuel	2-0-0-1-0	Miller, Jacob	1-0-0-4-0
Massy, Samuel	1-0-0-2-0	Miller, John	1-2-2-8-0
McEndree, John	1-0-1-3-0	McDanel, Enoch	1-0-0-0-0
Markwood, John	1-0-0-1-0	Mallary, George	1-0-0-0-0
McKenery, Tulles	2-0-0-4-0	McCallin, John	1-0-0-0-0
McQuant, John	1-0-0-0-0	Mallery, Wm.	1-0-0-0-0
McDanel, James	1-0-0-0-0	More, Samuel	1-0-0-0-0
McGowen, John	1-0-0-1-0	Mallery, Thos.	1-0-0-0-0
McGlaughland, Amos	1-0-0-2-0	McCabe, Michel	1-0-0-0-0
		Meets, George	1-0-0-0-0
Methemy, Jonah	1-0-0-2-0	Moser, Stophel	1-0-0-1-0
Muse, Margarett	0-2-19-38-0	Mark, John (Travers rest)	0-0-6-8-0
Muse, George	1-0-6-0-0		
Midleton, Fulton	1-0-1-2-0	McCarty, John	1-0-0-1-0
Mullinex, Henry	1-0-0-2-0	More, Garland	1-4-5-7-0
McCloud, John	1-0-0-0-0	Moler, Adam	1-1-1-7-0
McCauthery, James Doctor	1-0-0-1-0	McCaners, Archabald	1-0-0-0-0
McCarty, John	1-0-0-2-0	More, Francis	1-0-2-4-0
McIhaney, James	1-0-0-4-0	Marshel, Wm.	1-0-0-3-0
McNight, John	1-0-0-0-0	Morgan, Drucela	0-0-2-4-0
Maudy, Adam	1-0-0-1-1	Moler, Frederick	1-0-0-4-0
McCherrey, Wm.	2-0-1-1-0	McCaughbrey, Wm.	4-0-1-1-0
More, Jane	0-1-1-3-0	Morrow, John	2-0-5-2-0
McNight, John	1-0-0-0-0	Moler, Mary	1-0-0-5-0
Mauser, Jacob	1-0-0-5-0	Melven, Samuel	2-0-1-6-0
More, John	1-0-1-2-0	McKinley, Thos.	1-0-0-0-0
McDonel, Danel	1-0-0-0-0	Mowers, Henery	3-0-0-1-0
More, Vinsent	1-0-1-3-0	McCluer, Danel	1-0-0-0-0
Melven, John	1-0-1-10-0	Mark, John	0-0-3-4-0
More, Jesse	1-0-3-5-0	Morgan, Andrew	1-1-0-7-0
More, David	2-0-3-4-0	Mug, Thos.	1-0-0-0-0
Moser, Phillip	1-0-0-0-0	Marrcle, Daniel	1-0-0-0-0
Moser, George	1-0-0-1-0	Morgan, Daniel	1-0-5-11-0
Melvin, Thos.	1-1-0-4-0	Miller, George	1-0-0-1-0
Melvin, Cyles	1-0-0-3-0	Miller, John	2-0-0-1-0
Melvin, Bengimin	1-0-0-4-0	Mewhel, Samuel	1-0-0-0-0
Moser, Jane	1-0-0-4-0	Miller, John living	1-0-0-3-0

Jefferson County, Virginia Personal Property Tax List
1807

Jacob Bedgen?			Osburn, Wm.	1-2-4-6-0
Mires, John	1-0-0-3-0		Ox, George	1-0-0-1-0
McColeth, John	1-0-0-1-0		Olebough, John	1-0-0-2-0
McColeth, James	1-0-0-0-0		Osburn, David	1-2-5-8-0
Moler, Michel	1-0-3-7-0		Pultz, H. Henery	1-0-0-1-0
Morter, John	3-1-0-2-0		Peter, George	1-0-0-0-0
Mogarn Abram	2-0-9-13-0		Piles, Stephen	1-0-0-0-0
Manning, Jacob	1-4-13-15-0		Page, Nathaniel	2-0-0-10-0
Morgan, Margrett	0-1-1-3-0		Prichart, Jessee	1-0-0-1-0
Miller, George	2-0-0-1-0		Piles, Samuel	1-0-0-1-0
Melton, James & John	2-0-4-6-0		Perrey, John	1-1-0-4-0
			Pilmire, Martain	1-0-0-6-0
Morgan, Religh	1-1-4-6-0		Piles, Robt.	1-0-0-1-0
Nickals, Jacob	1-0-0-0-0		Pearses Admrs	1-3-5-5-0
Newel, Jacob	1-0-0-0-0		Picher, John	1-0-1-0-0
Nare, Jacob	1-0-0-3-0		Perrey, George	1-0-0-0-0
Nixon, James	1-0-0-0-0		Perry, John	1-0-0-0-0
Nossinger, John	1-0-0-0-0		Perres, John	1-0-0-0-0
Neal, John	1-0-0-0-0		Perece?, Wm.	1-0-0-0-0
Newcomer, Jacob	2-0-0-1-0		Pennington, Edward	1-0-0-1-0
Newley, Henery	1-0-0-0-0		Perrel, John	1-0-0-0-0
Neal, Rebecha	0-0-0-1-0		Parntes, John	2-0-0-3-0
Nelson, Caterina	0-2-7-9-0		Purnel, Jessee	1-0-0-0-0
Nelson, Robt	no entries		Pultz, George	1-0-0-6-0
North, George	2-0-3-4-0		Pultz, David	1-0-1-4-0
Neal, Frances	1-0-0-1-0		Pasterage, Mathew	1-2-4-12-0
Offett, O. Samuel	1-0-1-2-0		Pain, Jacob	1-0-0-2-0
Offett, Joseph	1-0-0-2-0		Parmer, David	1-0-0-1-0
O. D. John	1-0-3-2-0		Page, B. William	1-0-19-16-0
Offett, James	1-0-1-1-0		Peacock, Samuel	1-0-0-1-0
Oglvee, David	2-0-0-1-0		Parmer, John	1-0-0-2-0
Oglive, Humphrey	2-0-0-1-0		Price, Samuel	1-0-0-0-0
Oram, Moses	1-0-0-2-0		Parsons, John (negro)	1-0-0-1-0
Oram, Henery	1-0-0-2-0			
Oramdorf, Henery	2-1-3-6-0		Pultz, Phillip	1-0-0-2-0
Osburn, David	1-0-1-8-0		Payne, John	3-0-0-7-0
Osburn, Thomas	1-1-1-6-0		Ronomas, Lewis	2-1-1-6-0
Ott, Phillip	1-0-0-3-0		Repea, Phillip	2-0-0-2-0
Ogden, Charles	1-0-0-2-0		Repia, Peter	1-0-0-2-0
Ogden, John	2-0-0-4-0		Ridle, Joseph	1-0-0-6-0
Osburn, Joseph	1-0-0-0-0		Ramley, Samuel	1-0-0-2-0
Osburn, Edward	1-0-0-1-0		Ramley, John	1-0-0-0-0
Ollnutt, Jessee	1-1-3-4-0		Reatherford, Van	2-0-0-0-0
Orandorf, Christian	2-0-0-1-0		Russell, Joseph	1-0-0-0-0
Ott, John	2-0-0-5-0		Roboson, Wm.	1-0-0-0-0
Ochert, Hugh	1-0-0-0-0		Ryle, Giore	1-4-4-10-0

# Jefferson County, Virginia Personal Property Tax List 1807

Name	Values	Name	Values
Reetzs, Charles	1-0-0-1-0	Spangler, John	1-0-0-1-0
Roberson, John	1-0-0-0-0	Stedman, Wm.	1-0-0-9-0
Rickhard, Michel	1-0-0-0-0	Shewbridge, John	1-0-0-0-0
Reagan, Wm.	1-0-0-0-0	Shewbridge, Thos.	1-0-0-0-0
Remly, Frederick	1-0-0-0-0	Sullivan, Wm.	1-0-0-0-0
Rob, Solomon	2-0-0-0-0	Smith, James	1-0-0-0-0
Reed, Samuel at Jacob Longs	1-0-0-0-0	Singel, Conrod	1-0-0-2-0
		Sheperd, Godfrey	1-0-0-2-0
Richardson, Wm.	1-0-0-0-0	Smith, Frederick	2-0-1-4-0
Rockenbough, Jacob	1-0-0-0-0	Sincleear, John	2-2-16-15-0
		Steen, Frederick	1-1-0-1-0
Rusel, Arther	1-0-0-0-0	Smith, Danel	1-0-0-1-0
Roach, John	1-0-0-1-0	Steed, Thos.	1-0-0-0-0
Rusel, Robt.	2-0-0-1-0	Starrey, Nickolous	2-0-0-0-0
Rob, George	1-0-0-0-0	Stephens, John	1-0-0-0-0
Richardson, Wm.	1-0-0-0-0	Sturt, Alex'r (negro)	1-0-0-0-0
Ryle, Wm.	2-0-0-3-0	Sprint, Partrick	1-0-0-0-0
Rickstine, Wm.	1-0-0-0-0	Settlemere, George	1-0-0-0-0
Richards, Daniel	1-0-0-1-0	Stedmon, Thos.	2-0-0-4-0
Rusel, Samuel	2-0-0-1-0	Sandsbry, Wm.	1-0-0-1-0
Ryele, Thomas	1-0-0-0-0	Spencer, Edmond	1-0-1-6-0
Ryle, Elisha	1-0-0-0-0	Spencer, Edmond	1-0-0-1-0
Ryle, Thomas Jr.	1-0-0-0-0	Speakes, Wm.	1-0-0-3-0
Reed, Thos.	1-0-0-0-0	Shurley, James	1-3-1-7-0
Ryle, Alexander	1-1-4-8-0	Sherley, Robt (clip)	1-0-0-2-0
Ronamas, Andrew	4-0-0-8-0	Shall, Mickel	1-0-0-6-0
Ryle, Thomas Sr. (mountains)	1-0-0-4-0	Shall, Nicklos	2-0-0-8-0
		Sluser, George	1-0-1-4-0
Ryle, Thomas Jr. (mountains)	1-0-0-0-0	Sumpoo, Peter	2-0-0-2-0
		Smock, Mathias	1-0-0-0-0
Richcreek, Phillip	1-0-0-4-0	Smith, Lewis	1-0-0-1-0
Ryle, Frederick	1-0-0-4-0	Strather, Anteney	1-2-3-5-0
Ryle, Zechariah	1-0-0-0-0	Stepenson, Wm.	1-0-0-0-0
Roaper, Nicklous	1-2-1-4-0	Stone, Joseph	1-0-0-2-0
Ridgeway, Mary	0-1-2-2-0	Seed, Thos.	1-0-0-0-0
Ridgeway, Rebecca	0-0-0-1-0	Sanks, George	1-0-0-0-0
Ransom, Mathew	1-2-0-1-0	Stublefield, L. Jno.	2-0-8-6-0
Sheeley, Benjamin	1-0-0-0-0	Sherley, Timothy	1-0-0-0-0
Suton, John	1-0-0-0-0	Strider, Elizabeth	no entries
Shephin, James	1-0-1-1-0	Stone, Phillip	1-0-0-2-0
Slaughter, Smith	1-1-10-11-0	Smith, Moses	1-1-0-3-0
Smith, Seth	1-0-1-3-0	Shaw, Thos.	1-0-0-0-0
Sherley, Gervis	2-0-0-4-0	Saunders, Jesee (negro)	1-0-0-0-0
Sherley, Wm.	1-0-0-2-0		
Sherley, Robt.	2-0-0-9-0	Sprignall, Lenard	4-0-0-6-0
Sherley, Ephreem	1-0-0-0-0	Stephenson, Wm.	1-0-0-1-0

Jefferson County, Virginia Personal Property Tax List
1807

Name	Values	Name	Values
Smith, John (Clip)	1-0-0-1-0	Stedman, James Jr.	1-0-0-1-0
Shepherd, Jacob	1-0-0-0-0	Streder, Isaac	1-0-2-8-0
Shultz, Dedrick	1-0-0-0-0	Snider, John	1-0-0-5-0
Smallwood, Thomas	1-0-0-0-0	Sapenton, Thos.	1-0-1-2-0
Saunders, Henry	1-0-0-0-0	Shanton, Zadoc	1-0-0-3-0
Spangler, George	1-0-0-0-0	Snider, John	1-0-0-4-0
Saunders, Cyrous	1-0-4-5-0	Shunt, Seemon	1-0-0-2-0
Saunders, John	1-0-5-4-0	Stephens, John	1-0-0-1-0
Saunders, Bengen	1-0-0-0-0	Strawther, Benjamin	1-1-11-14-0
Smythe, George	1-1-4-5-0	Shaw, Catherene	0-0-0-2-0
Short, James	1-0-0-4-0	Sillins, John	1-0-0-0-0
Smallwood, Gabral	1-0-0-4-0	Spence, John	1-0-0-0-0
Sagathey, Peter	1-0-0-0-0	Shrode, Sollomon	2-0-0-5-0
Strider, Jacob	1-0-1-6-0	Shrode, John	1-0-0-4-0
Sleyh, Henery	1-0-0-1-0	Shrode, Sollomon	1-0-0-2-0
Slyh, Mathias	1-0-1-4-0	Staley, Peter	2-0-0-7-0
Smidey, Moses	1-0-0-1-0	Stip, Susana	0-0-0-3-0
Sowerman, Cyres	1-0-0-1-0	Stip, John	1-0-3-6-0
Strain, Samuel	2-0-0-1-0	Stip, John Sr.	2-0-2-5-0
Stall, Jessee	1-0-0-4-0	Shaw, Henery	1-0-0-3-0
Stephens, Robert	1-0-0-0-0	Shelers Exors	1-0-0-2-0
Sleppy, Frederick	1-0-0-0-0	Shepherd, Abraham	2-1-7-12-0
Swearengen, Hezekiah	2-0-6-11-0	Strider, Christeana	2-3-3-15-0
		Strider, Henery	1-0-0-3-0
Smallwood, George	1-2-1-5-0	Strider, John	1-0-0-2-0
Smallwood, Samuel	1-0-0-1-0	Sockman, John	1-0-0-1-0
Smallwood, Permenes	1-0-0-3-0	Strong, Jacob	1-0-0-1-0
		Stitser, William	1-0-0-0-0
Sulleven, Hartley	1-0-0-0-0	Selby, Walter B.	3-0-2-1-0
Swango, Jacob	1-0-0-0-0	Sheetzs, Martain	3-0-0-1-0
Swangler, Mathias	2-0-0-4-0	Shingler, Conrod	2-0-0-0-0
Sheagley, Jacob	2-0-0-5-0	Shaner, George	1-0-0-0-0
Seeley, Frederick	1-0-0-0-0	Spinkle, Andrew	1-0-1-2-0
Seeley, Jacob	1-0-0-0-0	Shutt, Phillip	1-0-1-2-0
Seckefuse, John	1-0-0-0-0	Stealey, Stephen	2-0-0-0-0
Shaugh, Jacob	1-0-0-0-0	Stealey, Daniel	1-0-0-6-0
Smur, John	1-0-0-0-0	Stealey, Adam	1-0-0-0-0
Streckland, John	1-0-0-0-0	Stealey, Jacob	1-0-0-0-0
Short, George	1-0-0-1-0	Stealey, Jacob Jr.	1-0-0-0-0
Showman, Mickel	1-0-0-3-0	Stealey, Jacob	1-0-0-0-0
Sherley, John	2-0-2-5-0	Stevens, James	1-0-0-0-0
Smock, Peter	1-0-0-2-0	Smurr, Peter	1-0-0-0-0
Step, George	1-0-1-4-0	Shepherd, Thos.	1-0-0-1-0
Sands, York (negro)	1-0-0-2-0	Smur, Andrew	1-0-0-0-0
Spotts, Andrew	1-0-0-0-0	Smur, Jacob	1-0-0-0-0
Stedman, James Sr.	3-0-0-9-0	Stealey, Minger	1-0-0-0-0

Jefferson County, Virginia Personal Property Tax List 95
1807

Name	Values	Name	Values
Stevens, Thomas	1-0-0-0-0	Vestall, David	2-0-0-0-0
Stier, Peter	1-0-0-0-0	Vestall, John	1-0-0-2-0
Shaw, Jacob	1-0-0-1-0	Vanhorn, John	0-0-0-1-0
Stephens, Dennes	1-0-0-2-0	Vanmeter, Abraham	1-0-0-5-0
Swearengen, Joseph	0-2-17-22-0	Vansant, Richard	1-0-0-3-0
		Vansant, Christiper	2-0-0-8-0
Staley, Adam	1-0-0-0-0	Vaner, Jacob	1-0-0-0-0
Talbott, John	1-0-1-2-0	Underduck, Henery	1-0-0-1-0
Trail, Nathenial	1-0-0-0-0	Unsel, John	1-0-0-0-0
Tate, Magnes	2-1-10-14-0	Unsel, John Jr.	2-0-0-0-0
Thomson, Thos.	1-0-0-2-0	Watson, James	2-1-0-6-0
Thomson, Abram	1-0-0-4-0	Waggoner, Wm.	1-0-0-1-0
Thomson, Benjamin	1-0-0-1-0	Williams, Samuel	1-1-2-7-0
Thomson, Thos.	1-0-0-0-0	Walper, Casper	2-1-2-5-0
Thomson, Samuel	1-0-0-0-0	Wallingford, James	2-0-0-2-0
Tabb, Robert	3-0-1-6-0	Wallingford, Nicholas	1-0-0-2-0
Thomas, Aquillia	1-0-0-2-0		
Taylor, Wm.	1-0-3-9-0	Watson, John	1-0-0-2-0
Tean?, James	1-0-0-0-0	Wilsher, John	1-0-0-0-0
Thournburgh, John	2-0-1-5-0	Wood, Ruben	1-0-0-2-0
Turner, Joseph	3-0-2-13-0	Washerbaugh, Henery	0-0-0-0-0
Turner, Eliga	1-0-0-2-0		
Tool, John	2-0-1-6-0	White, Thos. Jr.	1-0-0-1-0
Thomson, John	1-0-0-5-0	Whiteside, William	1-0-0-0-0
Taylor, Silvaners	1-0-0-0-0	Willmoth, Mw.	1-0-0-4-0
Tool, Thos.	1-0-1-1-0	Wickham, Merene T.	1-0-0-0-0
Trale, Nathan	1-0-0-0-0	Williamson, Bazel	1-1-1-1-0
Telmon, Jacob	1-0-0-0-0	Whittitt, Robert	1-0-0-1-0
Taylor, Levy	1-0-5-9-0	Waters, John	1-0-0-0-0
Torrier, Antoney	1-0-5-16-0	Webb, Samuel	1-0-0-0-0
Taylor, Richard	1-0-0-0-0	Williams, Charles	1-0-0-1-0
Tucker, Wm.	2-0-0-0-0	Waggon, John	1-0-0-0-0
Tillitt, Francis	1-0-0-1-0	Wager, John	1-0-5-4-0
Throckmorton, John	1-1-10-14-0	Wakins, Richard	1-0-0-0-0
Trasey, James	1-0-0-2-0	Weagley, John	2-0-0-1-0
Tuttle, George	1-0-0-0-0	Weaver, Adam	1-2-1-2-0
Thomas, Wm.	1-0-0-0-0	Wellis, Rich	1-1-11-16-0
Timberlick, Hartfield	1-1-3-8-0	Willson, John	2-0-0-0-0
Thomas, Richard	1-0-0-0-0	Weaver, Jacob	0-0-0-0-0
Toys, Andrew	3-2-8-17-0	Whip, Peter	2-0-0-5-0
Taylor, Bennett	0-7-1-14-0	Welshants, David	1-0-0-2-0
Throckmorton, Robert	1-2-0-14-0	Waters, Wm.	1-0-0-2-0
		Williamson, Peter	1-0-0-2-0
Thomas, Lenard	4-0-2-9-0	Welshants, Joseph	2-0-0-2-0
Valravan, Jonas	2-0-1-2-0	Wolf, Henery	1-0-0-6-0
Vanvacter, Absolom	1-0-0-0-0	Welsh, John	1-0-0-1-0

Jefferson County, Virginia Personal Property Tax List
1807 Store Licenses

Name	Values	Name	Values
Wombledoff, Frederick	1-0-1-2-0	Wilson, Moses Sr.	4-0-0-2-0
		West, Thomas	2-0-0-0-0
Williamson, Jacob	2-0-1-5-0	Wager, Mary	0-0-1-0-0
Whicong, Jacob	1-0-0-0-0	Williams, James	1-0-2-2-0
Williams, O. Edward	1-2-1-1-0-	Woods, Andrew	2-0-0-0-0
Wise, George	1-0-0-1-0	Ware, John	2-0-0-0-0
Wals, John	1-0-0-0-0	Wright, John	1-0-0-0-0
Wisenall, Barney	2-0-0-1-0	Wright, Isaac	1-0-0-1-0
Weshhans, Jacob	1-0-0-1-0	Welsh, Richard	3-0-3-11-0
White, Thos. Sr.	1-0-3-1-0	Wright, Samuel	1-1-1-5-0
Ware, Ralph	1-0-0-0-0	Whitcoff, Peter	2-0-0-3-0
Weatherington, Robt.	3-0-1-1-0	Williams, Eliga	1-0-0-0-0
		Write, Uriah	1-0-0-0-0
Watson, John Jr.	1-0-0-0-0	Williams, Isaac	2-0-0-0-0
Watson, Richard	1-0-0-1-0	Watson, Danel	1-0-0-0-0
Wingard, John	2-0-0-0-0	Willett, Aquillett	1-0-0-1-0
Willson, Wm.	1-0-0-4-0	Willis, Carver	1-1-7-13-0
Whitcoff, Peter Jr.	1-0-0-0-0	Wealey, James	1-0-0-0-0
Whitcoff, Conelis	1-0-0-2-0	Washington, Samuel	1-0-5-4-0
Whiting, Peter	2-3-13-12-0	Washington, Thornton	1-1-12-11-0
Wilson, Thos.	2-0-0-6-0		
Wilson, John	1-0-0-5-0	Washington, Corbin's heirs	0-8-47-35-0
Wilson, Hugh	1-0-0-0-0		
Watson, Thos.	1-0-0-6-0	Whiting, Francis	1-4-14-16-0
Whisong, Michel	2-0-1-0-0	Washington, George	1-1-17-17-0
Wilson, George	1-0-0-2-0	Young, George	1-0-0-0-0
Wiltt, Henery	1-0-0-4-0	Young, John	1-0-0-2-0
White, Alexander	2-1-4-7-0	Young, George (weaver)	1-0-0-1-0
Whright, James	1-0-0-3-0		
Wood, Isaac	2-0-0-7-0	Young, Joseph	1-0-1-2-0
Whisong, Joseph	1-0-0-0-0	Young, Thomas	1-0-0-2-0

1807 Store Licenses

Weatherington, Robert & Co – a waggoner
Stayle, Danel
Boylestone, Bengimin
Lane, James & John
Toole, Thos.
Humphreys, Rodger & brothers
Yeasley, Michel
Selbey, Walter B.
Frame, Ann
Gebbs, Wm.
Fulton, James & Robt.
Anderson, John
Lock, James
Humphreys, George & John
Eaty Sebaston
Stephenson, Wm
Lane, W. W.
Stephenson, James
North & Smallwood
Devenport & Willett
Bell, Benjmin
Offett, James M.
Hayne, John
Frame, Mathew
Doughty, Paterick

Jefferson County, Virginia Personal Property Tax List
1807 Store Licenses

Grubb, Curtice
Tillett, Samuel
Hargley, Isaac

Sanders, John
Little, Wm.

1808

Virginia did not collect property taxes for the year 1808 as the General Assembly did not pass tax collecting legislation that year.

Jefferson County, Virginia Personal Property Tax List
1809

1809

Column numbers refer to: White males above 16 -- Black males above 12 & under 16 years old --Black males above 16 years of age -- Horses, Mares &c -- Ordinary Licenses

Name	Numbers	Name	Numbers
Avis, Robert	1-0-0-1-0	Briscoe, Ann	0-0-3-3-0
Avis, Robert Jr.	1-0-0-0-0	Bredgman, William	1-0-0-0-0
Aldsworth, Samuel	1-0-0-0-0	Baker, Peter	1-0-0-3-0
Andrews, Jacob	1-0-0-0-0	Barber, John	1-0-0-0-0
Abbot, James	1-0-0-0-0	Bird, Henry	1-0-0-0-0
Avis, Joseph	1-0-0-0-0	Boyd, William	1-0-0-1-0
Arven, John	1-0-0-0-0	Bridgman, Francis	1-0-0-0-0
Alt, Jacob	2-0-0-5-0	Blue, Jesse	1-0-0-2-0
Alt, Jacob Jr.	1-0-0-0-0	Burr, Moses	1-0-0-4-0
Alstot, Daniel	1-0-1-9-0	Blue, John S.	1-0-2-5-0
Alstot, Jacob	3-0-2-12-0	Boyl, Edward	1-0-0-0-0
Arvin, Elias	1-0-0-2-0	Burry, John	1-0-0-0-0
Arvin, Eleaner	1-0-0-1-0	Bridgman, Joseph	1-0-0-0-0
Ager, William	1-0-0-1-0	Burnet, William	1-0-2-5-0
Anning, Samuel	2-0-0-4-0	Burnet, George	1-0-0-5-0
Alnut, Jesse	1-0-4-5-0	Backhouse, Ann	0-1-0-1-0
Andrews, Henry	1-0-0-2-0	Boyers, Joseph	2-0-0-5-0
Able, John	1-3-6-15-0	Buckles, William Jr.	2-0-1-5-0
Ager, John	1-0-0-2-0	Buckles, James	2-0-0-3-0
Anderson, James	1-1-3-4-0	Buckles, Daniel	1-0-1-5-0
Ankrom, Archabald	1-0-0-0-0	Buckles, William	1-1-2-4-0
Allen, Isaac	1-0-0-1-0	Bowers, Federick	1-0-0-4-0
Alstot, John	2-0-0-7-0	Buckles, Henry	1-0-0-4-0
Athea, Townly	2-0-0-2-0	Brantner, Federick	1-0-0-4-0
Adams, Joseph	1-0-0-0-0	Bennet, Van	1-1-2-15-0
Anderson, John	1-0-3-3-0	Barnhart, Henry	1-0-0-2-0
Applebee, William	1-0-0-0-0	Brient, John	2-2-7-9-0
Amrice, Daniel	1-0-2-3-0	Bowers, John	1-0-1-5-0
Aston, Thomas	1-0-0-3-0	Bell, James	1-0-0-1-0
Atwell, Thomas	1-0-2-5-0	Banks, Clement	1-1-1-6-0
Allimong, Christain	1-2-1-6-0	Banks, John	1-0-5-6-0
Anderson, Mahlon	1-0-0-2-0	Beard, John	1-0-0-0-0
Burr, James	1-0-0-4-0	Brian, Edward O.	1-0-0-1-0
Burr, William	1-0-0-2-0	Boyl, John	1-0-0-0-0
Blue, Joel	2-0-2-5-0	Brown, Rachael	0-0-0-3-0
Blue, Mikel	2-0-0-3-0	Baker, Leakins	2-0-0-7-0
Bennet, Mason	2-0-2-6-0	Buckmaster, Theophils	2-0-0-1-0
Badin, John	1-0-0-0-0		
Bennet, John	1-0-0-0-0	Brooks, William	0-0-0-1-0
Baker, Walter	1-0-6-8-0	Bennet, Thomas S.	2-0-0-1-0

Jefferson County, Virginia Personal Property Tax List
1809

Name	Values	Name	Values
Butler, William	1-0-6-6-0	Beall, Hezekiah	1-2-9-11-0
Buts, Charles	1-0-0-0-0	Biggs, William	2-0-0-4-0
Bilmire, Martin	2-0-0-6-0	Biggs, Daniel	1-0-0-2-0
Burket, Mikel	1-0-2-8-0	Bryant, Charles	1-0-0-1-0
Buckles, Abraham	1-0-0-3-0	Berry, Dennis (free negro)	1-0-0-3-0
Banks, Samuel	1-0-0-2-0		
Bowden, Stephen	1-0-0-0-0	Beeler, Benjimin	2-1-7-17-0
Bedinger, Jacob	0-0-0-4-0	Brackenridge, Thomas	1-0-5-5-0
Butler, Thomas	0-0-1-0-0		
Bushel, Benjimin	1-1-1-3-0	Bond, Samuel	1-0-0-4-0
Boyers, Sarah	1-0-0-3-0	Bond, Joseph	1-0-0-1-0
Beall, Theodore	1-0-1-1-0	Bradford, Benjimin	2-0-0-2-0
Breeding, Robert	1-0-1-1-0	Basil, John	1-0-0-4-0
Blackbond, Joseph	1-0-0-1-0	Bellzhuber, George	1-0-0-0-0
Bedinger, Daniel	1-0-4-2-0	Brown, Joseph	3-0-0-1-0
Boyers, John	1-0-0-0-0	Buckmaster, Zachariah	0-0-0-1-0
Boylstone, Benjimin	1-0-0-1-0		
Bruse, Federick	1-0-0-0-0	Bramhall, Peter	1-0-0-0-0
Baker, John	2-0-0-0-0	Berry, William	1-0-0-1-0
Butler, Henry	1-0-0-1-0	Brown, William	1-0-0-1-0
Brown, James	1-0-2-0-0	Buckmaster, John	1-0-0-4-0
Breley, John	1-0-0-0-0	Blackborn, William	2-0-0-1-0
Beshop, George	1-0-1-0-0	Bradshaw, Joseph	1-0-0-0-0
Beckham, John	1-0-0-0-0	Brown, Adam	1-0-0-0-0
Bayless, John	1-0-0-0-0	Britton, William	1-0-0-0-0
Beckham, Armsted	1-0-0-0-0	Bowley, John	1-2-3-6-0
Bryne, Prartrick	1-0-0-0-0	Bedeman, Detrick	1-0-0-1-0
Bredenbough, Martin	1-0-0-0-0	Brown, Elias	1-0-0-0-0
		Bell, Benjimin	1-0-1-2-0
Beckham, Benjimin	1-0-0-0-0	Bell, Joseph Jr.	2-1-0-3-0
Bauswell, William	1-0-0-0-0	Best, John	1-0-0-1-0
Bowen, James	1-0-0-0-0	Bushman, David	1-0-0-4-0
Border, Daniel	1-0-0-0-0	Bell, Thomas	1-0-0-3-0
Barnhill, Christopher	1-0-0-0-0	Bell, Joseph Sr.	1-0-1-6-0
Burton, Abraham	1-0-0-0-0	Bostine, Elizabeth	0-0-1-4-0
Barns, Alexander	1-0-0-0-0	Briscoe, John	1-2-17-18-0
Brewer, John	1-0-0-0-0	Briscoe, Mgruder	1-1-5-5-0
Brendt, John	1-0-0-0-0	Bowen, Jesse	1-0-1-6-0
Beasley, George	1-0-0-0-0	Bowen, Johnathan	3-0-0-5-0
Borroff, Henry	1-0-0-0-0	Brooks, James (free man)	1-0-0-0-0
Baylor, Lenry	0-0-3-0-0		
Boyers, Solomon	4-0-0-1-0	Burton, Joshua	1-1-1-7-0
Bishop, George Jr.	1-0-0-0-0	Burgoyn, John	2-0-0-3-0
Baker, John	0-3-2-3-0	Cox, William	1-0-0-0-0
Bailor, Richard	1-1-17-18-0	Creps, Christain	1-0-0-0-0
Baden, Roswell	1-0-0-0-0	Creamer, Casper	1-0-0-0-0

Jefferson County, Virginia Personal Property Tax List 1809

Name	Values	Name	Values
Creps, Jerimiah	1-0-0-0-0	Carman, Henry	1-0-0-0-0
Claspell, John	1-0-0-0-0	Camron, Daniel	2-0-0-0-0
Claspell, David	1-0-0-0-0	Crowl, Jacob	2-0-0-6-0
Carton, Samuel	1-0-0-0-0	Cookes, Henry	2-0-0-1-0
Cox, Samuel	1-0-0-0-0	Cookes, Mikel	1-0-0-0-0
Craft, David	1-0-0-0-0	Craft, Jacob	1-0-0-1-0
Compt, Mikel	1-0-0-0-0	Conner, Peter	1-0-0-0-0
Crutcher, James Jr.	1-0-0-0-0	Creamer, Peter	1-0-0-0-0
Crane, Peter	1-0-0-0-0	Canier, John	1-0-0-0-0
Crowl, Jacob	1-0-0-0-0	Conard, Edward	2-0-0-3-0
Crutcher, James	2-0-0-0-0	Conn, Rich'd	0-0-1-2-0
Conklin, Henry	1-0-0-3-0	Cowan, David	1-0-0-4-0
Conklin, Jacob	1-0-0-1-0	Craghill, Nath'l	1-0-9-10-0
Conerway, John	1-1-0-1-0	Collet, Daniel	6-0-0-11-0
Coyl, James	1-0-1-3-0	Collember, Jesse	1-0-0-0-0
Coyl, William	2-0-0-1-0	Clymer, Peter	1-0-0-1-0
Carter, Robert	2-3-3-9-0	Conway, William	1-0-0-0-0
Carlile, Benjimin	3-0-0-4-0	Chamberlin, Elijah	1-1-4-8-0
Curkhart, Jacob	1-0-0-3-0	Conn, James	1-0-1-4-0
Crumwell, Stephen	2-0-2-7-0	Cooper, Jonas	1-0-0-0-0
C Beard, Edward	1-0-0-2-0	Cooper, John	1-0-0-0-0
Coons, Abraham	2-0-0-4-0	Craghill, William P.	1-1-6-7-0
Clauson, John	1-0-1-4-0	Clipper, Federick	1-0-0-0-0
Chaplain, Isaac Jr.	1-0-1-2-0	Cleaveland, Levie	1-1-3-7-0
Chaplain, Isaac	2-0-0-4-0	Cleaveland, Jesse	1-0-1-3-0
Creswell, Joseph	1-0-0-0-0	Colbert, Obed	2-0-0-1-0
Cook, George	1-0-0-1-0	Cabel, George	1-0-0-0-0
Cook, Andrew	2-0-0-4-0	Conner, Charles	1-0-1-5-0
Cross, Reason	1-0-0-3-0	Crow, Richard	1-0-0-0-0
Cretser, Henry	1-0-0-3-0	Craton, Hugh	1-0-0-0-0
Coons, Jacob	1-0-0-3-0	Crawley, James	1-0-0-0-0
Coons, Jacob Jr.	1-0-0-2-0	Cordel, George E.	2-0-0-1-0
Coons, John	1-0-0-2-0	Crow, William	1-0-0-1-0
Cattlett, James	1-0-0-6-0	Chambers, Aaron	2-0-1-0-0
Catroe, Jacob	1-0-0-1-0	Cockrell, John	1-0-0-3-0
Coon, Christain	1-0-0-1-0	Cramer, Samuel J.	1-2-1-3-0
Coon, John	1-0-0-1-0	Cleaveland, Alexander	1-0-2-4-0
Crout, Daniel	1-0-0-0-0		
Collins, Fanny	0-0-3-2-0	Cockrell, Peter	1-0-2-5-0
Cook, Giles	2-2-10-10-0	Cassady, John	1-0-0-0-0
Crim, Mikel	2-0-0-0-0	Colvert, John	2-0-0-0-0
Crusen, Jacob	1-0-0-1-0	Connel, Joseph	1-0-0-1-0
Craft, Philip	1-0-0-0-0	Clarke, James	3-0-0-2-0
Cline, John	1-0-0-0-0	Chamberlain, James	3-0-0-2-0
Creamer, Federick	1-0-0-1-0	Crick, Jacob	2-0-0-2-0
Correll, George	1-0-0-0-0	Crompton, John	1-0-0-1-0

Jefferson County, Virginia Personal Property Tax List
1809

Name	Values	Name	Values
Crain, Joseph	1-1-11-19-0	Demit, John	2-0-1-5-0
Cleaveland, Elijah	1-1-0-2-0	Dorsy, John	3-0-0-2-0
Cockrell, Thomas	1-0-1-2-0	Dutton, Davy (free man living on Wm. McPhersons land)	1-0-0-1-0
Clarke, William	1-0-0-3-0		
Clarke, John	1-0-1-1-0		
Davis, Ezekel	1-0-0-2-0	Dillow, Peter	1-0-0-3-0
Dunken, Zachriah	1-0-0-1-0	Dillow, John	2-0-0-3-0
Doyl, Simon	1-0-1-4-0	Dillow, William	1-0-0-2-0
Doyl, James	1-0-0-2-0	Dillow, Joseph	1-0-0-2-0
Duke, John	1-0-0-1-0	Duke, Joseph	1-0-0-0-0
Dots, George	2-0-0-2-0	Daugherty, Partrick	1-0-3-1-0
Davis, Thomas	1-0-6-8-0	Dixon, John	1-0-3-2-0
Dicks, John Jr.	1-0-0-0-0	Davis, Joseph W.	1-1-4-7-0
Dowden, Elener	1-0-0-4-0	Dutroe, Mikel	1-0-0-0-0
Downs, John	2-0-0-2-0	Duke, James	1-0-0-0-0
Dullea, William	1-0-4-7-0	Davis, Samuel	2-1-7-10-0
Duffield, Rich'd	1-1-8-9-0	Devenport, Benjimin	1-0-3-5-0
Donalds, John	1-0-1-8-0	Devenport, John Jr.	1-0-0-1-0
Duke, John (cooper)	1-0-0-1-0	Delworth, Amos	1-0-0-0-0
Devoy, Mikel	1-0-0-0-0	Ducker, William	1-0-0-1-0
Devoy, Mary Ann	0-0-0-1-0	Drake, Robert	1-0-0-1-0
Dandridge, Adam S.	2-1-30-31-0	Davenport, John Sr.	1-1-4-7-0
Davis, Joseph	1-0-0-1-0	Davenport, Thomas	1-0-0-3-0
Daley, Joseph	1-0-0-0-0	Davenport, Abraham	2-2-16-18-0
Dust, Valentine	1-0-2-10-0	Downey, John	2-2-4-11-0
Dean, Ezeakel	1-0-0-4-0	Ellitt, Benjimin	1-0-0-0-0
Dwilliams, Reece	1-0-0-1-0	Evans, Thomas (Furnace)	1-0-7-1-0
Davis, Leonard	2-0-3-10-0		
Donolly, Owen	1-0-0-0-0	Eversoul, Abraham	4-0-0-8-0
Daugherty, Partrick	1-0-0-0-0	Eversoul, Henry	1-0-0-3-0
Daugherty, John	1-0-0-0-0	Evans, Thomas B.	1-0-3-7-0
Davis, Cornelis	1-0-0-1-0	Engle, John	1-0-0-5-0
Dun, Hugh S.	1-0-2-0-0	Eversoul, Daniel	1-0-0-4-0
Devers, Isaac	1-0-0-0-0	Engle, Joseph	1-0-1-6-0
Denoon, Henson	1-0-0-0-0	Engle, William	1-0-0-5-0
Duke, Robert	1-0-0-0-0	Engle, Philip	1-0-1-5-0
Dowel, Samuel	1-0-0-0-0	Engle, George	1-0-0-4-0
Davis, Isaac	1-0-0-0-0	Engle, Philip Jr.	1-1-0-7-0
Danelson, John	1-0-0-0-0	Engle, Mikel	2-0-0-1-0
Duke, Nicoles	1-0-0-0-0	Emberson, Edward D.	2-0-1-5-0
Deveney, John	1-0-0-0-0		
Draner, Conrod	1-0-0-2-0	Eversoul, Abram Jr.	1-0-0-5-0
Devenport, Samuel	2-2-4-9-0	Engle, Jesse	0-0-0-2-0
Dobson, Samuel	1-0-0-1-0	Entler, Philip	2-0-0-0-0
Dennison, Thomas	1-0-0-0-0	Eckhart, Julian	1-0-0-0-0
Duke, Mark	1-0-0-0-0	Eaty, William	1-0-0-0-0

Jefferson County, Virginia Personal Property Tax List
1809

Name	Values	Name	Values
Emberson, John	1-0-0-0-0	Far, Joseph	1-0-1-2-0
Entler, Mathew	2-0-0-1-0	Fulton, James	2-0-7-11-0
Entler, Mathew Jr.	1-0-0-0-0	Fairfax, Ferdinando	1-1-27-24-0
Engler, Jacob (Harpers Ferry)	1-0-0-0-0	Fulton, Robert	2-1-0-2-0
Engle, Samuel	1-0-0-2-0	Flag, Martha	0-0-1-1-0
Earley, William	1-0-0-1-0	French, Samuel	1-0-0-0-0
Everheart, Jacob	1-0-0-0-0	Faulk, Charles	2-0-0-2-0
Evans, George	1-0-0-0-0	Frame, Mathew	1-2-5-13-0
Edward, Christain	1-0-1-1-0	Fowler, Henry	1-0-0-1-0
English, John	1-0-0-2-0	Fry, John	1-0-0-1-0
Ensley, John	1-0-0-1-0	Fry, Abigail	1-0-1-4-0
Ensley, Thomas	1-0-0-0-0	Fryer, John	1-0-0-0-0
Emery, Hezekiah	1-0-0-1-0	Fronk, Henry	1-0-0-0-0
Eaty, Sebastine	2-0-1-2-0	Fry, David	4-1-0-7-0
Edwards, Joseph	1-0-2-4-0	Fry, George	1-0-0-3-0
Edmonds, Benjimin	1-0-0-0-0	Flood, William P.	1-0-9-15-0
Flegle, George	1-0-0-0-0	Frame, Ann	0-0-1-0-0
Fortney, Peter	1-0-0-0-0	Green, James	1-0-0-0-0
Fisher, Adam	1-0-0-0-0	Glassford, Adam	1-0-0-0-0
Fisher, Jacob	1-0-0-0-0	George, John	1-0-0-0-0
Frasher, Johnathan	2-0-1-5-0	Grumes, James	1-0-0-0-0
Frasher, Thomas	1-0-0-2-0	Glass, Samuel	1-0-0-1-0
Fitzgerrald, Thomas	1-0-0-0-0	Graham, John	1-0-0-0-0
Francis, Federick	1-0-0-0-0	Graham, Mathew	1-0-0-0-0
Farding, James	1-0-0-2-0	Gore, Joseph	1-0-0-1-0
Furgerson, James	1-0-4-5-0	Goldsbury, Edward	1-0-0-0-0
Fry, Anny	0-0-0-3-0	Grimes, Samuel (free negro)	1-0-0-0-0
Fisher, Mikel	1-0-0-1-0	Gooding, Gabril	1-0-0-3-0
Fisher, Peter	1-0-0-0-0	Glassford, Alexander	1-0-0-0-0
Fiser, Jacob	1-0-0-0-0	Gorrell, Abraham	2-0-2-11-0
Fouk, Christain	1-0-0-0-0	Gibson, Francis	1-0-0-1-0
Frum, David	1-0-0-0-0	Garrot, Edward	1-0-0-3-0
Field, Isaac	1-0-0-0-0	Grove, Jacob	1-0-0-2-0
Fiser, Henry	1-0-0-0-0	Gardiner, Francis	1-0-1-5-0
Fiser, Mikel	1-0-0-5-0	Green, Luke	1-0-0-0-0
Folk, George	1-0-0-1-0	Gates, Joshua	1-0-0-0-0
Folk, Federick	1-0-0-2-0	Glenn, James	1-0-5-10-0
Fouk, Mikel Jr.	2-0-0-0-0	Gibbins, Elizabeth	0-0-3-2-0
Fouk, Federick	1-0-0-0-0	Gomert, John	0-0-0-1-0
Fouk, Mikel	1-0-0-0-0	Grove, Melehy	1-0-0-0-0
Folk, Daniel	1-0-0-1-0	Gomert, Christain	1-0-0-1-0
Famon, George	3-0-0-2-0	Gaugh, Charles	1-0-0-0-0
Fiser, Peter	1-0-0-0-0	Garnhart, Henry	1-1-2-5-0
Farra, Samuel	2-1-0-2-0	Glaze, Vandol	1-0-0-4-0
Fry, John constable	0-0-0-5-0		

104 Jefferson County, Virginia Personal Property Tax List 1809

Name	Values	Name	Values
Grove, John	1-0-4-1-0	Hampton, John	1-0-0-0-0
Grove, William	1-0-0-1-0	Hart, Joseph	1-0-0-0-0
Goldsbury, Robert	1-0-0-1-0	Harn, David	1-0-0-0-0
Guardner, John	1-0-0-0-0	Hoofman, Joseph	1-0-0-0-0
Grigs, John	2-1-6-15-0	Humes, William	1-0-0-0-0
Gibbins, Moses	1-0-7-5-0	Hoofman, Philip	1-0-0-0-0
Gaunt, Henry	1-1-8-13-0	Hawker, Jacob	1-0-0-0-0
Grub, William	1-0-0-2-0	Hawker, John	1-0-0-0-0
Grub, Adam	1-0-0-4-0	Humes, John	1-0-0-0-0
Greenfield, Gabril	1-0-15-15-0	Hale, Mathias	1-0-0-0-0
Goodwin, John	1-0-0-2-0	Hightchere, John	1-0-0-0-0
Glasscock, Stephen	1-0-0-1-0	Hite, Joseph	2-1-2-6-0
Garrison, Washington	3-0-1-4-0	Hite, Joseph Jr.	1-0-0-4-0
		Hite, Samuel	1-0-1-3-0
Gazeway, Thomas	1-0-0-6-0	Hamilton, Benjimin	1-0-0-4-0
Gazeway, John	1-0-0-6-0	Hinkle, Samuel	1-0-1-4-0
Gibbins, Gilbert	1-0-0-0-0	Hartness, John	1-0-0-0-0
Gaunt, John	2-3-10-12-0	Hall, Thomas	1-0-1-3-0
Grub, Curtis	1-0-0-1-0	Holms, Rich'd (free negro)	1-0-0-0-0
Glasscock, Travis	2-0-0-1-0		
Griggs, Thomas	1-2-1-1-0	Hart, Thomas	1-0-2-5-0
Gibbs, William	1-0-2-2-0	Hart, Miles	1-0-0-1-0
Gibbs, Charles	1-2-0-2-0	Hays, John	1-0-0-0-0
Grady, Thomas	3-0-0-1-0	Hamilton, John H.	1-0-1-0-0
Gray, John	1-0-0-0-0	Hoops, Elisha	1-0-0-0-0
Gallaway, William	2-0-1-8-0	Hoops, George	2-0-0-1-0
Gold, John	1-0-3-7-0	Hibbins, Cyrus	1-0-0-4-0
Grant, John	1-0-0-5-0	Hurst, John	1-3-4-7-0
Griggs, Thomas Sr.	2-3-16-19-0	Harris, Jerimiah	2-0-0-5-0
Games, Robert	1-0-0-0-0	Hibbens, William	2-0-0-2-0
Griffy, Samuel	1-0-0-0-0	Hiatt, James	1-0-0-3-0
Gilbert, Henry	1-0-0-1-0	Hunt, William	1-0-0-0-0
Granthom, John (constable)	0-0-0-2-0	Hout, Rudolph	2-0-0-6-0
		Hurst, James	2-3-13-12-0
Granthom, John Jr.	1-0-0-4-0	Hinkle, John	1-2-1-19-0
Groover, Allbright	3-0-0-4-0	Harshey, Andrew	1-0-2-14-0
Granthon, Catharine	0-0-0-1-0	Hite, James	1-0-14-22-0
Gilbert, Elias	1-0-0-0-0	Hagley, George	1-0-0-5-0
Granthom, John Sr.	3-1-0-10-0	Hoofman, John	2-0-1-6-0
Granthom, Joseph	1-0-6-12-0	Harger, Martin	1-0-0-6-0
Gardiner, James (tailor)	1-0-0-0-0	Hostetler, Samuel	1-0-0-0-0
		Hendricks, James	1-0-3-5-0
Gamble, Adam	1-0-0-0-0	Hendricks, John	1-0-0-2-0
Griffith, Elizabeth	0-0-3-1-0	Hill, Johnathan	1-0-0-6-0
Games, Absolem	2-0-0-3-0	Hendricks, Daniel	1-0-0-5-0
Hartman, Martin	1-0-0-0-0	Hiatt, Leonard	1-0-0-2-0

Jefferson County, Virginia Personal Property Tax List
1809

Name	Values	Name	Values
Humphris, Roger	2-1-1-1-0	Harding, William's Exors	0-2-6-23-0
Hogan, John	1-0-0-0-0		
Hamilton, William	1-0-0-0-0-	Hickman, William	1-0-3-1-0
Hensel, Ester	0-0-0-1-0	Harris, James	1-0-0-1-0
Hoofman, Robert	1-0-0-2-0	Hamond, Adam	1-0-0-2-0
Hileman, Jacob	1-0-0-4-0	Heath, Jonas	2-0-0-3-0
Hon, Mikel	1-0-0-0-0	Heath, Zachariah	1-0-0-1-0
Hessy, John	1-0-0-0-0	Howel, Abner	1-0-0-2-0
Hilton, Mathew	1-0-0-0-0	Haslep, Elisha	1-0-0-0-0
Hewett, John	1-0-0-0-0	Heskett, Ann	2-0-0-3-0
Hartman, George	2-0-0-0-0	Heskett, John	1-0-0-1-0
Hill, Christain	1-0-0-0-0	Heskett, Benjimin	4-0-0-6-0
Hull, Peter	1-0-0-0-0	Heskett, Joseph	1-0-0-2-0
Hiser, Adam	2-0-0-0-0	Howard, William Jr.	1-0-0-4-0
Hanes, Jacob	3-2-1-2-0	Hogan, James	1-0-0-1-0
Hanes, John	1-0-0-0-0	Hill, Thomas	3-0-0-1-0
Harris, David	2-0-0-0-0	Hany, John	1-0-1-1-0
Hiser, John Jr.	2-0-0-1-0	Hest, Baltzer	1-0-0-0-0
Hiser, John	1-0-0-0-0	Hite, George	1-1-2-1-0
Hestong, David	1-0-0-0-0	Hite, Robert	1-0-0-1-0
Hiatt, Christopher	1-0-0-4-0	Humphris, David	1-1-2-1-0
Hoofman, John (shoemaker)	1-0-0-0-0	Humphris, George & John	2-0-3-2-0
Hoof, Mikel	1-0-0-0-0	Hains, Henry	1-0-3-2-0
Hamilton, Thomas	1-0-0-1-0	Howel, Samuel	4-0-0-2-0
Heith, James	1-0-0-2-0	Hains, John joiner	3-0-0-1-0
Hall, William	1-0-0-0-0	Hawes, Conrod	1-0-0-0-0
Hay, William	1-0-1-0-0	Harris, George (freeman living near Frys Constable)	1-0-0-1-0
Hunter, Ann	0-2-10-11-0		
Howell, John	1-0-0-0-0		
Hall, Maryland	1-0-0-0-0		
Holles, William	1-0-0-4-0	Hardesty, Richard	2-1-2-8-0
Hains, William	1-3-6-8-0	Hansucker, Peter	2-0-1-8-0
Hamond, James (estate of James Fulton to pay)	0-1-3-0-0	Hays, Andrew	1-0-0-5-0
		Hiatt, Thomas	1-0-0-4-0
		Hiatt, William	3-0-0-8-0
Hagen, Charles	1-1-2-5-0	Hays, Samuel	1-0-0-3-0
Hains, Nathan	2-0-0-11-0	Hiatt, John son of Wm.	1-0-0-4-0
Hains, Daniel	1-0-1-1-0		
Hains, John	2-0-0-5-0	Harris, George	1-0-0-0-0
Henderson, John	1-0-0-1-0	Harris, William	1-0-0-0-0
Homes, Berkley (Freeman)	1-0-0-0-0	Howard, William Sr.	1-1-0-3-0
		Howard, Martin	1-0-0-1-0
Honnel, Jacob's Exors	1-0-0-4-0	Hals, Thomas	2-0-0-5-0
		Howard, Thomas	1-0-0-2-0
Hust, Federick	1-0-0-0-0	Hamerhower, Philip	1-0-0-1-0

Jefferson County, Virginia Personal Property Tax List
1809

Name	Values	Name	Values
Hammond, Thomas Sr.	1-2-9-24-0	Kerns, Adam	1-0-0-0-0
		King, Samuel	1-0-0-2-0
Hammond Thomas Jr. (Thos. Sr. to pay)	1-1-3-6-0	Kersley, Johnathan	1-0-2-7-0
		Kyle, William	1-0-0-7-0
		Kerney, James Jr.	0-0-0-0-0
Johnson, Daniel	1-0-0-0-0	Kyle, John	3-0-1-3-0
Jones, Walker (free negro)	1-0-0-0-0	Kitwiler, Mikel	1-0-0-4-0
		Kerney, Anthony	1-0-0-4-0
Jett, Peter Jr.	1-0-0-0-0	Kiplinger, Adam	2-0-0-3-0
Jett, Peter	1-0-0-0-0	Kyle, Joseph	1-0-0-0-0
Ingram, John (Harpers Ferry)	1-0-0-0-0	Kerney, William	1-0-3-7-0
		Kerney, James	2-2-10-19-0
Jones, Johnathan	1-0-0-3-0	Kain, William	2-0-0-0-0
Ingram, John (constable)	1-0-0-5-0	Kirsley, John	1-1-6-10-0
		Kiver, Henry	1-0-0-0-0
Jinkens, William	1-0-0-1-0	Kimes, Henry	2-0-0-0-0
Jones, John	2-0-0-5-0	King, Benjimin	1-0-0-0-0
Jackson, John	1-0-0-2-0	Kindle, Henry	1-0-0-2-0
Jones, George	1-0-0-2-0	Kinsel, Jacob	1-0-0-1-0
Jones, Sarah	1-0-0-2-0	Kyle, William Jr.	1-0-0-0-0
Jacobs, John	1-0-0-2-0	Keys, Gersham	0-1-3-9-0
Jones, Francis	1-0-1-6-0	Keys, Thomas	1-0-2-10-0
Jones, John (waggonmaker)	1-0-0-0-0	Kellenbarger, Mikel	1-0-2-5-0
		Kidwell, Joseph	1-0-0-2-0
Jinkens, Edward	1-0-0-0-0	Kirby, William	1-0-0-1-0
Johnson, Richard	1-0-0-2-0	Kenedy, John	1-0-0-1-0
James, Thomas	1-0-0-0-0	King, James	1-0-0-1-0
Insworth, William	1-0-0-0-0	Kercheval, Benjimin	4-0-1-9-0
Iklebarger, George	1-0-0-1-0	Kercheval, George	2-1-0-7-0
Jinkens, Thos.	1-0-2-5-0	Little, George	1-0-0-0-0
Janny, Ruth	0-0-0-1-0	Lepper, George	1-0-0-0-0
Johnson, David	1-0-0-3-0	Lips, Henry	1-0-0-0-0
Jarrot, Alexander	0-2-8-9-0	Lindsy, John	1-0-1-4-0
Jones, Thomas	1-0-0-0-0	Lindsy, Evans	1-0-0-0-0
Jackson, James	1-0-0-3-0	Larkins, John	1-0-0-0-0
Jackson, John	1-0-0-0-0	Lowden, William	1-0-0-1-0
Jefferson, Hamilton	0-1-0-1-0	Leamon, Robert	2-0-0-5-0
Isler, Henry Jr.	1-0-0-0-0	Leamon, James	1-0-0-2-0
Isler, Henry Sr.	1-0-0-1-0	Leamon, Thomas	1-0-0-0-0
Inbody, John	1-0-0-1-0	Laferty, George	1-0-2-6-0
Jackson, Peter (freeman)	1-0-0-2-0	Lucus, Edward	2-0-4-12-0
		Link, Adam	2-2-0-8-0
Johnson, Robert	1-0-0-0-0	Lichliter, Conrod	2-0-1-5-0
Keith, How	1-0-0-0-0	Link, George	1-0-0-2-0
Knight, Jacob	1-0-0-0-0	Longbrake, Jacob	1-0-0-2-0
Keysecker, John	1-0-0-0-0	Lee, John	1-0-0-0-0

Jefferson County, Virginia Personal Property Tax List
1809

Name	Values	Name	Values
Laferty, Thomas	3-0-3-10-0	Lashels, Ester	0-2-0-4-0
Lucus, Robert	2-0-1-6-0	Mayfield, Thomas	1-0-0-0-0
Leamon, William	2-0-0-6-0	Mallory, George	1-0-0-0-0
Leamon, Jane	2-0-0-5-0	Mallery, William	1-0-0-0-0
Leamon, Vazy	1-0-0-1-0	Mallery, Thomas	1-0-0-0-0
Lancaster, Joseph	1-0-0-4-0	Melaland, Archabald	1-0-0-0-0
Likens, John	1-0-0-0-0	Mockbee, Ninian	1-0-0-0-0
Lowry, John	1-0-0-0-0	Miller, Henry	1-0-0-0-0
Long, Andrew	1-0-0-0-0	Marlatt, William	1-0-0-0-0
Lindsicomb, Nathan	1-0-0-0-0	Martin, Thomas	1-0-0-0-0
Lindsicomb, Nathan Jr.	1-0-0-0-0	Morgan, Richard	2-0-0-12-0
		Moler, Jane	1-0-0-5-0
Likens, Joseph	1-0-0-0-0	Melvin, Benjimin	1-1-0-4-0
Levick, Caleb	1-0-0-0-0	Melvin, Silas	1-0-0-4-0
Lay, Jacob	1-0-0-0-0	MDanold, Enuch	1-0-0-0-0
Lindsy, Alexander	1-0-0-0-0	Mosure, George	1-0-0-0-0
Lang, Jacob	1-0-0-1-0	Mccarty, John	1-0-0-3-0
Likens, James	3-0-0-0-0	Melvin, John	1-0-2-9-0
Lane, James	4-0-2-1-0	Mgarry, John	2-0-1-6-0
Line, John	2-0-1-1-0	Martin, Cavalier	3-0-0-7-0
Luis, Martin	1-0-0-0-0	Martin, Peter	1-0-0-1-0
Lee, Thomas	1-0-0-0-0	Middleton, Fulton	1-0-0-6-0
Lien, Henry	3-0-2-5-0	Mdugel, James	1-0-0-0-0
Laley, Mikel	1-0-0-0-0	MDanold, John	1-0-0-2-0
Lannen, John	1-0-0-0-0	Moore, John	1-0-2-4-0
Little, William	1-0-5-7-0	Moore, Vincent	1-2-2-4-0
Lock, John Sr.	1-0-3-6-0	Moore, David	2-0-3-5-0
Lock, James	1-0-0-5-0	Miller, George	1-0-0-1-0
Luck, Archabald	1-0-0-0-0	Melvin, Samuel	1-0-1-6-0
Lyan, John	2-0-1-5-0	Morgan, William	1-2-4-45-0
Lee, Lancelott	1-0-1-2-0	Morgan, Raughly	1-4-11-17-0
Lock, John Jr.	1-0-1-3-0	Moore, Francis	1-0-2-3-0
Lewis, John	1-1-1-3-0	MMurrin, Joseph	1-0-1-8-0
Lang, John	1-0-0-1-0	Miller, Philip	2-0-0-1-0
Lane, Willoughby W.	4-1-1-2-0	Miller, Henry	1-0-1-5-0
Likens, Thomas	6-0-0-1-0	Miers, Jacob	1-0-0-1-0
Lowden, Samuel	1-0-0-0-0	Morgan, Daniel	1-1-5-14-0
Lemon, John	1-1-0-0-0	Morgan, Elizabeth	0-1-0-3-0
Laboo, Michael	1-0-0-0-0	Moore, David	1-0-0-0-0
Lee, Lancelott	2-3-12-10-0	Moller, Mary	1-0-0-4-0
Lake, Johnathan	1-0-0-0-0	MKey, James	1-0-0-1-0
Lee, William	1-7-23-17-0	Melvin, Thomas	1-0-1-5-0
Llewelling, Richard	1-2-4-7-0	MGlaughlin, Mikel	1-0-5-0-0
Linkhart, Andrew	1-0-0-0-0	Moller, Sarah	1-2-2-8-0
Linkhart, George	1-0-0-3-0	MQuilton, Thomas	1-0-0-4-0
Lowns, Charles	1-1-6-7-0	Morgan, Abraham	1-1-4-5-0

108 Jefferson County, Virginia Personal Property Tax List
1809

Morgan, Andrew	1-0-0-4-0
Miers, Luis	2-0-0-1-0
Mericle, Daniel	2-0-0-1-0
Miers, John	1-0-0-2-0
Miller, George	2-0-0-1-0
Miller, John	1-0-0-1-0
Molin, William	0-0-1-1-0
Morgan, Margaret	1-0-4-7-0
Massey, Samuel	1-0-0-0-0
Matox, Hezekiah	1-0-0-2-0
Manning, Jacob H.	1-4-13-15-0
Moller, Federick	1-0-0-4-0
Moller, Adam	2-0-2-8-0
Moore, Jesse	1-1-4-5-0
Martin, Levie	1-0-2-7-0
Moller, Mikel	1-0-3-7-0
Makenelly, Thomas	1-0-0-0-0
Marley, John	1-0-0-0-0
Mosure, Christopher	1-0-0-1-0
Mollen, Rebeckah	1-0-0-1-0
Moore, Galland	1-3-6-7-0
MConey, John	1-0-0-0-0
Mowers, Henry	1-0-0-1-0
MKoy, Alexander	1-0-0-1-0
Mangomery, Thomas	1-0-0-1-0
Mosure, Philip	1-0-0-0-0
Morrow, John	2-0-4-3-0
Mathews, John	1-0-2-1-0
McPherson, Jonas	2-0-1-0-0
Morter, John	4-0-2-2-0
Mark, John	0-0-9-9-1
Medlar, Sebastine	1-0-0-0-0
Mglaughlin, Amos	1-0-0-0-0
Miller, Jacob	1-0-0-4-0
McDonald, James	1-0-0-2-0
McMaken, William	1-0-0-2-0
McPherson, William	1-0-0-4-0
McMaken, John Jr.	1-0-2-5-0
McKnight, Harman	2-0-0-2-0-
McDonald, Hugh	1-0-0-0-0
Mullenix, John	1-0-0-2-0
Mullenix, Henry Jr.	1-0-0-2-0
Mullenix, Henry Sr.	1-0-0-0-0
McMaken, James	1-0-0-1-0
McClanen, William	1-0-0-1-0
McCloy, Alexander	2-0-0-8-0
McMaken, John Sr.	2-0-2-7-0
McCoughtry, William	6-0-1-1-0
McCartney, Joseph	1-0-0-0-0
Milton, James	2-1-5-3-0
Mcfillen, Hugh	2-0-0-3-0
McCormick, Moses	3-0-0-7-0
Moore, Dick freeman	1-0-0-1-0
McPherson, John	3-0-0-10-0
McPherson, Daniel son of Wm.	2-0-2-12-
McPherson, Samuel	8-0-0-3-0
McClanahan, Thomas	1-4-7-9-0
McClanahan, Richard	1-0-0-1-0
Muse, Battle	1-4-16-26-0
Muse, George	1-0-5-8-0
McKendree, James	1-0-0-1-0
Matheney, John	0-0-0-2-0
Matheney, Jonas	1-0-0-2-0
Matheney, James	1-0-0-2-0
McWilliams, Robert	1-0-0-0-0
McWilliams, Rachael	1-0-0-3-0
Mouser, George	1-0-0-4-0
Morris, David	1-0-0-2-0
Massy, Samuel	2-0-0-3-0
McCartney, James	1-0-0-0-0
McCartney, Andrew	1-0-0-0-0
Miller, John / BS	1-0-0-1-0
Miller, John / Tailor	1-0-0-0-0
McClanan, William	1-0-0-2-0
Morrow, William	3-0-0-2-0
McGowan, John	2-0-0-0-0
Murphey, Johnathan	1-0-0-0-0
McCliney, James	1-0-0-0-0
Miner, William	1-0-3-4-0
McCormick, James	1-0-0-1-0
Moudy, Adam	1-0-1-1-0
McGaw, John	1-0-0-0-0
Moody, James	1-0-0-0-0
Macoughtery, James	1-0-0-2-0
McCoy, James	1-0-0-0-0
Moore, Jane	0-0-1-6-0
Mouser, John	2-0-0-7-0
Mendingall, Samuel	2-0-0-11-0

Jefferson County, Virginia Personal Property Tax List
1809

Name	Values	Name	Values
Mouser, Jacob	1-0-0-4-0	Prier, James	1-0-0-0-0
Markwood, John	1-0-0-0-0	Pierce, Louis B.	1-0-0-0-0
Makinny, Mary	0-0-0-2-0	Piper, Jacob	1-0-0-0-0
McSherry, Richard	2-1-9-17-0	Pollen, Samuel	1-0-0-0-0
McDonald, William	1-0-1-6-0	Piles, Samuel	1-0-0-2-0
Nicol, Jacob	1-0-0-0-0	Purtheter, Philip	1-0-0-0-0
Near, James	1-0-0-0-0	Piles, Stephen	1-0-0-0-0
Nuce, Jacob	1-0-0-0-0	Peters, Thompson (free man)	1-0-0-3-0
Nicely, Henry	1-0-0-0-0		
Nixon, James	1-0-0-0-0	Prunkard, John	1-0-0-0-0
Newcomer, Jacob	2-0-0-1-0	Peterson, Ezerel	1-0-0-0-0
Nace, Jacob	1-0-0-3-0	Parrot, William	2-0-3-12-0
Nofsinger, John	1-0-0-0-0	Perry, John	2-1-0-5-0
Nilson, Robert	0-0-1-0-0	Potts, David	1-0-0-0-0
Neil, Rebeckah	0-0-0-2-0	Powell, George	2-0-0-6-0
Nelson, Catherine	0-0-5-3-0	Purnel, Jesse	1-0-0-0-0
North, George	2-0-3-3-0	Pitcher, John	1-0-0-0-0
Newman, Joseph	1-0-0-0-0	Purkins, Henry H.	1-0-1-0-0
Ott, John	2-0-0-4-0	Picket, John	1-0-0-0-0
Obrian, Edward O.	1-0-0-1-0	Pierce, John	1-0-0-0-0
Ott, Philip	1-0-1-3-0	Pennington, Edward	1-0-0-2-0
Osborn, David Jr.	1-0-1-7-0	Perry, John (Shepherds Town)	1-0-0-2-0
Osborn, Thomas	1-0-2-5-0		
Orendoof, Henry	1-1-3-13-0	Pervell, John	1-0-0-3-0
Ogdon, John	2-0-0-4-0	Pence, Adam	1-0-0-0-0
Ogdon, Charles	1-0-0-3-0	Pusy, David	2-0-0-1-0
Orman, Samuel (freeman)	1-0-0-0-0	Painter, John	2-0-0-2-0
		Parmer, David	1-0-0-2-0
Osborn, David	1-2-6-9-0	Pourter, William	1-0-0-1-0
Osborn, William	1-2-4-6-0	Price, Samuel	1-0-0-0-0
Orbough, Thomas	1-0-0-0-0	Perry, Thomas	1-0-0-0-0
Ox, George	1-0-0-1-0	Patridge, Mathew	1-1-5-11-0
Osborn, Joseph	1-0-0-0-0	Packett, John Sqr Laurence Washington to pay	1-0-3-5-0
Oniel, John	1-0-0-0-0		
Ott, Jacob	1-0-0-0-0		
Offutt, James	1-1-0-2-0	Patterson, Thomas	1-0-0-1-0
Obanion, John	1-0-2-5-0	Pulse, George	1-0-0-5-0
Oglevie, David	3-0-2-2-0	Pains, John Sr.	3-0-0-7-0
Oglevie, George	1-0-0-0-0	Pulse, David	1-0-1-4-0
Oglevie, Humphry	1-0-0-1-0	Pulse, Jacob	2-0-0-6-0
Oldham, Edward	1-0-0-0-0	Piles, Robert	1-0-0-1-0
Orum, Moses	1-0-0-3-0	Rochenbouch, Jacob	1-0-0-0-0
Offutt, Joseph	1-0-0-3-0		
Offutt, Samuel	1-0-1-2-0	Ransburg, John	2-1-1-3-0
Owens, Thomas	1-0-0-0-0	Ruthyford, Drucilla	0-0-4-8-0
Putman, Ernestus	1-0-0-0-0	Reynolds, George	2-2-5-17-0

Jefferson County, Virginia Personal Property Tax List
1809

Name	Values	Name	Values
Riley, George	1-4-5-10-0	Reed, John	1-0-0-0-0
Ranson, Mathew	0-0-2-2-0	Ronemous, Andrew	4-0-0-7-0
Ronemous, Luis	1-1-1-5-0	Ridgway, Mary	0-1-2-3-0
Ronemous, Conrod	2-0-1-6-0	Ridgway, Rebeckah	0-0-0-2-0
Remley, Samuel	1-0-0-3-0	Robertet, James	1-0-2-2-0
Ripple, Peter	1-0-0-3-0	Riley, William	1-0-0-1-0
Roach, John	1-0-0-1-0	Riley, Travis	1-0-0-4-0
Ripple, Philip	3-0-0-4-0	Riley, Thomas	1-0-0-0-0
Riley, William	2-0-0-2-0	Richcreek, Philip	1-0-0-4-0
Rob, Solomon	1-0-0-0-0	Robea, William	1-0-0-1-0
Rough, Federick	1-0-0-1-0	Rieghter, Charles G.	1-0-0-0-0
Randle, Rebeckah	1-0-0-0-0	Rusel, Samuel	2-0-1-1-0
Rochenbough, Henry	1-0-0-0-0	Reed, Thomas	1-0-0-0-0
		Richards, David	1-0-0-0-0
Ragan, William	1-0-0-0-0	Roberts, Joseph	1-0-0-1-0
Richard, Mikel	1-0-0-0-0	Riley, Alexander	1-0-6-9-0
Richstine, William	1-0-0-0-1	Robeson, James	1-0-0-0-0
Reetz, Charles	1-0-1-1-0	Shough, Jacob	1-0-0-1-0
Rusel, Robert	1-0-0-0-0	Stublefield, James	1-0-0-0-0
Rochenbough, Jacob Jr.	1-0-0-0-0	Stuart, William	1-0-0-0-0
		Strickland, John	1-0-0-0-0
Rusel, Arther	1-0-0-0-0	Selleg, Jacob	1-0-0-0-0
Rusel, John	1-0-0-0-0	Schaeffer, John	1-0-0-0-0
Rusel, Mikel	1-0-0-0-0	Sprig, Thomas	1-0-0-0-0
Rob, George	1-0-0-0-0	Shewbridge, John (Harpers Ferry)	1-0-0-0-0
Richardson, William	1-0-0-1-0		
Roberts, William Jr.	1-0-0-2-0	Sedwick, Joseph	1-0-0-0-0
Ruthyford, Van	1-0-0-1-0	Sites, Peter	1-0-0-0-0
Robertson, John	1-0-0-0-0	Stevenson, William	1-0-0-0-0
Riley, Zachariah	1-0-0-4-0	Stips, Anthony	1-0-0-0-0
Robertson, Joseph	1-0-0-0-0	Stips, Ezekel	1-0-0-0-0
Rodrick, John	1-0-0-0-0	Sickafuse, John	1-0-0-0-0
Roberts, Joseph	1-0-0-0-0	Schopert, Adam	1-0-0-0-0
Read, William	1-0-0-0-0	Stall, Jesse	1-0-0-5-0
Rochenbough, John	1-0-0-0-0	Strain, Samuel	2-1-1-5-0
Read, Robert	1-0-0-0-0	Smallwood, Samuel	1-0-0-1-0
Read, John D.	1-0-0-0-0	Strider, Jacob	2-0-1-7-0
Riley, Federick	1-0-0-0-0	Slyh, Mathias	1-0-0-6-0
Rusel, Robert Jr.	1-0-0-0-0	Slyh, Henry	1-0-0-2-0
Rolan, Thomas	1-0-0-0-0	Shagley, Jacob	2-0-0-7-0
Rusel, Robert Sr. (Harpers Ferry)	1-0-0-0-0	Short, James	1-0-0-4-0
		Shouke, Peter	1-0-0-2-0
Riley, Thomas	1-0-0-0-0	Short, George	1-0-0-1-0
Roberts, William	3-0-1-7-0	Strider, Henry	1-0-1-1-0
Ronemous, George	1-0-0-2-0	Strider, John	1-0-1-3-0
Roper, Nicholess	2-0-3-7-0	Spence, John	1-0-0-0-0

Jefferson County, Virginia Personal Property Tax List 1809

Name	Values
Strider, Christener	1-0-3-10-0
Strider, William	2-0-0-1-0
Shirley, John	1-0-1-8-0
Spots, Andrew	1-0-0-0-0
Smith, James Sr.	2-0-0-0-0
Smallwood, Gabrel	1-0-0-4-0
Stedman, William	2-0-0-1-0
Smith, John	1-0-0-0-0
Smith, James Jr.	1-0-0-0-0
Shunk, Simon	1-0-0-2-0
Strider, Isaac	1-0-1-6-0
Stanup, William	1-1-4-3-0
Strawther, Anthony	1-1-4-6-0
Stip, John Jr.	1-0-2-7-0
Stip, John	2-0-1-7-0
Stip, George	1-0-1-6-0
Swanigan, Hezekiah	1-1-4-6-0
Swanigan, Van	1-0-2-5-0
Sapington, Thomas	2-0-1-4-0
Slippy, Federick	1-0-0-1-0
Shanton, Zadoc	1-0-0-3-0
Shanton, Charles	1-1-1-4-0
Smeady, Moses	1-0-0-0-0
Swagler, Mathias	2-0-0-4-0
Sands, York (free negro)	1-0-0-2-0
Staley, Jacob	1-0-0-2-0
Show, Henry	1-0-0-4-0
Showman, John	1-0-0-4-0
Show, Jacob	1-0-0-2-0
Snider, John	1-0-0-4-0
Shepherd, Abraham	1-1-9-17-0
Smeady, George	1-0-5-7-0
Stedman, James	3-0-0-11-0
Snider, John (near Walpers)	1-0-0-5-0
Staley, Peter	2-0-0-4-0
Shrawer, Jacob	1-0-0-3-0
Shrode, Solomon	1-0-0-1-0
Shnebarger, Mikel	1-0-0-1-0
Stip, Susany	0-0-0-4-0
Staley, Melchy	1-0-0-1-0
Staley, Stephen	2-0-0-5-0
Sellers, Henry	1-0-0-0-0
Sulivan, Hartley	1-0-0-0-0
Staley, Stephen	3-0-0-1-0
Staley, Jacob (millwright)	1-0-0-0-0
Spangler, George (millwright)	1-0-0-0-0
Stevens, Thomas	2-0-0-0-0
Slawer, Peter	1-0-0-0-0
Shaner, George	1-0-0-0-0
Staley, John	1-0-0-0-0
Stevens, Denis	1-0-0-1-0
Shingler, Conrod	2-0-0-0-0
Sheetz, Jacob	3-0-0-0-0
Shutt, Philip	1-0-0-2-0
Smurr, Jacob	1-0-0-0-0
Sapington, Thos. Jr.	1-0-0-0-0
Smurr, Peter	1-0-0-0-0
Sprinkle, Andrew	1-0-0-0-0
Stevens, Robert	1-0-0-1-0
Staley, Daniel	1-0-1-7-0
Selby, Walter B.	3-1-4-1-0
Shepherd, Thomas	1-0-0-0-0
Stevens, James	1-0-0-0-0
Smurr, Andrew	1-0-0-0-0
Staley, Adam	1-0-0-0-0
Showman, Mikel	1-0-0-1-0
Shewbridge, John	2-0-0-5-0
Speaks, William	2-0-0-3-0
Spencer, Samuel	2-1-0-5-0
Spencer, Edward	1-0-0-2-0
Swanigan, Joseph	1-3-16-18-0
Swain, Jashuas (cre'tors?)	2-0-0-9-0
Slusher, George	1-0-0-5-0
Stuart, Archabald	1-1-0-1-0
Skinner, Pines	1-0-0-1-0
Strawther, Joseph	1-1-1-1-0
Slaughter, Smith	1-1-9-9-0
Sanders, William B.	1-2-5-8-0
Shirley, James	1-1-2-7-0
Strath, Alexander	1-2-4-5-0
Stewart, Alexander	1-0-0-0-0
Smith, Alexander	1-0-0-0-0
Smart, Zachariah	2-0-0-1-0
Sanks, George	1-0-0-1-0
Steadman, Thomas	2-0-0-2-0
Steadman, John	1-0-0-0-0
Smith, Daniel	1-0-0-1-0

Jefferson County, Virginia Personal Property Tax List
1809

Name	Values	Name	Values
Smith, Daniel Doctr (called)	1-2-0-1-0	Smith, Moses	1-1-0-2-0
Saundsberry, William	1-0-0-2-0	Shawl, Nicoles	2-0-0-8-0
		Shingler, Richard	1-0-0-0-0
		Shawl, Mikel	1-0-0-5-0
Saundsberry, Thomas	1-0-0-0-0	Shepherd, Jacob	1-0-0-3-0
		Smallwood, Thomas	1-0-0-0-0
Staton, Jacob	1-0-0-1-0	Tucker, Christopher	1-0-0-0-0
Speer, James	1-0-0-0-0	Tatrick, Luis	1-0-0-0-0
Spangler, John	1-0-0-0-0	Toole, Thomas	1-0-1-1-0
Shirley, Ephraim	1-0-0-1-0	Toan, James	1-0-0-0-0
Shirley, William	1-0-1-1-0	Talbut, John	1-0-3-7-0
Simpson, George	1-0-0-0-0	Turner, Anthony	1-0-5-13-0
Shirley, Javis	3-0-0-4-0	Thornburg, John	2-0-0-6-0
Shirley, Walter	1-0-0-0-0	Thurner, Elisha	1-0-0-1-0
Shirley, John son of Javis	2-0-0-2-0	Thomson, John	1-0-0-4-0
		Thornburg, Drucilla	1-0-4-5-0
Saunders, Cyrus	1-0-0-0-0	Thomas Aquillia	1-0-0-1-0
Saunders, Benjimin	1-0-0-0-0	Tabb, Robert	3-1-1-6-0
Saunders, John	1-0-0-2-0	Toole, John	2-0-0-7-0
Starrey, Nicoles	2-0-0-1-0	Tailor, William	1-0-3-10-0
Stephenson, James	2-1-0-1-0	Turner, Joseph	4-0-2-11-0
Sutton, John	1-0-0-0-0	Turner, John	1-0-0-2-0
Splint, Partric	1-0-0-0-0	Tailor, Richard	1-0-0-0-0
Sinclair, John	2-2-15-18-0	Tailor, Samuel	1-0-0-4-0
Shepherd, Godfrey	1-0-0-2-0	Thompson, Samuel	1-0-0-0-0
Smith, Federick	2-0-1-5-0	Tailor, Levie	1-0-4-14-0
Stuart, John	1-0-0-0-0	Titman, Jacob	1-0-0-0-0
Smith, Wm. (Smithfield)	1-0-0-0-0	Tool, Joseph	1-0-0-0-0
		Thompson, Thomas	1-0-0-4-0
Seever, John	1-0-0-3-0	Thogmorton, John	1-4-15-19-0
Strider, Elizabeth	1-0-0-0-0	Tucker, William	1-0-0-0-0
Smith, Henry	1-0-0-0-0	Turner, Henry S. (cr / coach overcharges)	2-6-16-25-0
Simpson, James	1-0-0-0-0		
Smith, John	1-0-0-1-0		
Sanks, Zachariah	1-0-0-0-0	Toys, Andrew	3-2-8-12-0
Stephenson, William	1-0-0-1-0	Tracsy, James	1-0-0-2-0
Stone, Joseph	2-0-0-2-0	Thomas, Joseph	1-0-1-1-0
Shaw, Thomas	1-0-0-0-0	Tillett, Francis	1-0-2-2-0
Shawl, George	1-0-0-7-0	Thomas, Joseph (brickmaker)	1-0-0-1-0
Spignard, Leonard	3-1-0-7-0		
Single, Conrod	1-0-0-3-0	Timberlick, Harfield	1-1-7-10-0
Smith, Luis	2-0-0-2-0	Taylor, John	1-0-0-0-0
Seeber, John	1-0-0-2-0	Throgmorton, Robert	1-0-2-4-0
Smith, Seth	2-0-2-4-0	Thomas, Leonard	3-0-2-8-0
Shawl, Jacob	1-0-0-3-0	Thomas, Samuel	1-0-0-1-0
Sumproad, Peter	1-0-0-1-0	Thompson, Joseph	1-0-0-1-0

Jefferson County, Virginia Personal Property Tax List
1809

Name	Values	Name	Values
Thompson, John (freeman)	1-0-0-0-0	Walper, Casper	3-1-1-7-0
		Wilsh, John	0-0-0-3-0
Taylor, Bennett	1-1-16-16-0	Woolf, Henry	1-0-0-7-0
Tate, William	1-1-3-9-0	Wilshane, David	1-0-0-3-0
Tate, Mary	0-0-5-3-0	Wilshane, Joseph	3-0-0-1-0
Unseld, George	1-0-0-0-0	Wisenall, Barnhard	2-0-0-1-0
Underdunk, Henry	1-0-0-1-0	Williamson, Basel	1-0-4-1-0
Unseld, John Jr.	1-0-0-1-0	Wager, John	1-0-4-5-0
Unseld, John	1-0-0-0-0	Wood, William	1-0-0-5-0
Vardier, James	1-1-3-17-0	Williamson, Peter	1-0-1-3-0
Vanmeter, Abraham	1-0-0-8-0	Wever, Adam	1-2-1-2-0
Vandorn, Jacob	0-1-1-6-0	Williams, Samuel	1-0-5-10-0
Vanzant, Richard	1-0-0-3-0	Watkins, Richard	1-0-0-1-0
Vestal, William	1-0-1-4-0	Wright, William	1-0-0-0-0
Vestal, David	1-0-0-0-0	Williamson, Jacob	1-0-1-4-0
Vanhorn, Isaac	1-0-1-1-0	Wilmeth, William	2-0-0-5-0
Vilot, Edward	2-1-3-8-0	Weatherington, Robert	1-0-2-1-0
Valraven, Jonas	2-0-0-2-0		
Urquhart, Sandy	1-0-0-2-0	Williams, Edward O.	2-2-1-1-0
Urquhart, Hugh	1-0-0-0-0	Wise, George	1-0-0-0-0
Vanvactor, Joseph	1-0-1-6-0	Wals, John	1-0-0-0-0
Vanhorn, John	1-0-0-1-0	White, Thomas	1-0-2-1-0
Vanhorn, Joseph	1-0-0-3-0	Wisong, Jacob	2-0-0-0-0
Wickem, Marine T.	1-0-1-0-0	Welshans, Jacob	2-0-0-1-0
Waterman, Isaac	1-0-0-0-0	Wingard, John	2-0-1-1-0
Wintersmith, Charles	1-0-0-0-0	Ware, Relph	1-0-0-0-0
Williamson, Thomas	1-0-0-0-0	Wiley, Joseph	1-0-0-0-0
Waters, John	1-0-0-0-0	White, Thomas Jr.	1-0-0-0-0
Williams, Edward	1-0-0-0-0	Wilson, Thomas	2-0-0-3-0
Welsh, Jacob	1-0-0-0-0	Wilson, Benjimin	1-0-0-1-0
Wilson, John	1-0-1-4-0	Wilson, George	1-0-0-0-0
Waters, William	1-0-0-2-0	Wycoff, Peter	2-0-0-2-0
Wood, Rheuben (free negro)	1-0-0-2-0	Whaley, James	1-0-0-1-0
		Wright, William	1-0-0-0-0
Whitefield, William	1-0-0-0-0	Webb, Joseph	2-0-0-1-0
Wallingford, James	2-0-0-3-0	Webb, Francis (freeman)	1-0-0-0-0
Wallingford, Nicoles	1-0-0-3-0		
Whip, Peter	2-0-0-6-0	Ware, John W. Jr.	1-0-0-1-0
Whimset, Joseph	1-0-0-0-0	Wilks, Henry	1-0-0-4-0
Walverton, Nathan	2-0-0-2-0	Wright, Isaac	1-0-0-1-0
Wilsher, John	1-0-0-1-0	Williams, James	1-0-2-6-0
Williams, John (free man)	1-0-0-0-0	Wysong, Mikel	1-0-1-1-0
		Williams, Richard	2-0-0-1-0
Watson, John	2-0-0-9-0	Wilson, Hugh	1-0-0-3-0
Whitet, Robert	1-0-0-1-0	Ware, John	2-0-0-1-0
Willess, Richard	2-1-11-20-0	Wood, Andrew	2-0-0-0-0

Jefferson County, Virginia Personal Property Tax List

Wark, George	2-0-0-1-0		Watson, Henry	1-0-0-2-0
Wilson, Moses Sr.	4-0-0-2-0		Watson, Thomas	1-0-0-10-0
Weinener?, John	1-0-0-0-0		Willess, Carver	1-3-9-13-0
Wilkinson, John	1-0-0-0-0		Whiting, Francis	1-4-14-14-0
Whiting, Beverly	1-2-18-25-0		Wright, James	1-0-0-3-0
Washington, Corbin's estate	0-2-52-49-0		Wright, Samuel	1-1-2-7-0
			Wood, James	1-0-0-2-0
Washington, Samuel	1-1-8-8-0		Young, Conrod	1-0-0-0-0
West, Thomas	2-0-0-1-0		Young, James	3-0-1-7-0
Washington, Thornton A.	1-0-13-13-0		Yants, Conrod	1-0-0-0-0
			Yates, Jon	3-3-35-19-0
Williams, Isaac	2-0-0-0-0		Yates, Joshua	1-0-0-1-0
Williams, Elijah	1-0-0-1-0		Yerty, Jacob	1-0-0-0-0
Williams, Thomas O.	1-0-0-3-0		Yants, John	1-0-0-1-0
Welch, Richard	3-0-3-13-0		Young, Cresley	1-0-0-0-0
Welch, John	1-0-0-1-0		Zimmerman, Mikel	1-0-0-0-0
Walton, John	1-0-0-1-0		York, Andrew	1-0-0-1-0
Washington, George's estate	0-3-18-23-0-		Young, Joseph	1-0-1-1-0
			Young, John	0-1-0-2-0
Warson, James	1-0-0-0-0			

1809 Merchant Licenses

Patrick Daugherty
George & John Humphreys
Matthew Frame & Co
Ann Frame
Curtis Grubb
James M. Offutt
Willoughby W. Lane
Sebastian Eaty
James Stephenson
William Stephenson
Daniel Annin

Benjamin Bell
Robert Fulton
John Haynie
Rodger Humphreys & Brothers
Robt. Worthington & Co
Thomas S. Bennett & Co
Jonas McPherson
James & John Lane
Thomas Toole
Walter B. Selby
Daniel Staley

Jefferson County, Virginia Personal Property Tax List 115
1810

1810

Column numbers refer to: White males above 16 -- Black males above 12 & under 16 years old --Black males above 16 years of age -- Horses, Mares &c -- Ordinary Licenses

Name	Numbers	Name	Numbers
Avis, David	1-0-0-3-0	Bowers, John	1-0-0-4-0
Alt, Jacob Jr.	2-0-0-2-0	Buckles, Henry	1-0-0-5-0
Addy, William	1-0-0-0-0	Burr, Moses	1-0-0-6-0
Ager, John	1-0-0-3-0	Buckles, James	2-0-0-4-0
Alt, Jacob Sr.	2-0-0-4-0	Burnet, William	1-0-2-6-0
Alder, Marcus	1-0-2-6-0	Bowers, Federick	1-0-0-4-0
Alstot, Jacob	1-0-2-16-0	Buckles, Abraham	1-0-0-3-0
Alnut, Jesse	1-1-4-5-0	Boyers, Joseph	1-0-0-6-0
Alstot, Daniel	4-1-1-10-0	Brooks, William	0-0-0-1-0
Annin, Samuel	2-1-2-4-0	Brient, John	3-3-6-10-0
Avis, Robert	1-0-0-0-0	Bridgman, Francis	1-0-0-0-0
Able, John	1-1-7-17-0	Barnhart, Henry	2-0-0-2-0
Ankrom, Archabald	1-0-0-0-0	Bridgman, William	1-0-0-0-0
Armstrong, John	1-0-0-0-0	Banks, Samuel	1-0-0-1-0
Angel, John	1-0-0-0-0	Brison, Barney	2-0-0-2-0
Avis, Robert Jr.	1-0-0-0-0	Blue, Jesse	1-0-0-3-0
Avis, John	1-0-0-1-0	Banks, John	1-1-5-7-0
Adams, Josa	1-0-0-0-0	Buckles, William Sr.	1-1-2-4-0
Alstot, John	3-0-1-7-0	Buckles, Daniel	1-0-1-6-0
Ainsworth, Wm.	1-0-0-0-0	Bedinger, Daniel	1-0-4-3-0
Avis, William	1-0-0-1-0	Baker, Likens	1-0-0-6-0
Allemong, Christain	1-1-1-6-0	Brantner, Frederick	1-0-0-4-0
Atwell, Thomas	1-0-2-6-0	Boyers, Isaac	1-0-0-1-0
Anen, Daniel	1-1-2-1-0	Bennet, Van	1-1-2-12-0
Anderson, John	2-0-2-3-0	Bustel, Benjimin	1-1-1-4-0
Anderson, James	2-1-1-2-0	Butler, William	1-1-6-8-0
Athai, Townly	2-0-0-3-0	Butler, Thomas	1-0-1-1-0
Blue, Michael	2-0-0-3-0	Bean, Joseph	2-0-0-3-0
Blue, Joel	2-0-1-5-0	Blackband, Joseph	1-0-0-0-0
Burr, William	1-0-1-3-0	Bennett, Thomas S.	1-0-0-1-0
Burr, James	1-0-0-4-0	Boteler, Henry	1-0-0-1-0
Baker, Walter	1-0-6-8-0	Brin, John	0-0-0-0-0
Bollen, John	0-0-0-2-0	Beall, Theadore	1-0-0-1-0
(free negro)		Backhouse, Ann	0-0-1-1-0
Boyd, William	1-0-0-1-0	Bruce, Federick	1-0-0-0-0
Bennet, John	1-0-0-0-0	Beshop, George	1-2-1-0-0
Berry, John	1-0-0-0-0	Boyers, John	1-0-0-0-0
Blue, John S.	1-0-1-4-0	(sawyer)	
Baker, Peter	1-0-0-2-0	Bideman, Jacob	1-0-0-0-0
Bowden, Stephen	1-0-0-0-0	Brown, James	1-0-3-0-0

Jefferson County, Virginia Personal Property Tax List
1810

Name	Values	Name	Values
Baylor, Lucy	0-0-3-0-0	Burgoyn, John	2-0-0-2-0
Barnhart, Philip	1-0-0-0-0	Briscoe, Samuel	1-0-0-0-0
Breeden, Robert	1-0-1-0-0	Bennet, Mason	3-0-2-9-0
Boyers, Sarah	0-0-0-2-0	Bond, Joseph	2-0-0-2-0
Boylstone, Benjimin	1-0-0-1-0	Beeler, Charles	1-0-0-1-0
Boyers, Samuel	1-0-0-1-0	Beeler, Benjimin	1-0-8-14-0
Banks, Clement	1-1-1-6-0	Bowley, Benjimin	1-0-3-7-0
Brookover, William	1-0-0-1-0	Bowley, John	1-1-4-9-0
Burns, Philip	1-0-0-3-0	Bell, Abraham	1-0-0-0-0
Brown, Rachael	0-0-0-2-0	Bell, Joseph Jr.	2-1-0-3-0
Baker, John	1-3-2-3-0	Bedeman, Dederick	1-0-0-1-0
Baker, Alcinda	0-1-0-0-0	Brown, Elias	1-0-0-0-0
Bradly, Newton	1-0-0-0-0	Bushman, David	1-0-0-2-0
Briscoe, Ann	0-0-3-3-0	Bell, Joseph Sr.	1-0-1-4-0
Bilmire, Martin	1-0-0-6-0	Bell, Thomas	1-0-0-4-0
Baylor, Rich'd	1-2-17-19-0	Bowen, Alexander	1-0-0-0-0
Beckham, Benjimin	1-0-0-0-0	Briscoe, Magruder A.	1-1-7-6-0
Beckham, Elijah	1-0-0-0-0	Buckmaster, John	1-0-0-2-0
Beckham, Townshend	1-0-0-0-0	Brackenridge, Thomas	1-0-6-8-0
Border, Daniel	1-0-0-0-0	Beall, Hezekiah	1-2-9-12-0
Bayless, John Jr.	1-0-0-0-0	Bowen, Jesse	1-0-0-6-0
Berlin, Abraham	1-0-0-0-0	Burton, Joshua	-1-1-5-0
Best, Jacob	1-0-0-0-0	Briscoe, John	2-4-19-18-0
Barns, Alexander	1-0-0-0-0	Buckmaster, Nathanuel	1-0-0-1-0
Brown, Elijah	1-0-0-0-0	Buckmaster, Theophelus	1-0-0-1-0
Baden, John	1-0-0-0-0	Brown, Joseph	4-1-1-1-0
Belnap, Amasa	1-0-0-0-0	Berry, William	1-0-0-1-0
Bredenbough, Martin	1-0-0-0-0	Brown, Isabella	1-0-0-1-0
Blackburn, John	1-0-0-0-0	Brown, Adam	1-0-0-1-0
Beal, Joseph	1-0-0-0-0	Blackburn, William	1-0-1-1-0
Baugh, Jacob	1-0-0-0-0	Bradshaw, Joseph	1-0-0-0-0
Butt, David	1-0-0-0-0	Baly, Robert	1-0-0-0-0
Butt, Edward	1-0-0-0-0	Benton, Weldam	1-0-0-0-0
Boroof, Henry	1-0-0-0-0	Bramhall, Peter	1-0-0-0-0
Beckham, Armsted	1-0-0-0-0	Buckmaster, Zachariah	2-0-0-1-0
Bayless, John	1-0-0-0-0	Briton, William	1-0-0-0-0
Bryne, Partrick	1-0-0-0-0	Bull, Asaph	1-0-0-0-0
Bungward, Robert	1-0-0-0-0	Basel, John	1-0-0-1-0
Baker, John wever	2-0-0-0-0	Bryant, Charles	1-0-0-3-0
Beshop, George Jr.	1-0-0-0-0	Cahal, William	1-0-0-1-0
Butt, Charles	1-0-0-0-0	Conklyn, Henry	1-0-1-3-0
Boroof, Henry Jr.	1-0-0-0-0		
Bedinger, Jacob	1-0-0-5-0		
Brown, Perry	1-0-0-0-0		

Jefferson County, Virginia Personal Property Tax List
1810

Name	Values	Name	Values
Conway, John	1-2-0-1-0	Cooper, George	1-0-0-0-0
Coons, Abraham	2-1-0-5-0	Carson, James	1-0-0-0-0
Coons, Jacob Sr.	1-0-0-3-0	Claspel, John	1-0-0-0-0
Coons, Jacob Jr.	1-0-0-2-0	Cramer, Casper	1-0-0-0-0
Coons, John	1-0-0-2-0	Cox, William	1-0-0-0-0
Coon, Crisley	1-0-0-2-0	Cook, John	1-0-0-0-0
Coon, John	1-0-0-2-0	Clark, James	1-0-0-0-0
Crumwell, Stephen	1-0-3-8-0	Craft, Philip	1-0-0-1-0
Curry, Thomas	1-0-0-0-0	Criswell, Joseph	1-0-0-0-0
Cook, Andrew	2-0-0-4-0	Craft, Jacob	1-0-0-0-0
Cretser, Henry	1-0-0-4-0	Cookes, Henry	2-0-0-2-0
Cross, Reason	2-0-0-3-0	Chambers, John	1-0-0-0-0
Climer, Isaac	2-0-0-0-0	Cockrell, Thomas	1-0-1-2-0
Crim, Michael	2-0-0-0-0	Cockrell, John	1-1-2-3-0
Carter, Robert	1-1-6-9-0	Cooper, Jonas	1-0-0-0-0
Carter, John	1-0-0-1-0	Cox, Francis	3-0-0-3-0
Catroe, Jacob	2-0-0-2-0	Clark, William	1-0-0-3-0
Comeger, William	2-1-4-7-0	Cullumber, Phenis	1-0-0-1-0
Cook, Stephen	1-0-0-0-0	Conn, James	1-1-0-4-0
Catlett, James	1-0-0-7-0	Craghill, Nathanuel	1-0-8-10-0
Climer, Joseph	1-0-0-1-0	Conway, William	1-0-0-1-0
Cook, Giles	2-2-10-10-0	Conway, William P.	1-0-6-7-0
Creamer, Federick	2-0-0-1-0	Clipper, Federick	1-0-0-1-0
Cramer, Peter	1-0-0-0-0	Cleavland, Levie	1-0-5-6-0
Crout, Daniel	1-0-0-0-0	Collett, Daniel	6-0-0-12-0
Canier, John	1-0-0-0-0	Crane, Joseph	1-1-9-19-0
Claten, John	1-0-0-0-0	Conel, Joseph	1-0-0-0-0
Conner, Peter	1-0-0-0-0	Crick, Jacob	1-0-0-2-0
Cammron, Daniel	2-0-0-0-0	Clarke, James	2-1-0-1-0
Crowl, Jacob	2-0-0-5-0	Colbert, John	1-0-0-0-0
Cookess, Michael Sr.	1-0-0-0-0	Chamberlain, James	2-0-0-2-0
Chaplain, Isaac	2-0-0-4-0	Cleavland, Alexander	1-1-5-12-0
Chaplain, Isaac Jr.	1-0-1-2-0	Cleavland, Jesse	1-1-1-1-0
Conn, Rich'd J. W.	0-0-1-2-0	Chamberlain, Elijah	1-2-4-8-0
Crutcher, James	2-0-0-0-0	Chamberlain, Elizabeth	0-0-0-4-0
Conard, Edward	2-0-0-3-0		
Collens, Fanny	0-0-3-2-0	Columber, Jesse	1-0-0-0-0
Crutcher, James Jr.	1-0-0-0-0	Craton, Hugh	1-0-0-0-0
Creamer, Denice	1-0-0-0-0	Crow, Richard	1-0-0-0-0
Carney, Hirem	1-0-0-0-0	Cockrell, Peter	1-0-0-4-0
Curtis, Rusel	1-0-0-0-0	Crawley, James	1-0-0-0-0
Craft, David	1-0-0-0-0	Cramer, Samuel	2-1-3-2-0
Craft, David, Jr.	1-0-0-0-0	Crow, William	1-0-0-1-0
Carlon, Samuel	1-0-0-0-0	Christain, Edward	1-0-1-0-0
Cox, Samuel	1-0-0-0-0	Chambers, Aron	1-1-0-0-0

Jefferson County, Virginia Personal Property Tax List
1810

Conner, Charles	1-0-1-5-0	Duke, James	1-0-0-0-0
Camel, William	1-0-0-0-0	Downs, Benjimin	1-0-0-0-0
Cowen, David	1-0-0-4-0	Dutroe, Mikel	1-0-0-0-0
Cleavland, Elijah	1-1-0-2-0	Dillo, Peter	2-0-0-3-0
Dullia, William	1-0-4-7-0	Davis, Joseph W.	1-1-4-8-0
Dots, George	2-0-0-3-0	Davenport, Thomas	1-0-0-3-0
Duffield, Rich'd	1-1-8-9-0	Duke, Joseph	1-0-0-0-0
Davis, Thomas	1-0-4-10-0	Dillow, William	1-0-0-2-0
Dust, Vallentine	1-0-2-10-0	Davis, Morris	1-0-0-1-0
Draner, Conrod	1-0-0-2-0	Dillow, John Jr.	1-0-0-2-0
Doyl, James	1-0-0-2-0	Dillow, William	1-0-0-2-0
Duke, John	1-0-0-0-0	Davis, Samuel	2-2-7-11-0
Duke, John (cooper)	1-0-0-1-0	Davis, Leonard & Wm.	2-0-4-10-0
Doyl, Simon	1-0-0-3-0	Downy, John	2-2-4-11-0
Downs, John	2-0-0-2-0	Dean, Ezekel	1-0-0-2-0
Dots, Bostine	1-0-0-1-0	Eversoul, Henry	1-0-0-2-0
Devoy, Michael	1-0-0-0-0	Eversoul, Daniel	2-0-0-2-0
Devoy, Maryann	0-0-0-1-0	Eversoul, Abraham	4-0-0-9-0
Davis, Ezekel	1-0-0-2-0	Early, Willi[a?]m	1-0-0-2-0
Denoon, Henson	1-0-0-0-0	Eavans, Thomas B.	1-1-2-7-0
Davis, Corneles	2-0-0-1-0	Erven, Eleaner	1-0-0-1-0
Daugherty, John	3-0-0-1-0	Erven, Eleas	2-0-0-2-0
Devenport, Samuel	2-2-6-12-0	Engle, Joseph	2-0-1-19-0
Donalson, Stephen	1-0-0-0-0	Evans, Thomas (Furnace)	1-0-1-2-0
Dunham, John	1-0-0-0-0	Engle, Michael	1-0-0-1-0
Duke, Robert	1-0-0-0-0	Engle, John	1-0-0-5-0
Drew, Daniel	1-0-0-0-0	Engle, Philip Sr.	1-0-1-6-0
Davis, Vinen	1-0-0-0-0	Engle, George	1-0-0-4-0
Donalson, John A.	1-0-0-0-0	Engle, Philip Jr.	1-2-0-7-0
Dun, Hugh S.	1-0-2-0-0	Ervin, John	1-0-0-0-0
Dandridge, Adom S.	2-1-30-31-0	Emberson, John	1-0-0-0-0
Duff, Thomas	1-0-0-1-0	Entler, Martin Sr.	2-0-0-1-0
Denerson, Thomas	1-0-0-0-0	Entler, Martin Jr.	1-0-0-0-0
Dillo, Joseph	1-0-0-4-0	Entler, Daniel	1-0-0-0-0
Davenport, Abraham	2-2-16-18-0	Emberson, Edward D.	2-0-1-4-0
Dorsy, John	3-0-1-4-0	Entler, Philip	2-0-0-0-0
Davis, James	1-0-0-0-0	Engles, George	1-0-0-0-0
Demit, John	2-0-1-3-0	Entler, Jacob	1-0-0-0-0
Davenport, Benjimin	1-0-3-6-0	Ellis, William	1-0-0-0-0
Davenport, John Sr.	2-1-4-8-0	Eberty, Henry	1-0-0-0-0
Davis, John	1-0-0-0-0	Engles, Jacob	1-0-0-0-0
Daugherty, Thomas	1-0-0-0-0	Eckhart, Michael Jr.	1-0-0-0-0
Ducker, William	1-0-0-1-0	Eaty, William	1-0-0-0-0
Debostine, Elizabeth	0-1-0-2-0		
Daugherty, Partrick	1-0-3-1-0		
Dixon, John	1-1-3-2-0		

Jefferson County, Virginia Personal Property Tax List 119
1810

Name	Values	Name	Values
Eglebarger, George	1-0-0-0-0	Fry, David	2-1-0-8-0
Esqueth, Edward	1-0-1-0-0	Flood, William P.	1-1-8-13-0
Engle, Samuel	1-0-0-2-0	Fry, John son of George	1-0-0-2-0
Edwards, Abraham	1-0-0-0-0		
Everhart, Jacob	1-0-0-1-0	French, Samuel	1-0-0-0-0
Eversoul, David	1-0-0-1-0	Foulk, Charles	1-0-0-0-0
Evans, John	1-1-0-2-0	Fulton, Robert	1-0-1-1-0
Edmonds, Benjamin	1-0-0-0-0	Frame, Mathew	1-0-9-8-0
Emmery, Hezekeah	1-0-0-0-0	Fulton, James	2-2-11-12-0
Edwards, Herekeah	1-0-0-3-0	Fairfax, Fardinando	1-2-22-21-0
Evans, George	1-0-0-0-0	Goldsbury, Edward	1-0-0-0-0
Endsley, Thomas	1-0-0-0-0	Goodwine, Gabril	1-0-0-1-0
Endsley, John	1-0-0-0-0	Gore, Joseph	1-0-0-0-0
Eaty, Sebastine	1-1-0-1-0	Garnhart, Henry	1-0-1-4-0
Ellis, Jacob	1-0-0-0-0	Garret, Edward	1-0-0-3-0
Edwards, Joseph	1-1-2-6-0	Gibson, Francis	1-0-0-1-0
Edmondson, Thomas	1-0-0-0-0	Glaze, Vandel	1-0-0-4-0
		Glasford, Alexander	1-0-0-2-0
Fisher, Mikel	1-0-0-1-0	Gibbins, Elizabeth	0-0-3-2-0
Furgerson, James	1-0-4-6-0	Green, Luke	1-0-0-0-0
Farding, James	1-0-0-2-0	Gomert, Crestain	1-0-0-1-0
Fiser, Mikel	1-0-0-5-0	Grove, Jacob	1-0-0-0-0
Fiser, Henry	1-0-0-1-0	Glenn, James	1-1-5-7-0
Fiser, Jacob	1-0-0-0-0	Gardener, Francis	1-0-2-5-0
Fiser, Peter	1-0-0-0-0	Gorrell, Abraham	1-0-3-13-0
Foulke, Mikel Jr.	1-0-0-0-0	Gannon, William	1-0-0-0-0
Folk, Daniel	1-0-0-1-0	Grim, Charles	1-0-0-0-0
Frasher, Johnathan	3-0-0-5-0	Garner, Luis	1-0-0-0-0
Fortney, Peter	1-0-0-0-0	Grimes, John	1-0-0-0-0
Forman, John	1-0-0-0-0	Gonter, Conrod	1-0-0-0-0
Fitzer, Henry	1-0-0-0-0	Graham, John	1-0-0-0-0
Ferrell, William	1-0-0-0-0	Greer, James	1-0-0-0-0
Forman, John Jr.	1-0-0-0-0	Gomert, John	0-0-0-1-0
From, David	1-0-0-0-0	Grove, Malachi	1-0-0-0-0
Fisher, Peter	1-0-0-0-0	Gilpin, William	0-0-0-1-0
Foulk, Federick	1-0-0-0-0	Grove, John	1-0-4-1-0
Fowlk, Michael	1-0-0-0-0	Goldsbury, Robert	1-0-0-1-0
Folk, George	1-0-0-2-0	Guardener, John	1-0-0-0-0
Fisher, Jacob	1-0-0-1-0	Grub, Adam	1-0-0-3-0
Faymon, George	3-0-0-2-0	Guardener, James	1-0-0-1-0
Farra, Samuel	2-1-0-2-0	Guardener, William	1-0-0-0-0
Farr, Joseph	1-1-0-2-0	Goodwin, John	1-0-1-3-0
Fowler, Francis	0-0-1-0-0	Griggs, John	2-3-5-4-0
Fry, John Sr.	0-0-0-5-0	Grubb, William	1-0-0-2-0
Fry, Daniel	1-0-0-0-0	Greenfield, Gabril	1-1-12-12-0
Fronk, Henry	1-0-0-0-0	Gallaway, William	1-0-1-6-0

Jefferson County, Virginia Personal Property Tax List
1810

Name	Values	Name	Values
Gold, John	1-0-3-9-0	Henry, John B.	1-0-0-1-0
Gibbens, Moses	1-0-7-5-0	Hays, John	1-0-0-0-0
Glasscock, Silas	1-0-0-0-0	Hiatt, Leonard	1-0-0-2-0
Grant, John	1-0-0-5-0	Hite, Joseph Sr.	2-0-3-6-0
Granthum, John Sr.	3-0-0-8-0	Hendricks, John	1-0-0-3-0
Granthum, Joseph Jr.	1-0-0-1-0	Hite, Samuel	1-0-1-3-0
		Hite, Joseph Jr.	1-0-1-3-0
Granthum, Joseph Sr.	1-0-4-10-0	Hurst, John	1-3-6-8-0
		Hunter, Ann	0-2-8-10-0
Granthum, Luis	1-0-0-0-0	Hendricks, Daniel	1-0-0-5-0
Grandesan, Thomas	1-0-1-6-0	Hiatt, James	2-0-0-3-0
Games, Robert	1-0-0-1-0	Hewett, John	1-0-0-0-0
Griffy, Samuel	1-0-0-0-0	Hagley, George	2-0-0-7-0
Grace, Jacob	1-0-0-0-0	Hall, Joshua	2-1-0-2-0
Gilbert, Henry	1-0-0-0-0	Hartness, John	1-0-0-0-0
Granthom, John constable	0-0-0-1-0	Hoofman, Robert	1-0-0-1-0
		Hamilton, Benjimin	2-0-0-5-0
Granthom, John Jr.	2-0-0-4-0	Hamilton, Thomas	1-0-0-1-0
Grover, Allbright	2-0-0-7-0	Hite, James	1-1-14-25-0
Grover, Christain	1-0-0-0-0	Harshey, Andrew	1-0-2-18-0
Gaunt, John	2-3-9-15-0	Hart, Thomas	1-0-2-4-0
Gaunt, Henry	1-1-7-16-0	Hartman, George	2-0-0-1-0
Gazaway, Thomas	2-0-0-4-0	Humphris, Roger	3-0-2-1-0
Gazaway, John	1-0-0-5-0	Hall, Thomas	1-0-0-0-0
Garrison, George W.	1-0-1-2-0	Hall, Hanah	0-0-1-1-0
Gibbs, Charles	1-1-1-2-0	Hoofman, John (shoemaker)	1-0-0-0-0
Grady, Thomas	2-0-1-1-0		
Griffith, Elizabeth	0-0-3-1-0	Hanes, Jacob	5-1-2-2-0
Grubb, Curtis	1-0-0-1-0	Hendricks, James	1-0-3-8-0
Gibbens, Gilbert	1-0-0-0-0	Hestong, David	1-0-0-0-0
Gray, John	1-0-0-0-0	Horner, Richard	1-0-0-0-0
Griggs, Thomas Jr.	1-1-1-1-0	Hileman, Jacob	1-0-0-4-0
Griggs, Thomas Sr.	2-2-17-19-0	Ham, Michael	1-0-0-0-0
Griffith, Daniel (tailor)	1-0-0-0-0	Hout, Rudolph	3-0-0-6-0-
		Hoofman, David	1-0-0-1-0
Goldsburry, John	1-0-0-0-0	Heath, James	1-0-0-2-0
Goldsbury, Cornelous	1-0-0-0-0	Hinkle, Samuel	1-0-1-2-0
		Hurst, James	2-3-13-16-0
Grove, William Jr.	1-0-0-1-0	Hoofman, Peter	1-0-0-0-0
Hart, Miles	1-0-0-2-0	Hopwood, George	1-0-0-0-0
Hunsberry, Henry	2-0-0-1-0	Hope, Henry	1-0-0-0-0
Hoofman, John	1-0-0-5-0	Harrison, Samuel	1-0-0-0-0
Harger, Martin	1-0-0-6-0	Hall, Levie	1-0-0-0-0
Hamilton, John	1-0-1-3-0	Hall, William	1-0-0-0-0
Hibbens, William	3-0-0-2-0	Howell, William	1-0-0-0-0
Hinkle, John	1-1-2-8-0	Hampton, John	1-0-0-0-0

Jefferson County, Virginia Personal Property Tax List 1810

Name	Values	Name	Values
Hall, Thaddeus	1-0-0-0-0	Hill, Thomas	2-0-0-1-0
Hawken, Joseph	1-0-0-0-0	Hite, Robert	1-0-2-1-0
Horn, David	1-0-0-0-0	Hite, George	2-1-4-1-0
Hoofman, Philip	1-0-0-0-0	Haynes, Henry	1-0-3-3-0
Hawken, Jacob	1-0-0-0-0	Humphrys David	1-1-2-1-0
Hawken, John	1-0-0-0-0	Humphrys, John	1-0-2-1-0
Hibbens, Cyrus	1-0-0-0-0	Haynes, Peter & son	2-0-0-0-0
Holt, John	1-0-0-0-0	Hollis, William	1-0-0-4-0
Hendricks, Joseph	1-0-0-0-0	Hendricks, John	1-0-0-0-0
Hunt, Alexander	1-0-0-0-0	Hurst, Frederick	1-0-0-0-0
Humes, John	1-0-0-0-0	Heath, Jonas	1-0-0-2-0
Hill, Christain	1-0-0-0-0	Heath, Zachariah	1-0-0-1-0
Hiser, John	1-0-0-0-0	Howel, Abner	1-0-0-1-0
Hilton, Mathew	1-0-0-0-0	Honnel, Jacob	1-0-0-3-0
Hiser, Adam	2-0-0-0-0	Hesket, Benjimin	1-0-0-3-0
Hessy, John	1-0-0-0-0	Howard, William Jr.	1-0-1-3-0
Harris, David	2-0-0-2-0	Howard, Martin	1-0-2-3-0
Hensel, Mi[c]hael	1-0-0-4-0	Harris, Jeremiah	2-0-1-5-0
Houn, Michael	1-0-0-0-0	Jinkens, William	1-0-0-1-0
Holms, Richard	1-0-0-0-0	Ingrum, John	1-0-0-4-0
Harris, George S.	1-0-0-0-0	Jones, Francis	1-0-1-6-0
Hickman, William	1-0-4-6-0	Jones, George	1-0-0-3-0
Heskett, John	4-0-0-5-0	Jones, Sarah	1-0-0-3-0
Hamand, Thomas Jr.	1-0-4-5-0	Jinkens, Leander	1-0-0-0-0
		Jinkens, Thomas	1-0-2-4-0
Henderson, John	1-0-0-1-0	Jackson, John	2-0-0-3-0
Hamond, Thomas Sr.	1-2-8-17-0	Johnson, Richard	1-0-0-1-0
		Jones, John	2-0-0-6-0
Haynes, John	1-0-0-8-0	Jacobs, John	2-0-0-2-0
Haynes, Nathan	2-0-0-10-0	Jett, Was[h]ington	1-0-0-0-0
Haynes, Daniel	1-0-1-1-0	Jones, Walker	1-0-0-0-0
Howard, Thomas	1-0-0-3-0	Johnson, Daniel	1-0-0-0-0
Hardesty, Richard	2-1-0-6-0	Jourden, Jacob	1-0-0-0-0
Hileman, David	1-0-0-0-0	Johnson, Benjimin	1-0-0-0-0
Hill, John	1-0-0-1-0	James, Thomas	1-0-0-1-0
Hall, Anthony	1-0-0-0-0	Jackson, George	1-0-0-0-0
Handsucker, Peter	2-0-1-8-0	Isler, Henry Sr.	3-0-0-1-0
Hale, Thomas	2-0-0-4-0	Jefferson, Hamilton	0-0-0-1-0
Hiett, William	3-0-0-8-0	Janny, Ruth	0-0-0-1-0
Hays, Samuel	1-0-0-4-0	Inbody, John	1-0-0-1-0
Hiett, John	2-0-0-3-0	Johnson, Thomas	1-0-0-0-0
Hiett, Thomas	2-0-0-4-0	Isler, Henry Jr.	1-0-0-1-0
Hays, Andrew	1-0-0-3-0	Jones, Thomas	1-0-0-1-0
Howard, William	1-1-0-2-0	Jackson, James	1-0-0-4-0
Howell, Samuel	4-0-0-2-0	Kitwiler, Michael	1-0-0-5-0
Hass, George	1-0-0-0-0	Kerney, William	2-0-3-11-0

Jefferson County, Virginia Personal Property Tax List
1810

Name	Values	Name	Values
King, Samuel	2-0-0-2-0	Leamon, Massy	1-0-1-4-0
Koyl, James	1-0-1-3-0	Lindsy, John Sr.	1-0-1-2-0
Koyl, William	1-0-0-1-0	Lett, Charles	1-0-0-3-0
Kerney, James Sr.	3-1-10-23-0	Lindsycomb, Nathan & son	2-0-0-0-0
Kyle, William	1-0-0-8-0		
Keplinger, Adam	1-0-0-3-0	Lien, John	2-0-1-1-0
Kerney, James Jr.	0-0-0-0-0	Lay, Jacob	2-0-0-0-0
Kerney, Anthony	1-0-0-5-0	Lowry, John	1-0-0-0-0
Kreps, John	2-1-0-1-0	Lindsy, Alexander	1-0-0-0-0
Kersley, Johnathan	1-0-2-6-0	Lane, James	4-1-3-1-0
Kimes, Henry	2-0-0-0-0	Lambert, George	1-0-0-0-0
Kersley, John	2-1-7-9-0	Little, David	1-0-0-0-0
Kerney, Oleva	2-0-0-1-0	Lindsy, John	1-0-0-0-0
Kindle, Henry	1-0-0-2-0	Lindsy, Evans	1-0-0-0-0
Kenody, Thomas	1-0-0-1-0	Largent, James	1-0-0-0-0
Keys, Gersham	0-1-3-8-0	Lindsy, John Jr.	1-0-0-0-0
Keys, Thomas	1-0-2-9-0	Little, George	1-0-0-0-0
Kreps, Christain	1-0-0-0-0	Larkin, Elisha	1-0-0-0-0
Krusen, Jacob	1-0-0-0-0	Leps, Henry	1-0-0-0-0
Knight, Jacob	1-0-0-0-0	Lepper, George	1-0-0-0-0
Keath, How	1-0-0-0-0	Larken, Samuel	1-0-0-0-0
Kline, John	1-0-0-2-0	Lay, Jacob	1-0-0-0-0
Kerman, Henry	1-0-0-0-0	Levick, Caleb	1-0-0-0-0
Kensel, Jacob	3-0-0-2-0	Ledwick, John	1-0-0-0-0
Kercheval, Benjimin	2-1-1-5-0	Likens, Joseph & brother	2-0-0-0-0
Kite, Emry	1-0-0-0-0		
Kime, Jacob	3-0-0-6-0	Likens, James	2-0-0-0-0
King, James	1-1-0-1-0	Lien, Henry	3-0-1-4-0
Kenody, John	1-0-0-1-0	Long, Jacob	1-0-0-1-0
Kidwell, Josiah	1-0-0-2-0	Lighhiser, Mathias	1-0-0-0-0
Link, George	1-0-0-3-0	Lyon, John	2-0-1-6-0
Leamon, Vazy	1-0-0-1-0	Lyon, George	1-0-0-0-0
Leamon, Jane	3-0-0-0-0	Larshels, Hester	0-0-2-5-0
Leamon, Elizabeth	0-0-0-7-0	Llewellin, Richard	1-0-6-9-0
Lucus, Robert	1-0-4-10-0	Lee, Lancelott B.	1-0-1-2-0
Laferty, George	1-0-2-4-0	Lock, James	1-0-0-5-0
Lancaster, Joseph J.	1-0-1-5-0	Lock, John Jr.	1-0-1-5-0
Lucus, Edward	1-1-0-3-0	Lewis, John H.	1-1-2-1-0
Lannen, John	1-0-0-0-0	Little, William	1-1-5-7-0
Lickliter, Conrod	3-0-1-4-0	Laboo, Michael	1-0-0-0-0
Lichliter, Jacob	1-0-0-2-0	Linkhart, Andrew	1-0-0-0-0
Laferty, Thomas	3-0-3-9-0	Linkhart, George	1-0-0-3-0
Longbrake, Jacob	1-0-0-4-0	Leamon, Thomas	1-0-0-1-0
Link, Adam	2-2-0-10-0	Lawder, Federick	1-0-0-0-0
Leamon, Robert	2-0-0-5-0	Lock, Alexander	1-0-0-1-0
Leamon, James	1-0-0-2-0	Leonard, Thomas	3-0-2-7-0

Jefferson County, Virginia Personal Property Tax List
1810

Name	Values	Name	Values
Lock, John Sr.	2-1-3-6-0	Morgan, Raughly	2-3-13-16-0
Lowns, Charles	1-0-8-5-0	Morgan, Abraham	1-1-4-6-0
Laman, John	1-0-0-0-0	McQuiltan, Thomas	1-0-0-2-0
Lowden, Samuel	1-0-0-1-0	Morgan, Daniel	1-1-5-9-0
Lott, Hanah	0-0-1-0-0	Morgan, Elizabeth	0-1-0-2-0
Lane, Willoughby W.	3-1-1-1-0	Mackenelly, Thomas	1-0-0-0-0
Likens, Thomas	4-1-0-1-0	Mglaughlen, Daniel	2-0-0-0-0
Lee, William	1-5-24-17-0	Moller, Jane	2-0-0-6-0
Lee, Lancelott	2-2-12-10-0	Morgan, Drucilla	2-0-4-6-0
Lang, John	1-0-0-1-0	Miller, John Sr.	1-0-0-1-0
Massy, Samuel	1-0-0-0-0	Michel, Samuel	1-0-0-0-0
Miller, Henry	2-0-0-5-0	Miller, George	2-0-0-2-0
Melvin, Silas	1-1-1-3-0	Motter, John	3-1-2-2-0
Miller, Philip	2-1-0-1-0	Morgan, Andrew	1-0-0-4-0
Means, Thomas	1-0-1-1-0	Miles, John	1-0-0-0-0
Moore, Vincent	1-1-2-5-0	Martin, Levie	1-0-2-7-0
Moller, Adam	2-0-2-8-0	Mowers, Henry	3-0-0-1-0
Manning, Jacob H.	1-4-13-19-0	McGlaughlen, Michael	1-0-0-0-0
Moore, David	1-1-3-5-0		
Middleton, Hutcherson	1-0-0-0-0	Middleton, Fulton	1-0-0-4-0
		Moller, Federick	1-0-0-4-0
Melvin, John	1-0-2-9-0	Morgan, William	1-1-6-45-0
Morgan, Margaret	1-0-4-8-0	Matox, Hezekiah	1-0-0-2-0
Miller, George	1-0-0-1-0	Miller, Richard	1-0-0-2-0
MDanold, John	1-0-0-2-0	Mark, John	0-1-2-6-0
Martin, Caveleer	3-0-0-9-0	Malen, William	1-0-0-1-0
Martin, Peter	1-0-0-2-0	Mlone, John	1-0-0-0-0
Moller, Mikel	1-1-3-9-0	Murphy, John	1-0-0-1-0
Moore, John	1-1-2-5-0	McDowell, Samuel	1-0-0-0-0
Melven, Benjemin	1-1-0-5-0	Murphy, James	1-0-0-0-0
Mosure, Mikel	1-0-0-0-0	Miller, William	1-0-0-0-0
Melven, Thomas	1-0-2-6-0	Murphy, Benjemin	1-0-0-0-0
McKee, James	1-0-0-0-0	Mouser, Thomas	1-0-0-0-0
McDugle, James	1-0-0-0-0	Mdanel, Daniel	1-0-0-0-0
Melven, Samuel	2-0-1-7-0	Miller, Henry	1-0-0-0-0
Moore, Jesse	1-0-4-7-0	Marlatt, William	1-0-0-0-0
Mosure, Christopher	1-0-0-2-0	Miller, Josiah	1-0-0-0-0
Morgan, Richard	1-0-0-9-0	Melhorn, Michael	1-0-0-0-0
Miers, Jacob	1-0-0-2-0	Moore, Samuel	1-0-0-0-0
McKinny, John	2-0-0-1-0	Mitts, George	1-0-0-0-0
McMasters, John	1-0-0-1-0	Mallory, George	1-0-0-0-0
Moore, Galland	1-2-8-8-0	McClure, Daniel	1-0-0-0-0
McMurren, Joseph	2-0-0-10-0	Mallery, William	1-0-0-0-0
McGarry, John	2-1-1-6-0	Mockbee, William	1-0-0-0-0
Moore, Frances	1-0-1-8-0	Mallery, Thomas	1-0-0-0-0
Moller, Sarah	1-1-3-8-0	McClaland,	1-0-0-0-0

Jefferson County, Virginia Personal Property Tax List
1810

Name	Values
Archabald Miers, Luis	1-0-0-0-0
Muchleroy, William	1-0-0-0-0
Mangomery, Thomas	1-0-0-0-0
Myers, John	1-0-0-3-0
Myers, Luis combmaker	2-0-0-0-0
Markle, Daniel	2-0-0-0-0
Morrow, John	1-1-6-3-0
McBride, Benjemin	1-0-0-1-0
Moore, Cato	1-0-0-0-0
Miller, Jacob	1-0-0-4-0
McCloy, Alexander	2-0-0-8-0
Miner, William	1-3-2-3-0
McPherson, John & Samuel	3-0-0-14-0
McDonald, James	1-0-0-0-0
Matheny, Jona	1-0-0-2-0
McWilliams, Williams	1-0-0-0-0
McKendre, William	2-1-4-10-0
McClanahan, Thomas	1-3-8-11-0
McClanahan, Richard	1-0-0-1-0
McClellen, William	1-0-0-2-0
McDonald, Hugh	1-0-0-0-0
McPhillin, Hugh	2-0-0-2-0
McMaken, William	1-0-0-2-0
McPherson, Daniel	1-0-3-15-0
McCormick, Moses	3-0-0-9-0
McCormick, James	1-0-0-1-0
McMaken, John Sr.	2-0-0-5-0
McMacken, James	1-0-0-2-0
McMacken, John Jr.	1-0-0-4-0
Medlar, Sebastine	1-0-0-0-0
Mullenix, John	1-0-0-2-0
Mullenix, Henry	1-0-0-3-0
Mullenix, William	1-0-0-0-0
Moudy, Adam	1-0-1-2-0
McCoughtry, James	1-0-0-1-0
McCloy, James	1-0-0-0-0
Moody, James	1-0-0-0-0
McKnight, Harmon	1-0-0-1-0
Moore, Jane	0-0-1-5-0
Mouser, Jacob	1-0-0-3-0
Mullenix, Thomas	1-0-0-0-0
Mouser, John	2-0-0-6-0
Mouser, George	1-0-0-4-0
Mendingall, Samuel	2-0-0-11-0
McPherson, William	1-0-0-4-0
Muse, Battle	1-1-7-10-0
Muse, George	1-0-0-1-0
McKindre, John	1-0-2-3-0
Markwood, John	1-0-0-1-0
McKinny, Mary	0-0-0-2-0
McSherry, Richard	1-1-9-19-0
Merchant, Adon	1-0-0-0-0
Morgan, William	1-0-0-0-0
Moyer, John	2-0-0-5-0
McCartney, James	1-0-0-0-0
McMullen, Alexander	1-0-0-1-0
McClensy, James	1-0-0-0-0
McGowen, John	1-0-0-0-0
Miller, John (B.)	1-0-0-1-0
Miller, William	1-0-0-1-0
Miller, John (tailor)	1-0-0-0-0
McCartney, Joseph	2-0-0-0-0
Morrow, William	4-0-0-1-0
McCoughtry, William	1-1-0-1-0
McHoney, James	1-0-0-3-0
McIhaney, John Exors	0-0-0-2-0
McKinny, Frank	1-0-0-1-0
Milton, James	3-1-5-6-0
Mlone, William	1-0-0-0-0
McWilliams, Robert	1-0-0-0-0
Muse, Margaret	0-1-11-14-0
McSherry, William	1-0-0-1-0
Nace, Jacob	1-0-0-4-0
Nicely, Henry	1-0-0-0-0
Nichelson, Lambert	1-0-0-0-0
Near, James	1-0-0-0-0
Nicol, Jacob	1-0-0-0-0
Newcomer, Jacob	1-0-0-1-0
Nixon, James	1-0-0-0-0
Northsinger, John	1-0-0-0-0
Nelson, Catherine	0-2-5-6-0
Neal, Frank	1-0-0-1-0
Neal, Gregory	1-0-0-1-0

Jefferson County, Virginia Personal Property Tax List
1810

Name	Values	Name	Values
North, George	1-0-3-3-0	Rawlins, Thomas	1-0-0-0-0
Neal, Rebeckah	0-0-0-2-0	Reed, Robert	1-0-0-0-0
Neal, Thomas	0-1-0-2-0	Rochenbough, John	1-0-1-0-0
Obrion, Edward	1-0-0-1-0	Riley, William Jr.	1-0-0-0-0
Ott, Philip	1-0-0-3-0	Riley, Federick	1-0-0-0-0
Ogdon, Charles	1-0-0-4-0	Riley, William	1-0-0-0-0
Ogdon, John	2-0-0-4-0	Rogers, John	1-0-0-0-0
Osborn, Thomas	1-1-2-5-0	Reetz, Charles	1-0-1-1-0
Osborn, David Jr.	1-0-1-6-0	Rusel, John	1-0-0-0-0
Osborn, David Sr.	1-2-8-10-0	Rickstine, William	1-0-0-0-0
Osborn, William	1-2-4-7-0	Rochenbough, Jacob Sr.	1-0-0-0-0
Orendoof, Henry	2-1-1-14-0		
Ott, John	2-0-0-5-0	Richardson, William Sr.	1-0-0-1-0
Oneal, John	1-0-0-0-0		
Osborn, Joseph	1-0-0-0-0	Robertell, James	1-0-2-1-0
Osborn, George	2-0-0-0-0	Rooper, Nicholas	2-0-3-6-0
Orwan, Federick	1-0-0-0-0	Reynolds, Jerimiah	1-0-0-1-0
Ott, Jacob	1-0-0-0-0	Roberts, Joseph	1-0-1-0-0
Ox, George	1-0-0-1-0	Ridgway, Rebeckah	0-1-1-3-0
Oglivee, David	3-0-4-6-0	Ridgway, John heirs	0-0-1-0
Offutt, James	1-1-0-1-0	Riley, Alexander	1-2-6-10-0
Obanion, John	1-0-1-5-0	Ronemous, Andrew	3-0-0-5-0
Offutt, Samuel	1-0-1-2-0	Riley, Samuel	1-0-0-0-0
Oram, Moses	1-0-0-4-0	Robertson, James	1-0-0-0-0
Offutt, Joseph	1-0-1-2-0	Reed, Thomas	1-0-0-0-0
Pollen, Samuel	1-0-0-0-0	Rusel, Samuel	1-1-0-1-0
Purnel, Jesse	1-0-0-0-0	Rector, George C.	1-0-0-0-0
Potts, David	1-0-0-0-0	Riley, William	1-0-0-0-0
Prunkard, John	1-0-0-1-0	Roby, William	1-0-0-0-0
Packer, John	1-0-0-1-0	Richcrick, Philip	1-0-0-3-0
Peters, Thompson	1-0-0-1-0	Sellers, Henry	1-0-0-0-0
Piles, Stephen	1-0-0-0-0	Smallwood, Gabrel	1-0-0-4-0
Philips, John	1-0-0-0-0	Strider, Isaac	1-0-2-6-0
Perry, John (shoemaker)	2-0-0-1-0	Strider, Charles	1-0-0-1-0
		Strider, Henry	1-0-2-5-0
Powel, George	2-0-1-6-0	Strider, John	1-0-0-4-0
Powel, Samuel	1-0-0-1-0	Slyh, Henry	1-0-0-2-0
Peteman, Federick	1-0-0-0-0	Slyh, Mathias	1-0-0-6-0
Pierce, Luis B	1-0-0-0-0	Sleppy, Federick	1-0-0-0-0
Piper, Jacob	1-0-0-0-0	Snider, John (near Walpers)	1-0-0-4-0
Piles, Samuel	1-0-0-0-0		
Putman, Ernistus	1-0-0-0-0	Snider, Cresley	1-0-0-0-0
Prier, James	1-0-0-0-0	Sherley, John	1-0-1-9-0
Perry, John	1-0-2-4-0	Stall, Jesse	2-0-0-6-0
Profater, Philip	1-0-0-0-0	Strain, Samuel	2-2-1-6-0
Pitcher, George	1-0-0-0-0	Short, James	2-0-0-6-0

Jefferson County, Virginia Personal Property Tax List
1810

Name	Values
Staley, Stephen (millwright)	3-0-0-1-0
Stip, George	1-0-0-6-0
Strawther, Anthony	1-2-4-7-0
Snider, John	1-0-0-5-0
Srawer, Jacob	1-0-0-3-0
Staley, Jacob	1-0-0-2-0
Swagler, Mathias	2-0-0-3-0
Stedman, William	1-0-0-3-0
Shrode, Solomon	1-0-0-1-0
Swanigan, Van	1-1-2-6-0
Showman, Mikel	1-0-0-0-0
Smeathy, George	1-0-4-5-0
Sappington, Thomas	2-0-1-4-0
Stip, John Jr.	1-0-2-6-0
Stip, John Sr.	2-0-1-8-0
Stanup, William	1-2-3-4-0
Stidman, James	3-0-0-9-0
Stublefield, James	1-1-1-0-0
Strider, William & Samuel	5-0-4-11-0
Strider, Jacob	2-0-2-7-0
Selby, Walter B	3-2-4-1-0
Shepherd, Thomas	1-0-0-0-0
Smurr, Andrew	1-0-0-0-0
Smurr, Jacob	1-0-0-0-0
Schlyer, Peter	1-0-0-0-0
Shutt, Philip	1-0-0-2-0
Stephens, Dennis	2-0-0-1-0
Swan, James	1-0-0-0-0
Stevens, John	1-0-0-2-0
Shanebarger, Mikel	1-0-0-2-0
Staley, Peter	2-0-0-5-0
Staley, Stephen	2-0-0-5-0
Staley, Melchy	1-0-0-1-0
Show, Jacob	1-0-0-2-0
Shanton, Zadoc	1-0-0-4-0
Shanton, Charles	2-1-1-4-0
Swanegan, Joseph	1-2-17-18-0
Storm, Henry	2-0-0-4-0
Swanegan, Hezekeah	1-1-4-6-0
Stip, Susany	0-0-0-5-0
Sagle, Henry	1-0-0-2-0
Shewbridge, Catron	1-0-0-0-0
Speaks, William	2-0-0-3-0
Spencer, Samuel	1-1-1-8-0
Shepherd, Abraham	1-1-10-17-0
Shunk, Simon	1-0-0-2-0
Sheetz, Michael	1-0-0-0-0
Strickland, John	1-0-0-0-0
Schaffer, John A.	1-0-0-0-0
Stips, Anthony	1-0-0-0-0
Stips, Ezekel	1-0-0-0-0
Schewmaker, Stephen	1-0-0-0-0
Shrigley, Samuel	1-0-0-0-0
Schoppert, Adam	1-0-0-0-0
Schregley, John	1-0-0-0-0
Seelig, Jacob	1-0-0-0-0
Sites, Peter	1-0-0-0-0
Stanton, Alexander	1-0-0-0-0
Sedwick, William	1-0-0-0-0
Sickafuse, John	1-0-0-0-
Speaks, John	1-0-0-0-0
Stevenson, William	1-0-0-0-0
Shewbridge, John	1-0-0-0-0
Smith, James	1-0-0-0-0
Stedman, James Jr.	1-0-0-0-0
Straw, John	1-0-0-0-0
Stedman, Samuel	1-0-0-0-0
Strickland, John	1-0-0-0-0
Saffield, Isaac	1-0-0-0-0
Saffell, Thomas	1-0-0-0-0
Sherley, Robert Jr.	1-0-0-0-0
Stephens, James	1-0-0-0-0
Souther, Christopher	1-0-0-0-0
Smurr, Peter	1-0-0-0-0
Sprinkle, Anthony	1-0-0-0-0
Staley, John Sr.	1-0-0-0-0
Shoppert, Nicholas	1-0-0-0-0
Shaner, George	1-0-0-0-0
Staley, Jacob - miller	1-0-0-0-0
Staley, Jacob	1-0-0-0-0
Stephens, Robert	1-0-0-2-0
Sencebough, Jacob	1-0-0-0-0
Sheetz, Jacob	2-0-0-0-0
Shingler, Conrod	2-0-0-0-0
Shanor, John	1-0-0-0-0
Sherley, William	1-0-1-1-0
Sherley, John son of Javis	3-0-0-3-0

Jefferson County, Virginia Personal Property Tax List 1810

Name	Values	Name	Values
Stewart, Archabald	1-0-0-1-0	Steadman, Thomas	1-0-0-2-0
Sank, George	1-0-0-1-0	Steadman, John	1-0-0-0-0
Stuart, Zachareah	3-0-0-1-0	Steadman, James	1-0-0-0-0
Stuart, William	1-0-0-1-0	Saunsbury, William	1-0-0-1-0
Smith, Seth	1-0-2-4-0	Slusher, George	1-0-0-5-0
Swayn, Samuel	1-0-0-4-0	Sherley, Robert	2-0-0-7-0
Slaughter, Smith	1-1-9-10-0	Talbutt, John	1-0-3-8-0
Sinclair, John	2-4-15-18-0	Toole, John	2-0-0-5-0
Shallett, Levy	1-0-0-0-0	Tabb, Robert	3-1-1-7-0
Shepherd, Godfry	2-0-0-2-0	Thomas, Aquillia	1-0-0-2-0
Smith, Fredreck	2-0-1-7-0	Thompson, John	2-0-1-4-0
Sherley, James	1-4-3-8-0	Tailor, William	1-0-3-10-0
Stephenson, William	1-0-1-1-0	Thornburg, John	2-0-1-6-0
Shaul, Jacob	1-0-0-4-0	Toole, Thomas	1-0-1-1-0
Strider, Benjemin	1-0-0-0-0	Trail, Nathan	1-0-0-0-0
Stone, Philip	2-0-0-1-0	Thomas, James	1-0-0-0-0
Smith, William	1-0-0-0-0	Turner, Joseph	4-0-2-11-0
Showers, Joshua	1-0-0-0-0	Tailor, Richard	1-0-0-1-0
Smith, John	1-0-0-1-0	Tailor, Levie	1-0-4-14-0
Smith, Henry	1-0-0-1-0	Twig, Samuel	1-0-0-3-0
Shaul, George	1-0-0-5-0	Toun, James	1-0-0-0-0
Spignal, Leonard	3-0-1-8-0	Thompson, Jonah	1-0-0-0-0
Smith, Luis	2-0-0-2-0	Titman, Jacob	1-0-0-0-0
Smith, Moses	1-0-0-1-0	Turner, Anthony	2-1-5-10-0
Stublefield, John	1-0-4-1-0	Tailor, Bennet	1-2-17-15-0
Saunders, William B	1-0-6-10-0	Tailor, James	1-0-0-1-0
Stewart, John	1-0-0-0-0	Turner, Henry S.	1-6-17-35-0
Strath, Alexander	1-2-4-7-0	Thougmorton, John	1-3-15-18-0
Smeathy, Moses	1-0-0-1-0	Taylor, John	1-0-0-0-0
Shaul, Mikel	1-0-0-5-0	Thoughmorton, Robert	1-0-2-5-0
Shaul, Nicholas	2-0-0-9-0		
Shingler, Richard	1-0-0-0-0	Thomas, Samuel	1-0-0-2-0
Shepherd, Jacob	1-0-0-3-0	Tillett, Samuel	1-0-3-6-0
Strather, Joseph	1-0-0-0-0	Toys, Andrew	3-1-9-14-0
Smallwood, Thomas	0-0-0-1-0	Timberlick, Harfield	1-1-7-8-0
Statton, Jacob	1-0-0-0-0	Thomas, William	1-0-0-0-0
Simpson, George	1-0-0-0-0	Tillett, Francis	1-0-0-3-0
Sutton, John	1-0-0-0-0	Thompson, Thomas	1-0-0-0-0
Spangler, John	1-0-0-0-0	Thomas, Joseph	2-0-0-0-0
Splint, Partreck	2-0-0-0-0	Trasy, James	1-0-0-2-0
Skaggs, Henry	1-0-0-0-0	Tate, William	1-1-3-9-0
Speers, James	1-0-0-0-0	Tate, Mary	0-0-5-3-0
Starry, Nicholas	2-0-0-1-0	Vardier, James	1-1-3-17-0
Stephenson, James	2-2-0-1-0	Underdunk, Henry	1-0-0-1-0
Sherley, J. Ephraim	1-0-0-1-0	Vanmeter, Abraham	2-0-0-8-0
Sherley, Javes	3-0-0-5-0	Vanzant, Richard	2-0-0-4-0

Jefferson County, Virginia Personal Property Tax List
1810

Name	Values	Name	Values
Vandoren, Jacob	0-0-1-6-0	Ward, John	1-0-0-1-0
Vandoren, Jacob	0-0-1-6-0	Wolverton, Nathan	2-0-0-2-0
Vachen, Francis	1-0-0-0-0	Williams, John	1-0-0-0-0
Unseld, John Jr.	3-0-0-1-0	Wilson, Benjamin	1-0-0-1-0
Unseld, John Sr.	1-0-0-0-0	Whittet, Robert	1-0-0-1-0
Vestal, David	1-0-0-0-0	Wise, George	1-0-0-1-0
Vestal, William	1-0-1-3-0	Wiver, Adam	1-1-2-4-0
Urquhart, Hugh	1-0-0-0-0	Whip, Peter	1-0-0-6-0
Valraven, Jonas	1-0-0-2-0	Wykoof, Peter	1-0-0-0-0
Vanhorn, Joseph	1-0-0-3-0	Wilson, Albert	1-0-0-0-0
Umparhouse, Philip	1-0-0-1-0	Willis, George	1-0-0-0-0
Vanvactor, Joseph	1-0-1-6-0	Wilson, Samuel	1-0-0-0-0
Vanhorn, Isaac	1-0-1-2-0	Wolf, George	1-0-0-0-0
Wood, Thomas	1-0-0-1-0	Whetstone, Jacob	1-0-0-0-0
Waters, William	1-0-0-2-0	Wickham, Marine T.	1-0-1-0-0
Wallingford, James	2-0-0-3-0	Wykoof, James	1-0-0-0-0
Wallingford, Nicholas	1-0-0-3-0	Wood, Isaac	1-0-0-0-0
Willis, Richard	2-1-12-18-0	Weltzhamer, Catherine	0-0-1-0-0
Williams, Samuel	1-0-3-10-0	Wyley, Joseph	1-0-0-0-0
Ward, John	1-0-0-1-0	Winters, John	1-0-0-0-0
Watkins, Richard	1-0-0-1-0	Weber, John	1-0-0-0-0
Wright, William	1-0-0-0-0	White, Thomas	1-0-1-0-0
Wilson, Thomas	2-0-0-5-0	Wisong, Jacob	2-0-0-0-0
Wilson, David	1-0-0-1-0	Ware, Relph	1-0-0-0-0
Womeldoof, John	1-0-0-2-0	Way, James	1-0-0-1-0
Welsh, Jacob	1-0-0-2-0	Wickersham, Isaac	1-0-0-0-0
Welsh, Mary	1-0-0-4-0	Wykoop, Peter	1-0-0-1-0
Watson, John	1-0-0-0-0	Whiting, Francis	1-4-14-15-0
Wolper, Casper	2-1-1-6-0	Welch, John	1-0-0-1-0
Wagley, John	2-0-0-3-0	Welch, Richard	2-0-3-12-0
Wilson, John	1-0-0-3-0	Webb, Joseph	2-0-0-2-0
Williamson, Bassel	1-3-3-1-0	Warson, James	1-0-0-0-0
Wisenall, Barnhart	3-0-0-0-0	West, Thomas	1-0-0-0-0
Wager, John	0-1-2-3-0	Washington, Thornton	1-0-13-13-0
Woolf, Henry	1-0-0-6-0	Washington, Samuel	1-1-9-8-0
Wood, Rheuben	1-0-0-2-0	Washing[ton], Richard	1-3-19-15-0
Whitson, John	1-0-0-0-0	Wright, William	1-0-0-0-0
Welshans, David	1-0-0-3-0	West, William	1-0-0-0-0
Wingard, John	1-0-1-3-0	Watson, Henry	1-0-0-2-0
Welshans, Jacob	2-0-0-0-0	Watson, Thomas	1-0-0-7-0
Weatherington, Robert	2-0-2-1-0	Williams, Isaac	2-0-0-0-0
Welshans, Joseph	3-0-0-1-0	Williams, Thomas O.	1-0-0-2-0
Williamson, William	2-0-2-4-0	Williams, Elijah	1-0-0-1-0
Welch, John	0-0-0-3-0		

Jefferson County, Virginia Personal Property Tax List
1810 Free Negroes Chargeable with Tax

Name	Values	Name	Values
Watson, John	1-0-0-0-0	Wilks, Henry	1-0-0-4-0
Watts, Abraham	1-0-0-0-0	Wright, Isaac	1-0-0-0-0
Williams, Richard	2-1-0-1-0	Williams, James	1-0-2-5-0
Wright, James	1-0-0-0-0	Washington, Lucy	0-2-4-2-0
Whiting, Beverly	1-2-18-25-0	Washington, Fairfax	1-3-19-12-0
Wright, Samuel	1-1-2-7-0	Washington, Jno. & Bushrod	0-2-31-31-0
Willis, Carver	2-3-9-16-0		
Wysong, Mi[c]hael	3-0-1-0-0	Yakes, Joshua	1-0-0-2-0
Webb, John	2-0-0-0-0	Yates, John	3-6-33-22-0
Wilson, Hugh	1-0-0-4-0	Yants, John	1-0-1-0-0
Willett, Aquillea	1-0-0-0-0	Yates, Joshua	1-0-0-2-0
Wilkins, John	1-0-1-1-0	Young, James	2-0-0-6-0
Ware, John	2-0-0-1-0	Young, Daniel	1-0-0-0-0
Whaley, James	1-0-1-1-0	Zimerman, Mi[c]hael	1-0-0-0-0
Wood, James	1-0-0-1-0	Zorger, George	1-0-0-0-0
Wilson, George	1-0-0-0-0	Young, Cresley	1-0-0-0-0
Wilson, Moses	4-0-0-0-0	Young, Joseph	2-0-1-1-0
Wood, Andrew	3-0-0-1-0	Young, John	0-0-0-1-0

1810 Free Negroes Chargeable with Tax

Bradford, Benjamin - 2 horses, blacksmith near Rocks mill

Robertson, Jonathon - laborer near Beelers Mill

Holmes, Berkeley – laborer at Danl. McPhersons

Smith, Davy - 1 horse, laborer on Wm. McPhersons land

Moore, Dick - laborer at Jer'a Haynes

___, Jerry – laborer at Gab'l Greefields

Stewart, Alexander - laborer at Henry Gants

Gowing, Jason - laborer in Chas. Town

Thompson, Gasper - laborer at Moses McCormicks

Thompson, Thomas - laborer at Nathan Haynes

Eleck, Locks - laborer at Jer'a Locks

___, Solomon - laborer at Nathan Haynes

Thompson, John - shoemaker by Sinclairs

Halter, William - 1 horse, laborer at Mr. Atwells

Jackson, Peter - 2 horses, laborer near Throgmortons

___, Basil - laborer at John Clarkes

Parker, Henry - laborer in Chas. Town

Ranson, Ned - 4 horses, laborer near Godfrey Shepherds

Harris, George - laborer near Jno. Granthums

___, Dick - laborer near Jno. Granthums

Hamilton, Furgeson - laborer in Smithfield

Throgmorton, Abraham - laborer at Jos. Bells

Brooks, Jim - 1 horse, B. smith at Jn'n Griggs

___, Sellers - 2 horses, laborer near Craighills

Jefferson County, Virginia Personal Property Tax List
1810 Store Licenses

___, Roben - 2 horses, laborer near Craighills
___, Warner - laborer with Dr. Wood
___, Daniel - laborer with F. Tillett
Gowins, James - laborer in Chas. Town
Ware, George - laborer near Chas. Town
___, Frank - laborer in Chas. Town
___, Jacob - laborer at D. Palmers
Rurrels, Jesse - laborer at Ransoms
Rogers, James - laborer in Chas. Town

1810 Store Licenses

Steeder, Charles
Haynes, Daniel
McPherson, Samuel
Fry and Bell
Stephenson, William
Eaty, Sebastean
Lane, W. W.
Humphreys, Geo. & Jno.
Wilson, Moses
Edwards, Matthew
Frame, Anne
Anderson, Jno.
Daugherty, Patrick

Stephenson, James
Fulton, Robt.
Brown, James
Streder, Charles
Rogers, Humphreys & Brothers
Bennett, Thos. S. & Co.
Worthery, Robt. & Co.
Staley, Daniel
Selby, Walter B.
Lane, James S. Brothers & Co
Toole, Thomas
Marmaduke, Presley & Co.

1810 Ordinary Licenses

Wilson, Moses
McCance, Thomas
Conway, John
Hansberry, Henry
Staley, Daniel
Foulk, Christian
Gilbert, Henry
Anderson, John
Williamson, Basil
Shutt, Philip
Brown, James

Hits, George
Walpert, Casper
James, Thomas
Smith, John
Weltzhamer, Catharine
Endsly, Thomas
Haynes, Henry
Kreps, John
Lock, John
Malin, William

Jefferson County, Virginia Personal Property Tax List
1811

1811

Column numbers refer to: White males above 16 -- Black males above 12 & under 16 years old --Black males above 16 years of age -- Horses, Mares &c

Name	Numbers	Name	Numbers
Ager, John	1-0-0-2	Boyers, Joseph	2-0-0-6
Avis, Davis	1-0-0-2	Brantner, Frederick	1-0-0-3
Allstott, Jacob	1-0-4-6	Bennett, Van	1-1-3-9
Able, John	1-2-8-17	Baker, Walter	1-0-7-8
Alstott, Daniel	2-1-1-9	Bausworth, William	1-0-0-0
Alt, Jacob Sr.	2-0-0-4	Bell, Thomas of George	2-1-1-4
Addy, John	1-0-0-0		
Ault, Jacob Sr.	1-0-0-3	Blue, Jesse	1-0-0-3
Avis, Robert	1-1-0-1	Boydstone, Benjamin	1-0-0-1
Ankrum, Archabald	1-0-0-0	Barnheart, Henry	2-0-0-2
Answorth, William	1-0-0-0	Bussel, Benjamin	1-1-1-4
Alder, Markus	2-0-2-6	Butler, Thomas	1-2-1-3
Avis, John	1-0-0-0	Bilmire, Mortin	1-0-0-6
Angel, John	1-0-0-0	Buckles, Abram	1-0-0-3
Avis, Joseph	1-0-0-0	Berry, John	2-0-0-0
Anin, Samuel	2-0-0-2	Bean, Joseph	3-0-0-2
Allnut, Jesse	1-1-5-4	Banks, Samuel	1-0-0-1
Anderson, John	2-0-3-2	Burnett, William	1-0-2-6
Alemong, Christian	1-1-2-6	Baker, Leakin	1-0-0-6
Avis, William	1-0-0-2	Buckles, Daniel	1-0-1-6
Anderson, James	2-1-3-5	Buckles, William	1-1-3-4
Aithy, Townly	2-0-0-4	Burnett, Thomas S.	2-1-0-0
Atwell, Thomas	1-0-3-7	Baylor, Richard	2-4-18-19
Adams, Henry	1-0-0-3	Brown, Rachal	0-0-0-1
Allstott, John	1-0-0-8	Banks, John	1-1-5-8
Blue, Joel	3-0-1-4	Banks, Clemant	1-1-1-7
Blue, Michael	2-0-0-3	Bell, James	1-0-0-1
Bohart, Philip	1-0-0-0	Boyers, Sarah	0-0-0-1
Bryant, John	3-2-5-10	Boby, John	1-0-0-3
Burr, Moses	1-0-0-3	Butler, William	1-1-7-7
Boyd, William	1-0-0-1	Blackburn, Joseph	1-0-0-1
Burr, William	1-1-0-3	Bruce, Frederick	1-0-0-0
Britton, William	1-0-0-0	Baker, John weaver	2-0-0-0
Bedinger, Daniel	1-0-6-4	Baker, John Esqr	1-2-2-3
Buckles, Henry	1-0-0-4	Byers, John	1-0-0-0
Bowers, Frederick	1-0-0-4	Bishop, George Jr.	1-0-0-0
Burns, Philip	1-0-0-2	Bishop, George Sr.	1-2-1-1
Busy, Henry	1-0-0-0	Bedeman, Jacob	1-0-0-0
Burr, James	1-0-0-4	Brown, W. Parry	1-0-0-0
Buckles, James	2-1-0-5	Brown, James	1-0-2-0

Jefferson County, Virginia Personal Property Tax List
1811

Bowers, John	1-0-0-5	Blacker, Joseph	2-0-0-1
Beckum, John	1-0-0-0	Beesley, Cornelious	1-0-0-0
Boyd, Robert	1-0-0-0	Bradly, Newton	1-0-0-0
Bolts, Andrew	1-0-0-0	Brown, Elias	1-0-0-0
Boiles, John	1-0-0-0	Bideman, Dedericks	1-0-0-2
Beckum, Townshend	1-0-0-0	Bell, Joseph	2-0-0-3
Beckum, Elijah	1-0-0-0	Bushman, David	1-0-0-2
Burlin, Abram	1-0-0-0	Briscoe, Magruder	1-1-7-5
Border, Daniel	1-0-0-1	Bell, Hezekieh	1-2-10-13
Burton, Francis	1-0-0-0	Bowan, Jonathan	2-0-0-4
Best, Jacob	1-0-0-0	Briscoe, John Sr.	2-5-20-20
Barns, Alexander	1-0-0-0	Basil, John	1-0-0-1
Brewer, John	1-0-0-0	Bryant, Charles	1-0-0-2
Boyl, Edward	1-0-0-0	Barton, Thomas W.	1-0-0-1
Blackburn, John	1-0-0-0	Brown, Adam	1-0-0-1
Boroff, Henry	1-0-0-0	Bell, John weaver	1-0-0-1
Butts, David	1-0-0-0	Beeler, Benjamin 3rd	1-0-4-4
Burneth, Garland	1-0-0-0	Beckham, Armstead	1-0-0-1
Bedinger, Jacob	0-0-0-4	Barnheart, Philip	1-0-0-0
Breedin, Robert H.	1-0-2-1	Burkett, Michael	1-0-2-8
Best, John	1-0-0-1	Burns, Patrick	1-0-0-0
Brown, Joseph	5-1-1-1	Creswell, Joseph	1-0-0-0
Brackenridge, Thomas	1-0-6-8	Conklin, Henry	1-0-1-3
Bramhall, Peter	1-0-0-0	Crumwell, Stephen	1-0-3-11
Beell, Asaph	1-0-0-0	Conway, John	1-2-0-2
Brown, William	2-0-0-2	Coyl, James	1-0-0-4
Buckmaster, Theophilous	1-0-0-0	Coyl, William	1-0-0-1
		Carter, Robert	1-2-5-10
Buckmaster, John	1-0-0-4	Carter, John	1-0-0-2
Buckmaster, Nathaniel	1-0-0-0	Chaplin, Abraham	2-0-0-2
Bradshaw, Joseph	1-0-0-0	Crim, Michael	2-0-0-0
Bennett, Mason	3-0-2-12	Commyer, William	3-0-4-10
Blackburn, William	1-0-0-1	Coonse, Philip	1-0-0-0
Brenton, Weldon	1-0-3-1	Cook, Andrew Jr.	1-0-0-0
Bowen, James	1-0-0-4	Cook, Andrew Sr.	2-0-0-4
Buckmaster, Zachariah	1-0-0-1	Coonse, Andrew Sr. Say John	1-0-0-2
Burgoyn, John	2-0-0-2		
Beeler, Benjamin	1-0-11-	Coonse, Jacob Sr.	1-0-0-3
Brown, William	1-0-0-0	Coonse, Jacob Jr.	1-0-0-2
Bond, Robert	1-0-0-0	Coonse, Abram	2-0-0-4
Bond, Joseph	1-0-0-4	Collumber, Jesse	1-0-0-0
Burton, Joshua	1-1-1-6	Catnoe, Jacob	2-0-0-2
Bowley, John	1-1-5-10	Climer, Joseph	1-0-0-2
Bowley, Benjamin	1-1-3-8	Cross, Reason	2-0-0-3
Bell, Joseph Sr.	1-0-1-2	Critser, Henry	1-0-0-3
Bell, Thomas	2-0-0-5	Climer, Isaac	2-0-0-2

Jefferson County, Virginia Personal Property Tax List 133
1811

Name	Values	Name	Values
Coon, Chrestly	1-0-0-1	Cassady, John	1-0-0-0
Coon, John	1-0-0-2	Conway, William	1-0-0-2
Clumm, Jacob	1-0-0-4	Cockrell, John	1-1-3-3
Claton, John	1-0-0-0	Crayhill, William	1-0-6-8
Catlett, James	1-0-0-6	Conner, Charles	1-0-2-5
Creamer, Peter	1-0-0-0	Cleaveland, Elijah	1-0-1-2
Colvert, Nathaniel	1-0-0-0	Cleaveland, Levi	1-2-5-9
Crowl, Jacob Sr.	1-0-0-5	Cleaveland, Alexander T.	1-1-6-15
Chaplain, Isaac	1-0-1-3		
Cookus, Henry	2-0-0-0	Cowan, David	2-0-0-3
Cookus, Michael Sr.	1-0-0-0	Crane, Joseph	1-1-8-18
Croft, Philip	1-0-0-0	Camron, William	2-0-0-5
Claninger, Henry	1-0-0-0	Coon, James	1-0-1-7
Croft, Jacob	1-0-0-0	Crayhill, Nathaniel	1-0-7-14
Creamer, Frederick	2-0-0-1	Christea, Robert	1-0-1-1
Cox, William	1-0-0-0	Chamberlain, Elijah	1-2-4-9
Cook, John	1-0-0-0	Chamberlain, Elizabeth	1-0-0-6
Craft, David	1-0-0-0		
Cherry, Richard	1-0-0-0	Cross, John	1-0-0-1
Creamer, Casper	1-0-0-0	Clipper, Frederick	4-0-1-1
Creamer, Daniel	1-0-0-0	Collett, Daniel	3-0-0-7
Carlan, Alexander	1-0-0-0	Cockrell, Thomas	1-0-0-1
Cooper, George	1-0-0-0	Cleaveland, Jesse	1-1-3-5
Compt, Michael	1-0-0-0	Colbert, Obadiah	1-0-0-1
Cox, Samuel	1-0-0-0	Cox, Francis	2-0-0-2
Claspy, John	1-0-0-0	Cross, John	1-0-0-0
Crutcher, James	1-0-0-0	Campbell, Thomas	1-0-4-10
Cline, Jacob	1-0-0-0	Chambers, William	1-0-0-0
Crowl, Michael	1-0-0-0	Crick, Jacob	1-0-0-2
Carson, Robert	1-0-0-0	Clark, James	1-0-0-1
Carson, John	1-0-0-0	Christian, Edward	1-0-0-1
Carney, Hiram	1-0-0-0	Chamberlain, James	1-0-0-2
Conrod, Henry	1-0-0-0	Caldwell, Robert	1-0-0-0
Cook, Michael	1-0-0-0	Crusin, James	1-0-0-0
Crowl, Jacob	1-0-0-0	Cooper, Sarah	1-0-0-1
Crusin, Jacob	1-0-0-0	Coons, Rich'd J. W.	0-0-1-2
Carson, James	1-0-0-0	Clarke, William	1-0-0-2
Claspy, David	1-0-0-0	Carlo, Francis	1-0-0-0
Carlon, Samuel	1-0-0-0	Duke, John	1-0-0-0
Carter, Thomas	1-0-1-2	Davis, Leonard Y.	2-0-4-9
Cook, Giles	2-2-10-10	Duke, William	1-0-0-2
Crawley, James	1-0-0-0	Devoy, Michael	1-0-0-0
Cooper, James	1-1-0-0	Daniels, John	1-0-1-8
Chambers, Aron	2-0-0-1	Dust, Volentine	1-0-3-7
Crow, William	1-0-0-2	Dotts, George	2-0-0-3
Creamer, Samuel	2-1-3-2	Davonport, Samuel	2-0-8-13

Jefferson County, Virginia Personal Property Tax List
1811

Davis, Thomas	1-0-4-9	Dillo, John Sr.	1-0-0-2
Duff, Thomas	1-0-0-1	Dillo, John Jr.	1-0-0-1
Doyl, James	1-0-0-1	Davis, Morris	2-0-0-2
Duke, John	1-0-0-1	Deen, Ezekiel	1-0-0-1
Davis, Ezekiel	1-0-0-3	Eversole, Henry	1-0-0-3
Dully, William	1-0-4-7	Eversole, Abraham	2-0-0-8
Doyl, George	1-0-0-2	Evans, Thomas B.	1-0-1-1
Denoon, Henson	1-0-0-0	Ervin, Elias	2-0-0-2
Devers, Isaac	1-0-0-0	Ervan, Elcanor	1-0-0-2
Davis, Cornelious	4-0-0-1	Engle, Michael	1-0-0-0
Downs, John	2-0-0-3	Engle, Joseph	3-0-1-7
Daugherty, John	2-0-0-0	Evans, Thomas	1-0-0-1
Daugherty, Patrick	1-0-0-0	Engle, Philip Sr.	1-0-1-7
Duffield, Richard	1-1-8-9	Ellett, Benjamin	1-0-0-0
Donoldson, John A.	1-0-0-0	Engle, Samuel	1-0-0-2
Drugen, Thomas	1-0-0-0	Engle, George	1-0-0-3
Deck, Nicholass	1-0-0-0	Engle, Philip Jr.	1-1-1-8
Dunham, John	1-0-0-0	Engle, John	1-0-0-5
Duke, Robert	1-0-0-0	Entler, Daniel	2-1-0-0
Donoldson, Stephen	1-0-2-0	Entler, Philip	2-0-0-0
Duke, Francis	1-0-0-0	Engler, Martin Sr.	2-0-0-1
Dandridge, Adam S.	2-1-30-33	Emberson, John Dr.	1-0-0-0
Downs, Benjamin	1-0-0-0	Eigleberger, George	1-0-0-0
Dixon, John	1-1-2-2	Entler, Martin Jr.	1-0-0-0
Davis, Samuel	3-2-7-10	Eckheart, Michael	1-0-0-0
Duke, James	1-0-0-0	Eaty, William	1-0-0-0
Dutro, Michael	1-0-0-1	Engle, Jacob	1-0-0-0
Daugherty, Patrick	1-0-2-1	Edor, Solomon	1-0-0-0
Davanport, Abram	2-2-16-18	Ellis, William	1-0-0-0
Davanport, Thomas	1-0-0-4	Entler, Jacob	1-0-0-0
Downy, John	1-0-7-16	Edmondson, Thomas	1-0-0-0
Downy, Edmond	1-0-2-1	Everheart, Jacob	1-0-0-0
Dorsy, John	2-2-2-5	Edmond, Benjamin	1-0-0-0
Dillo, William	1-0-0-2	Edward, Abraham	1-0-0-0
Dillo, Joseph	3-0-0-4	English, Joseph	1-0-0-0
Davis, John	1-0-0-0	Epler, Peter	1-0-0-5
Dunn, Joshua	1-0-0-0	Evans, John	1-1-0-2
Davis, Edward	1-0-0-0	Evans, George	1-0-0-0
Dimmett, John	2-0-2-4	Endsley, John	1-0-0-0
Davis, James	1-0-0-0	Endsley, Thomas	1-0-0-0
Davanport, Benjamin	1-0-3-6	Emmery, Hezekiah	1-0-0-1
Davis, Joseph W.	1-1-4-8	Eaty, Sebastian	1-0-1-1
Davanport, John Sr.	2-1-2-9	Edwards, Joseph	1-2-2-6
Drake, Robert	1-0-0-1	Edwards, Hezekiah	1-0-0-3
Duke, Mark	1-0-0-0	Eversole, Daniel	2-0-0-3
Dillo, Peter	3-0-0-4	Folk, George	1-1-0-2

Jefferson County, Virginia Personal Property Tax List 1811

Name	Values	Name	Values
Fisher, Jacob	1-0-0-0	Grove, Jacob	1-0-0-0
Furgerson, James	2-0-4-7	Garnheart, Henry	1-0-2-6
Farden, James	1-0-0-2	Gardner, Francis	1-0-2-4
Ferrell, John	1-0-0-0	Greeson, John	1-0-0-0
Frasier, William	1-0-0-1	Green, Luke	1-0-0-0
Frasier, Jonathan	0-0-1-3	Gray, William	1-0-0-0
Forman, John	1-0-0-0	Garratt, John	1-0-0-0
Frumm, David	1-0-0-0	Green, James	1-0-0-0
Foulk, Michael Jr.	2-0-0-0	Gunter, Conrod	1-0-0-0
Foulk, Christian	1-0-0-1	Garratt, Jonathon	1-0-0-0
Folk, Daniel	1-0-0-2	Gorrey, Joseph	1-0-0-0
Fisher, Peter	1-0-0-0	Graham, John	1-0-0-0
Faeman, George	4-0-0-3	Graham, Matthew	1-0-0-0
Fortney, Peter	1-0-0-0	Gleen, James	1-2-7-8
Fiser, Henry	1-0-0-0	Guardner, John	2-0-0-0
Funk, Philip	1-0-0-0	Grove, William	1-0-1-1
Farden, Ralph	1-0-0-0	Grubb, Curtis	1-0-0-1
Farnsworth, Samuel	3-0-0-0	Gilbert, Gibbins,	1-0-0-0
Frame, Mathew	3-0-9-12	Goreley, William	1-0-0-0
Folk, Charles	1-0-0-1	Guardner, Isaac	1-0-0-0
French, Samuel	1-0-0-0	Griggs, Thomas Jr.	1-1-2-1
Fulton, Robert	2-1-4-0	Gibbs, Charles	1-1-0-1
Farr, Joseph	1-1-1-3	Goodwin, John	1-1-0-3
Florence, Robert	1-0-0-0	Grubb, William	1-0-0-4
Farro, Samuel	2-1-0-3	Grady, Thomas	2-0-1-1
Fairfax, Thomas	0-0-2-0	Gauntt, Henry	1-0-8-13
Fairfax, Ferdinando	1-0-13-17	Granthum, John Sr.	3-0-0-6
Flood, William P.	1-3-9-11	Grove, John	1-0-4-1
Fulton, James	1-1-9-11	Goldsberry, Robert	1-0-0-0
Fry, John constable	0-0-0-6	Glasscock, Silas	1-0-0-0
Fry, John son of George	1-0-0-4	Garrison, William	1-0-0-0
		Griffith, Marshell	1-0-1-2
Fry, Daniel	2-0-0-1	Grubb, Adam	1-0-0-4
Fry, David	2-1-0-8	Griggs, Thomas Sr.	2-3-15-18
Fryer, John	1-0-0-0	Greenfield, Gabriel	1-1-12-12
Fronk, Henry	1-0-0-0	Gauntt, John Jr.	2-1-14-16
Fry, Abagail	1-0-1-7	Gallaway, William	1-0-1-6
Gray, David	1-0-0-0	Gold, John	2-0-4-8
Gummert, Christian	1-0-0-1	Grant, John	1-0-2-4
Gummert, John	0-0-0-1	Granthum, Joseph Jr.	1-0-0-3
Glaze, Vandell	2-0-0-4	Granthum, Joseph Sr.	1-0-4-9
Goldsbery, John	1-0-0-0	Granthum, Lewis	1-0-0-0
Goldsbery, Edward	1-0-0-0	Griffith, Daniel	1-0-0-0
Gardner, James	1-0-0-0	Grooves, Allbright	3-0-0-6
Gorrell, Abram	1-0-2-11	Groover, Christian	1-0-0-2
Gibsan, Francis	1-0-0-1	Games, Robert	1-0-0-1

Jefferson County, Virginia Personal Property Tax List
1811

Name	Values	Name	Values
Gibbs, Lucus S.	1-0-0-1	Heever, Peter	1-0-0-3
Granthum, John (con)	0-0-0-1	Heafer, John	1-0-0-1
Gilbert, Henry	1-0-0-1	Humphreys, Rogers	3-0-3-1
Granthum, John Jr.	1-0-0-4	Hoffman, John	1-0-0-0
Granthum, William	1-0-0-7	Hesting, David	1-0-0-2
Gibbons, Mosses	1-0-6-9	Hiser, Adam	2-0-0-0
Griggs, John	2-1-7-13	Hiser, John	2-0-0-0
Harris, Jeremiah	2-0-1-5	Hiser, John	2-0-0-0
Hall, Thomas	1-0-0-0	Henry, John B.	1-0-0-1
Hibbins, William	2-0-0-2	Hensil, Michael	1-0-0-5
Hamilton, John A.	1-0-2-4	Hill, Abram	1-0-0-2
Hewett, John	1-0-0-1	Hill, Christian	1-0-0-0
Hart, Thomas	1-0-2-6	Hayns, Jacob	4-0-3-2
Hamilton, Benjamin	2-0-0-6	Hayns, David	3-0-0-1
Hite, Joseph Sr.	2-0-3-8	Haun, Michael	1-0-0-0
Hite, Samuel	1-1-1-5	Hitton, Matthew	1-0-0-0
Hite, Joseph Jr.	1-0-1-3	Hite, James	1-0-13-22
Hunsberry, Henry	1-0-0-2	Hoopwood, Samuel	1-0-0-0
Heath, James	1-0-0-2	Hawkey, John	1-0-0-0
Hinkle, Jon	1-0-3-6	Humes, John	1-0-0-0
Hartman, George	4-0-0-0	Hibbins, Sirus	1-0-0-0
Hostetler, Samuel	1-0-0-0	Holt, John	1-0-0-0
Hays, John	1-0-0-0	Hendrick, Joseph	1-0-0-0
Hamilton, Thomas	1-0-0-1	Hart, Jacob	1-0-0-0
Hershew, Andrew	1-0-2-14	Hall, Thadius	1-0-0-0
Hall, William	1-0-0-0	Hayns, Jacob	1-0-0-0
Hinkle, Samuel	1-0-2-6	Hartman, Martin	1-0-0-0
Hurst, John	2-4-6-9	Hoffman, John	1-0-0-0
Hartness, John	1-0-0-1	Hoffman, Joseph	1-0-0-0
Hiett, Leonard	1-0-1-2	Heafer, John Jr.	1-0-0-0
Hendricks, Daniel	2-0-0-5	Hughs, Thomas	1-0-0-0
Hageley, George	2-0-0-7	Harrison, Samuel	1-0-0-0
Homes, Christian	2-1-0-1	Hawn, David	1-0-0-0
Harris, Samuel	1-1-4-11	Hill, Thomas	2-0-0-0
Hamilton, Samuel	1-0-0-0	Hughs, James	1-0-1-0
Hout, Rudolph	3-0-0-7	Hite, George	1-0-5-1
Harger, Martin	1-0-0-4	Hite, Robert	2-0-0-2
Hileman, Jacob	1-0-1-4	Hayns, John	1-0-0-1
Hurst, James	2-3-13-14	Hayns, Peter	1-0-0-0
Hart, Miles	2-0-0-2	Hayns, Henry	1-0-2-2
Hoffman, Robert	2-0-0-1	Hollis, William	1-0-0-1
Hoffman, John	1-0-0-4	Howell, Samuel	3-0-0-2
Hoffman, David	1-0-0-1	Hess, Baltzer	1-0-0-0
Hendricks, James	1-0-2-8	Humphreys, David	1-1-2-1
Hiett, James	1-0-0-4	Humphrey, John	2-0-2-2
Hunter, Ann	0-1-14-11	Humphreys,	1-1-1-1

Jefferson County, Virginia Personal Property Tax List 1811

George W. Hannan, William	1-0-0-0	Johnson, Richard	1-0-0-2
Hayns, John	1-0-0-9	Jones, Francis	1-0-1-7
Heskett, Benjamin	1-0-0-4	Jones, George	1-0-0-3
Heskett, Solomon	1-0-0-1	Jones, Sarah	1-0-0-3
Heskett, Everett	1-0-0-2	Jones, John	2-0-0-6
Heskett, William	1-0-0-1	Jordon, Jacob	1-0-0-1
Heskett, David	1-0-0-0	Jackson, John	1-0-0-1
Howell, Abner	2-0-0-2	James, Thomas	1-0-1-0
Heskett, John	4-0-0-6	Johnson, Benjamin	1-0-0-0
Horney, John	1-0-0-0	Johnson, Daniel	1-0-0-0
Hamilton, Hugh	1-0-0-0	Jett, Washington	1-0-0-0
Howard, William	1-1-0-2	Jett, Archabald	1-0-0-0
Hammond, Thomas Sr.	1-2-10-15	Isler, Henry Sr.	3-0-0-1
		Isler, Henry Jr.	1-0-0-1
		Jefferson, Hamilton	0-1-0-1
Hammond, Thomas Jr.	1-2-4-6	Jones, William	1-0-0-0
Hickman, William	1-0-4-6	Jackson, William	1-0-0-0
Hamilton, James	1-0-0-0	Jones, Joseph H.	1-0-0-1
Henderson, John	1-0-0-2	Jewett, Aaron	1-0-0-1
Hayns, Nathon	2-0-0-9	Jackson, James	1-0-0-4
Hayns, William	1-1-0-3	Johnson, David	1-0-0-3
Hale, Thomas	2-0-06	Keys, Gershum	0-1-2-8
Hayns, John	1-0-0-2	Krepts, John	1-0-0-0
Hayns, Daniel	1-2-0-1	King, Samuel	3-0-0-2
Hays, Andrew	1-0-0-4	Karney, William	1-0-3-4
Hiett, Thomas	1-0-0-5	Karney, Anthony	1-0-0-4
Howard, Thomas	1-0-0-5	Keys, Thomas	1-1-2-8
Haymaker, John	2-0-0-0	Karney, James	1-3-9-24
Haymaker, Thomas	1-0-0-0	Kelly, Aaron	1-0-0-1
Handsucker, Peter	3-0-1-8	Kearsly, Jonathan	1-0-2-4
Hays, Samuel	1-0-0-4	Kidwell, Michael	1-0-0-4
Hiett, John	1-0-0-3	Kindle, Henry	1-0-0-3
Hiett, William	3-0-0-7	Kimes, Henry	2-0-0-0
Hardesty, Richard	2-2-0-6	Kaneer, John	1-0-0-0
Howell, Joseph & son James	2-0-0-1	Krout, Daniel	1-0-0-0
		Kline, John	1-0-0-1
Heath, Jonas	1-0-0-2	Kenseley, Jacob	1-0-0-2
Heath, Zachariah	1-0-0-1	Karman, Henry	1-0-0-0
Honnel, Samuel	1-0-0-3	Kearsley, John	2-0-8-8
Jones, Zachariah	1-0-0-0	Kane, William	2-0-0-0
Ingram, John	1-0-0-4	Keplinger, Adam	1-0-0-0
J[e]nkins, Leander	1-0-0-4	Karson, Thomas	1-0-0-0
J[e]nkins, Thomas	1-0-2-4	Kreps, Christian	1-0-0-0
Jacobs, John	1-0-0-2	Kaler, John	1-0-0-0
Jackson, John	1-0-0-2	Kefs? [Keys?], Samuel	1-0-0-0
Jackson, John Jr.	1-0-0-0	King, James	1-0-0-1

Jefferson County, Virginia Personal Property Tax List
1811

Name	Values	Name	Values
Kenedy, John	1-0-0-0	Leech, Archabald	1-0-0-0
Kerby, William	1-0-0-2	Lock, John Jr.	1-0-2-4
Kent, John	1-0-0-0	Little, Charles	1-0-0-3
King, William	1-0-0-0	Lighthiner, Matthias	1-0-0-0
Kercheval, Benjamin	2-1-1-5	Lyon, John	2-0-1-6
Kerchaval, John	1-1-0-3	Lyon, George	1-0-0-0
Kime, Jacob	3-0-0-5	Lee, Lancelott Jr.	1-0-0-1
Kidwell, Josiah	1-0-0-2	Lock, James	1-0-0-4
Keller, Philip	1-0-0-0	Laks, John	1-0-0-1
Link, Adam	2-3-0-9	Lashelly, Hester	0-0-2-5
Lee, John	1-0-0-0	Lewis, John H.	3-5-10-12
Lowdon, John	1-0-0-1	Llewellin, Richard	1-3-7-8
Lafferty, George	1-0-3-6	Lock, John	2-2-4-6
Lammon, William	1-0-0-3	Lee, Lancelott	2-3-12-13
Lammon, Mossy	1-0-0-3	Linkheart, George	1-0-0-1
Lammon, Elizabeth	0-0-0-3	Lowns, Charles	1-0-10-11
Lammon, Vasy	1-0-0-1	Lowder, Frederick	1-0-0-1
Lammon, Jane	2-0-0-0	Lock, Alexander	1-0-0-1
Leichlider, Conrod	2-0-1-6	Long, John	1-0-0-1
Lammon, Robert	3-0-0-4	Lee, William	1-5-24-19
Lammon, Robert Jr.	1-0-0-0	Likins, Thomas	5-1-0-1
Lammon, James	1-0-0-0	Lee, Robert C.	1-0-0-0
Longbrake, Jacob	1-0-1-5	Lemmon, Thomas	1-0-0-0
Lafferty, Thomas	4-0-4-8	Lucus, Robert	2-0-4-10
Lancaster, Joseph J.	2-0-0-6	Morgan, Margarett	3-0-4-9
Lucus, Edward	1-0-0-1	Morgan, Richard	2-0-0-8
Lindsycomb, Nathan	1-0-0-0	Marten, Peter	1-0-0-2
Ludwick, John	1-0-0-1	Marten, Caveleer	3-0-0-9
Long, Andrew	1-0-0-0	Maddocks, Hezekeah	1-0-0-0
Lay, Jacob	2-0-0-0	Moler, Sarah	2-0-4-9
Lane, James S.	4-0-4-1	McKinny, James	1-0-0-0
Long, Jacob	1-0-0-1	McKinny, Peggy	0-0-0-1
Lendsey, Alexander	2-0-0-0	Mosure, Christopher	1-0-0-3
Likens, Joseph	2-0-0-0	Miller, Richard	2-0-0-2
Line, Henry	4-1-1-4	Melvin, Thomas	1-0-2-6
Line, John	3-0-1-1	Moore, Jesse	1-2-2-7
Leakin, Samuel	1-0-0-0	McQuittens, Thomas	2-0-0-6
Largen, James	1-0-0-0	McMurran, Joseph	2-0-0-10
Leps, Henry	1-0-0-0	McGarry, John	2-1-1-7
Leaper, George	1-0-0-0	Melvin, Benjamin	1-1-0-5
Leaken, Eliter	1-0-0-0	McMasters, John	1-0-0-1
Little, George	1-0-0-0	Murphy, John	1-0-0-1
Little, William	1-0-6-8	Moore, Vincent	1-0-4-4
Laboo, Michael	1-0-0-1	Moore, Garland	2-2-8-9
Lamon, John	1-0-0-0	Mooler, Jane	2-0-0-4
Lane, Willoughby W.	3-0-2-2	Morgan, William Sr.	1-1-4-40

Jefferson County, Virginia Personal Property Tax List 1811

Name	Tax	Name	Tax
Melvin, Silas	1-1-0-3	Miller, John	1-0-0-0
McKenelly, Thomas	1-0-0-0	Murphey, Jonathan	1-0-0-0
McDonold, John	1-0-1-3	Miller, John	1-0-0-0
Moler, Michael	1-1-3-10	McGowan, John	1-0-0-1
Melvin, Samuel	2-0-1-6	McCartney, Joseph	2-0-0-0
Morgan, Andrew	1-0-0-3	Morrow, William	3-0-1-1
Moler, Frederick	1-0-0-5	Miller, Jacob	1-0-0-4
Moler, Adam	2-0-3-8	Messer, William	1-0-0-0
Miller, Philip	1-1-0-1	McMakin, William	1-1-0-3
Miller, Henry	1-0-0-6	McClannen, William	1-0-0-2
Myers, Jacob	1-0-0-0	McPhillan, Hugh	2-0-0-3
Mallary, George	1-0-1-1	McCormick, Moses	2-0-0-10
Mitchell, Samuel	1-0-0-0	Melton, Elijah	1-0-1-2
Myers, Ludwick	2-0-0-1	McKindre, William	1-0-7-11
Myers, Lewis	1-0-0-1	McKindre, James	1-0-0-0
Marmaduke, Presly	1-1-0-1	Malone, John & William	2-0-0-2
Myers, John	1-0-0-2		
Miller, John brewer	1-0-0-1	Mullinix, Henry Jr.	1-0-0-2
Miller, George & John	3-0-0-2	Medler, Sebastian	1-0-0-0
Moore, Cato	1-1-0-1	McCormick, William	1-0-0-0
Mowers, Henry	1-0-0-1	McWilliams, Robert	1-0-0-0
Morgan, Daniel	1-0-7-9	McKee, James	1-0-0-0
Morrow, John	1-0-6-5	McComb, Jonathan	1-0-0-1
Miles, John	1-0-0-0	McWilliams, Williams	1-0-0-0
Morgan, Rawleigh	1-1-13-20	McPherson, John & Samuel	3-0-0-16
Melvin, John	1-0-2-9		
Maning, Jacob H.	1-4-13-15	Merchant, William	1-0-0-2
Martin, Levi	1-1-1-10	McPherson, Daniel	1-0-5-13
Middleton, Fulton	1-0-0-5	McMaken, John Jr.	2-0-2-5
Mallory, Thomas	1-0-0-0	Markwood, John	1-0-0-1
Mock, B. William	1-0-0-0	McPherson, William	1-0-0-4
McDule, Samuel	1-0-0-0	McMakin, Robert	1-0-1-2
Mock, B. Nion?	1-0-0-0	McMakin, James	1-0-0-2
Mallory, William	1-0-0-0	McMakin, Widow	0-0-0-2
Malhon, Michael	1-0-0-0	Muse, Battail	1-0-7-14
Miller, William	1-0-0-0	Muse, George A.	1-0-0-1
McClelland, Archabald	1-0-1-0	McClanahan, Thomas	1-1-10-11
Merine, T. Wickum [surname should be Wickum]	1-0-1-0	Mony, James	1-0-0-0
		McCormick, James	2-0-0-1
		McKenny, Thomas	1-0-0-0
Molatt, John	1-0-0-0	McCloy, Alexander	1-1-0-7
McGerty, Andrew	1-0-0-0	Morgan, William	1-0-0-1
Mahony, George	1-0-0-0	Mullinix, John	1-0-0-2
Moore, Francis	1-0-2-5	Mendenall, Samuel	3-0-0-10
McDonold, James	1-0-0-0	Mouser, George	1-0-0-6
McCoughtry, William	10-0-3-1	Makinny, Francis	1-0-0-2

Jefferson County, Virginia Personal Property Tax List
1811

Name	Values	Name	Values
Makinny, Mary	0-0-0-3	Neel, Rebeckah	0-0-0-1
Mires, John	2-0-0-5	Nelson, Catharine	0-2-4-6
McSherry, Richard	2-1-9-19	Neel, Gregory	1-0-0-1
Merchant, Adon	1-0-0-0	Neer, Samuel	1-0-0-1
Moudy, Adam	1-0-1-1	Neel, John	1-0-0-1
McCoughtry, James	1-0-1-3	Ott, Peter	1-0-0-0
McCloy, David	1-0-0-0	Ott, Philip	1-0-0-0
Moody, James	1-0-0-1	Obrian, Edward	1-0-0-2
McSherry, William	1-0-0-1	Osburn, David Jr.	1-1-1-5
McKnight, Harmsery	2-0-0-1	Orendorff, Henry	1-1-2-11
McCloy, James	1-0-0-1	Osburn, David Sr.	1-2-6-9
Moore, Jane	1-0-1-5	Osburn, William	1-2-4-5
Matt, Thomas	1-0-0-1	Osborn, Thomas	1-1-2-6
Mouser, Jacob	1-0-0-3	Ott, John	2-0-0-6
Mullinix, Thomas	1-0-0-0	Ogdon, Charles	1-0-0-2
Mullinix, William	1-0-0-0	Ogdon, John	2-0-0-5
McKindre, John	1-0-1-2	Orbough, Thomas	1-0-0-0
McDonold, Hugh	1-0-0-1	Osborn, Joseph	1-0-0-0
Milton, James	2-1-6-7	Ox, George	1-0-0-1
Matheny, John	0-0-0-2	O'Daugherty, Barnheart	1-0-0-0
Mahony, James	2-0-0-3		
Matheny, Jona	1-0-0-2	Osborn, George	2-0-0-0
Muse, Margarett	0-3-4-2	Orresin?, Frederick	1-0-0-0
Mark, John	0-0-2-6	Ott, Jacob	1-0-0-0
Moore, John	1-2-2-4	Offutt, Samuel	1-0-0-4
Maglaughlin, Daniel	2-0-0-0	O'Banion, John	1-1-2-5
Markle, Daniel	1-0-0-0	Orum, Moses	1-0-0-4
Montgomery, Thomas	1-0-0-0	Polen, Samuel	1-0-0-0
Moore, David	1-1-2-6	Piles, Stephen	1-0-0-0
Motter, John	3-1-2-2	Perry, Thomas	1-1-0-4
McBride, Benjamin	1-0-0-1	Petherter, Philip	1-0-0-5
Nicholas, Michael	2-0-0-0	Perry, John	2-0-0-2
Nace, Jacob	1-0-0-4	Perry, George	2-0-1-7
Niceley, Henry	1-0-0-1	Parratt, William	1-0-3-8
Neel, John	1-0-0-0	Pierce, John	1-0-0-0
Newcomer, Jacob	1-0-0-0	Philip, John	1-0-0-0
Nixon, James	1-0-0-0	Putman, Arnestus	1-0-0-0
Noftsinger, John	1-0-0-0	Prior, James	1-0-0-0
Nickle, Jacob	1-0-0-0	Piles, Samuel	1-0-0-0
Neer, James	1-0-0-0	Prior, Samuel	1-0-0-0
North, George	1-0-3-3	Pierce, William	1-0-0-0
Neel, Thomas & Reasin Tucker	2-0-0-0	Pitcher, George	1-0-0-0
		Purnell, Jesse	1-0-0-0
Neel, Francis	1-0-0-1	Page, Edward	1-0-0-0
Nelson, Robert levy free	1-0-0-0	Perry, Thomas	1-0-0-0
		Price, Samuel	1-0-0-0

Jefferson County, Virginia Personal Property Tax List 1811

Name	Tax	Name	Tax
Perry, Charles	1-0-0-0	Michael's heirs	
Piles, Robert	1-0-0-1	Rockenbough, Jacob Sr.	1-0-0-0
Partrige, Matthew	2-3-7-12	Rogers, John	1-0-0-0
Packett, John	0-1-1-3	Reed, William	1-0-0-0
Pusy, David	1-0-0-2	Riley, John	1-0-0-0
Pulse, David	1-0-0-5	Riley, Frederick	1-0-0-0
Pulse, Jacob	2-0-0-8	Riley, William	1-0-0-0
Perl, Joseph	1-0-0-0	Rawlings, Thomas	1-0-0-0
Patterson, Thomas	1-1-0-0	Reed, Robert	1-0-0-0
Pulse, George Sr.	1-0-0-5	Reasor, John	1-0-0-0
Pain, John	2-0-0-5	Reed, John	1-0-0-0
Pain, Raphal	1-0-0-2	Rutherford, Drusilla	0-0-4-7
Palmer, William	1-0-0-0	Rutherford, Van	1-0-0-1
Palmer, David	1-0-0-2	Russel, Samuel	3-1-0-1
Painter, John	2-0-0-4	Riechter, Charles G.	1-0-0-0
Painter, William	1-0-0-1	Roper, Nicholass	2-0-3-6
Potts, David	1-0-0-0	Reynolds, Jerem'h	1-0-0-1
Pipper, William	1-0-0-1	Robia, William	1-0-0-1
Ringold, John	1-0-0-0	Roberlett, James	1-0-0-3
Ranson, Matthew	1-2-5-10	Reed, Robert	1-0-0-0
Rockenbough, Jacob	2-0-0-1	Riley, Alexander	1-2-5-10
Ronimous, George	1-0-0-3	Ronemous, Andrew	3-0-0-5
Roberts, John	1-0-0-4	Roseberry, Frederick	2-0-1-6
Ronimous, Conrod	2-0-1-6	Reed, Thomas	1-0-0-0
Ronimous, Lewis	1-1-1-5	Ryon, James	1-0-0-0
Randle, Rebeckah	0-0-0-1	Richcrick, Philip	1-0-0-2
Remley, Samuel	1-0-0-2	Ridgway, Rebeckah	0-0-0-3
Ripple, Peter	1-0-0-2	Redenhour, Christopher	3-0-1-4
Reynolds, George	3-2-6-15	Riley, Zachariah	1-0-0-3
Rockenbough, John	1-0-2-0	Staley, Jacob millwright	1-0-0-0
Roberts, Samuel	2-0-0-6		
Roberts, William	1-0-0-2	Stanhoop, William	1-1-5-5
Ramsay, Thomas	1-0-0-0	Smallwood, Gabriel	1-0-0-5
Riley, Samuel	1-0-0-1	Smith, James	1-0-0-0
Ripple, Philip	2-0-1-4	Spotts, Andrew	1-0-0-0
Riley, George	1-1-7-9	Sellers, Henry	3-0-0-0
Richardson, William	1-0-0-1	Shoebridge, John	1-0-0-5
Russel, Robert	1-0-0-0	Short, James	2-0-0-7
Ruchstine, William	1-0-0-0	Sly, Matthias	1-0-0-0
Robertson, John	1-0-0-0	Strother, Anthony	1-2-4-7
Russel, Arthur	2-0-0-0	Snider, John	2-0-0-5
Rector, Charles	1-0-0-1	Strider, Jno.	1-0-0-3
Russel, John	1-0-0-0	Staley, Stephen	2-0-0-6
Robb, George	1-0-0-0	Shunk, Simon	1-0-0-2
Robb, Solomon	1-0-0-1		
Richart,	0-0-0-1		

Jefferson County, Virginia Personal Property Tax List
1811

Name	Values	Name	Values
Sapington, Thomas	2-0-1-4	Shoebridge, Charles	1-0-0-0
Sleper, Frederick	1-0-0-0	Sheetz, Michael	1-0-0-0
Speaks, William	1-0-0-4	Shunk, Isaac	1-0-0-0
Sagle, Henry	2-0-0-2	Shaffer, John A.	1-0-0-0
Showalter, Isaac	1-0-2-5	Silas, Peter	1-0-0-0
Strider, Jeob	2-0-2-6	Stephenson, William	1-0-0-0
Steadman, William J.	1-0-0-1	Speaks, John	1-0-0-0
Snider, Christly	2-0-0-0	Syckafust, John	1-0-0-0
Shanton, Charles	1-1-1-5	Sedwick, William	1-0-0-0
Strain, Samuel	2-2-2-5	Stepes, Anthony	1-0-0-0
Smallwood, Samuel	1-0-0-1	Stepes, Ezekeal	1-0-0-0
Strider, Isaac	1-0-2-7	Sheets, Jacob	2-0-0-0
Sullivan, Hartly	1-0-0-0	Shutt, Philip	1-0-0-2
Swagler, Matthias	2-0-0-3	Stall, Jesse	2-0-0-6
Smithy, George	2-0-3-6	Steadman, John	1-0-0-0
Strider, Saml. and William	4-0-4-14	Steadman, John Jr.	1-0-0-0
		Shaner, George	1-0-0-0-
Spence, John	1-0-0-0	Syckafust, Samuel	1-0-0-0
Stanford, Joseph	1-0-0-0	Smith, John	1-0-0-0
Storm, Henry	1-0-0-4	Shrigley, John	1-0-0-0
Stedman, William Sr.	2-0-0-2	Sapington, William	1-0-0-0
Shanton, Zasoc [Zadoc]	1-0-0-1	Spangler, John Jr.	1-0-0-0
		Strider, John	1-0-2-2
Shepherd, Abram	1-1-10-17	Spencer, Samuel	1-1-1-6
Staley, Jacob	1-0-0-0	Shindler, Conrod	2-0-0-0
Staley, Stephen	3-0-0-0	Smallwood, Thomas	0-0-0-1
Stephenson, L. L.	1-0-0-0	Statton, Jacob	1-0-0-1
Stubblefield, James	1-2-1-0	Simpson, George	1-0-0-0
Shoebridge, John	1-0-0-0	Sanks, George	1-0-0-1
Strider, Henry	1-0-2-1	Shirley, Robert Sr.	3-0-0-7
Steadman, James	4-0-1-5	Shirley, Robert Sr.	3-0-0-7
Smurr, Andrew	1-0-0-0	Shirley, Ephraim	1-0-0-1
Smurr, Jacob	1-0-0-1	Starry, Nicholas	2-0-0-1
Schlyer, Peter	1-0-0-0	Stephenson, James	2-2-0-1
Shopart, Philip	1-0-0-0	Shirley, William	0-0-1-1
Souther, Christopher	1-0-0-0	Sutton, John	1-0-0-0
Springle, Anthony	1-0-0-0	Splint, Patrick	2-0-0-0
Selby, Walter B.	4-1-4-2	Spangler, John	1-0-0-0
Staley, Daniel	2-0-0-6	Shower, Samuel	1-1-0-1
Staley, Stephen	2-0-0-0	Strath, Alexander	0-3-4-8
Show, Jacob	2-0-0-2	Shirly, John	2-0-0-3
Swearingin, Van	1-0-2-5	Shirley, Javis	3-0-0-4
Swearingin, Hezekiah	1-1-4-6	Slaughter, Smith	1-1-8-9
Swearingin, Joseph	1-3-16-18	Shirley, Walter	1-0-0-0
Stricklin, John	1-0-0-0	Shaner?, George	1-0-0-5
Saffield, Isaac	1-0-0-0	Stephens, John	1-0-0-0

Jefferson County, Virginia Personal Property Tax List 1811

Stephens, Thomas	1-0-0-0	Talbott, John	1-1-4-8
Shirley, James	1-0-4-8	Thornburgh, Drusilla	2-0-4-5
Swayne, Samuel	1-0-0-6	Twig, Samuel	1-0-0-2
Swayne, Rebeckah	1-0-0-1	Tabb, Robert	3-2-1-8
Speers, James	1-0-0-0	Thompson, John	2-0-1-5
Saunders, John Sr.	1-3-17-14	Taylor, Levi	2-0-4-10
Saunders, William B.	1-0-8-9	Toole, John	2-0-0-6
Shaul, Nicholas	2-0-0-8	Tucker, Christopher	1-0-0-0
Stewart, Archabald	1-0-0-0	Taylor, William	1-0-3-9
Sheveley, Jacob	1-2-0-2	Thompson, Samuel	1-0-0-0
Sinclair, John	2-0-18-18	Trail, Nathon	1-0-0-0
Stewart, John	2-0-0-1	Thomas, James	1-0-0-0
Sumprood, John	1-0-0-2	Taylor, Samuel	1-0-0-2
Smith, Frederick	2-0-1-7	Taylor, Richard	1-0-0-2
Shepherd, Godfrey	2-0-0-3	Turner, Joseph	4-1-2-9
Sengle, Conrod	1-0-0-4	Thornburgh, John And.	1-0-1-8
Spurr, John	1-0-0-0	Turner, Anthony	3-1-5-4
Shepherd, Jacob	1-0-0-3	Tool, Thomas	1-0-1-1
Smithy, Moses	1-0-0-0	Thrallkill, Nancy	0-0-1-0
Shaul, Michael	1-0-0-7	Thompson, John	1-0-0-0
Shingler, Richard	1-0-0-0	Thompkins, Jona	1-0-0-0
Strider, Benjamin	3-0-0-2	Thompson, Samuel	1-0-0-0
Smith, William	1-0-0-0	Thomas, Aquilla	1-0-0-2
Stone, Philip	2-0-0-1	Thompson, Thomas	1-0-0-0
Smith, Henry	1-0-0-1	Timberlick, Harfield	1-3-7-10
Stephenson, William	1-0-1-1	Trasy, James	2-0-0-2
Simpson, James	1-0-0-0	Throgmorton, John	1-4-15-18
Smith, John	1-0-0-1	Taylor, James	1-0-0-0
Smith, Moses	1-0-0-1	Toys, Andrew	3-2-9-15
Showers, Joshua	1-0-0-0	Tillett, Samuel	1-0-2-6
Shaul, George	2-0-0-5	Taylor, Bennett	1-1-17-13
Shaul, Jacob	1-0-0-5	Thomas, John	1-0-0-1
Scollay, Samuel	1-0-0-0	Tool, Joseph	1-0-0-0
Steadman, Thomas	1-0-0-1	Throgmorton, Robert	1-0-2-3
Smith, Lewis	2-0-0-2	Thomas, Samuel	1-0-0-2
Saunders, John Jr.	1-0-0-0	Thomas, William	1-0-0-1
Saunders, Benjamin	1-0-0-0	Taylor, John	1-0-0-0
Saunders, Sirus	0-1-0-1	Turner, Henry S.	1-5-17-20
Smith, Seth	2-0-2-4	Tate, William	1-2-7-9
Shepherd, Thomas	2-0-0-0	Tillett, Samuel (miller)	1-0-0-1
Stepp, John Jr.	3-0-2-8	Vanmeter, Abram	2-0-0-6
Stephens, Dennis	1-0-0-0	Underdunk, Henry	1-0-0-1
Stephens, Robert	1-0-0-0	Vardeer, James	1-2-3-13
Staley, Peter	2-0-0-5	Varner, Jacob	1-0-0-0
Stephens, John	1-0-0-2	Vandoren, Jacob	0-0-1-4
Snavely, John	1-0-0-0	Unseld, George	1-0-0-0

Jefferson County, Virginia Personal Property Tax List
1811

Name	Values	Name	Values
Unseld, John Sr.	1-0-0-0	Ward, John	1-0-0-1
Unseld, John Jr.	4-0-0-1	Williamson, William	2-0-2-4
Volraven, Jonas	2-1-1-5	Warble, Matthias	1-0-0-3
Urquheart, Hugh	1-0-0-0	White, Thomas Jr.	1-0-0-0
Vestal, David, Sr.	1-0-0-0	Wintermire, Philip	1-0-0-1
Vestal, William	1-0-1-3	Welsimire, Catharine	0-0-1-0
Vestal, David Jr.	1-0-0-0	Wycoff, Peter	1-0-0-0
Umpahour, Philip	1-0-0-1	Wycoff, Jonus	1-0-0-0
Vanhorn, John	1-0-0-2	Whetstone, Jacob	1-0-0-0
Vanhorn, Joseph	1-0-0-3	Wintersmith, Charles	1-0-0-0
Vanvactor, Joseph	1-1-1-4	Winn, Elijah	1-0-0-0
Wickum, Merine T. [listed with Merine as surname in M section]	1-0-1-0	Wallis, William	1-0-0-0
		Wigton, John	1-0-0-0
		Warner, Thomas	1-0-0-0
		Wycoff, Peter Sr.	1-0-0-0
Winters, John	1-0-0-0	Willett, Aquilla	1-0-0-1
Whip, Peter	2-0-1-6	Wallingford, James	2-0-0-3
Watkins, Joseph	1-0-0-0	Wysong, Joseph	1-0-0-0
Waters, Robert	1-0-0-1	Wilson, George	1-0-0-0
Willis, Rick	2-1-11-19	Wilson, Moses Sr.	4-0-0-1
Wilt, Henry	2-0-0-4	Wilson, Hugh	1-0-0-5
Watters, William	1-0-0-1	Williams, Richard	1-0-0-1
Walperd, Casper	2-1-1-7	Whaley, James	1-0-0-1
Welshonse, David	1-0-0-2	Wilkins, John	1-0-0-0
Wagley, John	3-0-0-3	Weddy, John	1-0-0-0
Wallilngford, Nicholass	1-0-0-3	Wright, James	1-0-0-1
Williams, Benjamin	1-0-0-3	Washington, Lucy	0-1-4-3
Wood, Thomas	1-0-0-1	Wright, Samuel	2-1-2-8
Williams, Samuel	1-0-5-9	Washington, Samuel	1-1-8-8
Weaver, Adam	1-1-2-4	Washington, Richard	1-1-17-15
Welch, John	0-0-0-2	Wood, James	1-0-0-2
Welsh, Jacob	1-0-0-3	Welsh, Richard	2-1-5-15
Wilson, Thomas	3-0-0-5	Wood, James	1-0-0-2
Wilson, David	1-0-0-1	Welsh, Richard	2-1-5-15
Williamson, Basil	1-2-4-1	Welsh, John	1-0-0-3
Whellett, Robert	1-0-0-1	Washington, Jno. & Bushrod	0-2-31-27
Wolf, Henry	1-0-0-4		
Wilson, John	2-0-0-5	West, William	1-0-0-0
Weaver, John	1-0-0-0	Wright, William	1-0-0-0
Wager, John	2-0-2-4	Whiting, Francis	1-4-14-14
Welshonse, Joseph	3-0-0-1	Wools, William	1-0-0-0
Ware, Ralph	1-0-0-0	Willis, Carver	1-3-9-13
Wire, George	1-0-0-1	West, Thomas	1-0-0-0
Wysong, Jacob	2-0-0-1	Wilson, Benjamin	1-0-0-1
Wisenall, Barnard	3-0-0-1	Warson, James	1-0-0-2
Wingard, John	1-1-1-3	Williams, Isaac	2-0-0-0

Jefferson County, Virginia Personal Property Tax List
1811 Free Negroes Chargeable with Tax

William, Isaac	2-0-0-1		Yerkes, Joshua Jr.	1-0-0-3
Williams, Elijah	1-0-0-0		Yates, John	3-6-32-19
Watson, Thomas	1-0-0-7		Young, Chrestly	1-0-0-0
Watson, Henry	1-0-0-1		Yontzs, John	3-0-0-1
Williams, James	1-1-3-5		Yates, Joshua	1-0-0-0
Wright, Isaac	1-0-0-1		Young, George	1-0-0-0
Whiting, Beverley	1-2-18-25		Yantzs, Conrod	1-0-0-0
Wilshire, Bennett	1-0-0-3		Yorger, George	1-0-0-1
Wormeldorff, John	1-0-0-2		Zimerman, Michael	1-0-0-0
Welshonse, Jacob	2-0-0-0		Zilenger, George	1-0-0-0
Wood, Andrew	1-0-0-1		Young, Joseph	2-0-0-1
Whitting, Matthew	1-1-1-2		Young, John	0-0-0-1
Young, James	2-0-0-6		Young, John	1-0-0-2
Yokes, Sirus	1-0-0-3		Young, Danil	1-0-0-0

1811 Free Negroes Chargeable with Tax

Banks, James - laborer with Danl. Eversole

Marlor, Peter - laborer with Jno. Ingram

Grimes, Samuel - laborer with Henry Strider

Negro James - laborer with Thomas Wilson

Sprigg, Thomas - laborer at Harpers Ferry

Sett, Charles - 4 horses, farmer on Jno. Wager's land

Wood, Reubin - 2 horses, farmer on Henry Strider's land

Negro Joseph - laborer with Strider

Butler, Jno - laborer with Strider

Williams, Topson - 2 horses, farmer on Isaac Strider? Land

negro Henry - laborer with Wm. Taylor

Gilbert, Isaac - shoemaker in Charlestown

Givens, Jason - laborer in Charlestown

Hogen, James - laborer in Charlestown

Binker, Robert - 2 horses, laborer at Cave farm

Hurst, Frank - laborer in Charlestown

Dunbar, Solomon - laborer with Jno. Haynes

Moore, Richard - laborer with Jno. Haynes

Webb, Warner - laborer with Dr. Woods

Elick, Locks - laborer with Jno. Locks

Thompson, Gasper - laborer on F. Fairfax land say mo. McCormicks

Berry, Dennis - 2 horses, laborer on T. Fairfax land

Talbott, Sellers - 3 horses, laborer at Cave farm

Macky, Jno. - laborer at R. Christia

Robertson, Jonathon - laborer with J. Volraven

Cephes & Samuel - laborer with Saml. McPherson

Holmes, Berkeley - laborer with Saml. McPherson

Smith, David - laborer with Will McPherson

Thompson, Thomas - laborer with N. Haynes

Jefferson County, Virginia Personal Property Tax List
1811 Free Negroes Chargeable with Tax

Thompson, Ben & Gabriel Tool - laborer bound to Danl. Collatt

Thompson, Harry - laborer with Saml. Mendenall

Moore, Baker & Moore, Joel - laborer on Jno. Locks land

Webb, Frank - laborer on Jno. Throgmorton land

Jackson, Peter - 2 horses, laborer on Jno. Throgmorton land

Ranson, Ned - 2 horses, laborer on S. Mendenall land

Brown, Basil - laborer with Mrs. Lashell

Thompson, John - laborer with Sinclair

Burwell, Jesse - laborer with R. Weshes

Risk, Thomas - laborer with Jno. Granthum

Hollins, William - laborer with Harrwood

Willes, James - laborer with Smithfield

Bowlin, John - laborer with Smithfield

Horris, George - laborer with Abigail Fry

Forg, Hamilton - laborer with Smithfield

Underdunk, Francis - laborer with S. & W. Strider

Giles, Leonard - laborer with Jno. Allstotts

Brooks, James - blacksmith with Jno. Griggs

Holles, Norman - laborer on D. McPherson land

Stewart, Alexander - laborer on D. McPherson land

Jefferson County, Virginia Personal Property Tax List
1812

1812

Column numbers refer to: White males above 16 – Black males above 12 & under 16 years old –Black males above 16 years of age -- Horses, Mares &c

Anderson, James	3-0-2-7		Boud, Joseph	3-0-0-5
Avis, William	1-0-0-1		Bramhall, Peter	1-0-0-0
Alamong, Christian	1-0-3-7		Briscoe, Alexander M.	1-1-6-5
Allstott, John	1-0-2-8		Brackenridge, Thomas	1-1-4-10
Anderson, John	2-0-2-2		Burgoyn, John	2-0-0-1
Avis, John	1-0-0-2		Bowley, Benjamin	1-2-3-11
Adams, Henry	1-0-1-3		Beeler, Benjamin	2-0-11-18
Atwell, Thomas	2-0-2-7		Bowley, John	1-0-6-10
Athea, Townly	2-0-0-3		Beeler, Benjamin	1-0-5-5
Ager, John	1-0-0-2		(Ken'y)	
Alnutt, Jessee	1-1-4-4		Burnett, Mason	2-0-2-10
Able, John	1-2-8-16		Bell, Thomas	1-1-0-7
Avis, David	1-0-0-4		Byant, William	1-0-0-0
Ault, Jacob Sr.	1-0-0-4		Bell, Joseph Jr.	1-0-1-2
Ault, Jacob Jr.	1-0-0-3		Bell, Hezekiah	1-1-10-12
Allstott, Daniel	2-0-3-7		Bowan, Shederick	1-0-0-1
Ankrum, Archabald	1-0-0-0		Blaker, Joseph	1-0-0-1
Ainsworth, William	1-0-0-0		Beescley, Cornelious	1-0-0-0
Allstott, Jacob	2-0-4-18		Bradshaw, Uriah	1-0-0-0
Alder, Markus	1-0-2-6		Brown, Elias	1-0-0-0
Annin, Samuel	2-1-0-2		Bedeman, Dederick	1-0-0-2
Avis, Robert	1-0-0-1		Bell, Joseph Jr.	2-1-0-4
Ault or Alt, Jacob	1-0-0-1		Bushman, David	1-0-0-3
Avis, Joseph	1-0-0-0		Barton, Thomas W.	2-1-1-6
Anderson, Mrs. (widow)	0-0-0-1		Bassil, Richard	1-0-0-0
			Basil, John	2-0-0-0
Burton, Joshua	1-1-1-6		Blackburn, Thomas	2-1-1-6
Bowan, James	1-0-0-4		Braxwell, William	1-0-0-1
Brenton, Weldon	1-0-3-1		Bryant, Charles	1-0-0-1
Buckmaster, John	2-0-1-2		Briscoe, John Sr.	2-1-24-18
Buckmaster, Nath'l Jr.	1-0-0-2		Blany, Patrick	1-0-0-0
Bohart, Philip	1-0-0-0		Brown, Ester G. widow	0-0-1-0
Bennett, Thomas	1-0-0-0		Blue, Jesse	1-0-0-4
Baltzer, Hess	1-0-0-0		Bridgman, Frank	1-0-0-0
Blackburn, William	1-0-0-1		Bryson, Bernard	1-0-0-1
Bradshaw, Joseph	1-0-0-0		Burns, Philip	1-0-0-2
Brown, Adam	1-0-0-1		Burnett, William	1-0-2-6
Buckmaster, Zachariah	1-0-0-1		Brown, Rachal	0-0-0-1
Bates, Thomas joiner	1-0-0-0		Barnhood, Henry	3-0-0-1
Brown, William	1-0-0-0		Blue, Joel	3-0-0-6

Jefferson County, Virginia Personal Property Tax List
1812

Name	Values	Name	Values
Blue, Michael	2-0-0-4	Bosworth, William	1-0-0-0
Baylor, Richard	1-3-20-19	Butt, Charles	1-0-0-0
Bryant, Edward	1-0-0-2	Bishop, George Sr.	1-2-1-1
Burr, William	1-1-0-3	Burnett, Van	1-2-3-9
Boyd, William	2-0-0-1	Boroff, Henry	1-0-0-0
Bedenger, Jacob	0-0-1-4	Boatman, Alex'a	1-0-0-1
Brantner, Frederick	1-0-0-2	Barnheart, Philip	1-0-0-0
Baker, Leakin	1-0-1-6	Bruce, John	1-0-0-1
Beckum, Matthias	1-0-0-0	Butler, Henry	1-0-1-1
Bowers, John Sr.	1-0-1-4	Bishop, George Jr.	1-0-0-0
Banks, Samuel	1-0-0-0	Bova, Henry	1-0-0-1
Bowers, Frederick	2-0-0-4	Butt, Van	1-0-0-0
Banks, Clementious	2-1-1-5	Boylstour, Thomas	1-0-0-1
Best, John	1-0-0-0	Baker, Walter	1-0-8-12
Bryson, William	1-0-0-0	Boyd, Robert	1-0-0-0
Bridgman, William	1-0-0-0	Bartram, William	1-0-0-0
Buckles, Henry	1-0-0-5	Beltz, Andrew	1-0-0-0
Blue, John S.	1-0-2-4	Beurguard, Robert	1-0-0-0
Berry, John	2-0-0-0	Barlis, John Jr. (Boy?)	1-0-0-0
Buckles, Dan'l.	1-1-1-6	Beltz, John	1-0-0-0
Buckles, William	1-1-3-3	Baelis, John Sr.	1-0-0-0
Byers, John	1-0-0-0	Burnett, Garland	1-0-0-1
Bruce, John	1-0-0-0	Boyls, Edward	1-0-0-0
Baker, John weaver	1-0-0-0	Beckum, Townsand	1-0-1-0
Bowden, Stephen	1-0-0-0	Blackburn, John	1-0-0-0
Bilmire, Martin	2-0-0-8	Burns, John	1-0-0-0
Banks, John	1-1-4-8	Border, Daniel	1-0-0-1
Byers, Isaac	1-0-0-3	Brewer, John	1-0-0-0
Byers, Saml.	1-0-0-1	Best, Jacob	1-0-0-0
Byers, Joseph	1-0-0-6	Barrens, Alexander	1-0-0-0
Buckles, James	1-1-0-3	Bredenbough, Martin	1-0-0-0
Briscoe, John Jr.	1-1-2-1	Berlin, Abraham	1-0-0-0
Barns, Ishmael	1-0-0-0	Burton, Erasmous	1-0-0-0
Botler, William	1-3-7-7	Clarke, Michael and Mrs. Lashells	1-0-2-5
Baker, John attorney	1-2-2-3		
Burkett, Mich'l	1-0-2-7	Chambers, Aaron	1-0-0-1
Bowers, John Jr.	1-0-0-1	Carlese, John	1-0-0-0
Bedenger, Danl	1-0-6-4	Craton, Hugh	1-0-0-0
Burr, James	1-0-0-4	Collett, Daniel	4-0-0-8
Bussell, Benjamin	1-1-1-4	Crow, Richard	1-0-0-0
Bryant, John Admrs	0-2-5-10	Cross, John	1-0-0-1
Bova, John	1-1-0-6	Crow, William	2-0-0-1
Basil, Williamson	1-1-4-1	Cockrell, John	1-1-2-4
Breeding, Robt. H.	1-0-2-0	Cockrell, Thomas	1-1-2-6
Burnett, Thos. S.	2-0-0-2	Conway, William	1-0-0-2
Baden, John	1-0-0-0	Creamer, Saml. J.	1-1-3-3

Jefferson County, Virginia Personal Property Tax List 1812

Name	Values	Name	Values
Clark, William	1-0-0-3	Catlett, James	1-0-0-6
Craighill, Wm. P.	1-0-2-5	Cook, Giles Jr.	2-2-10-13
Craighill, Nath'l	1-0-7-17	Conklin, David constable	0-0-0-1
Conner, Charles	1-0-1-5		
Cowan, David	2-0-0-3	Carmen, Henry	1-0-0-0
Cooper, Jonas	1-0-0-0	Creamer, Frederick	1-0-0-1
Christy, Robt.	3-0-1-1	Chapper, Philip	1-0-0-0
Crusin, Levi	1-0-0-0	Cain, William	2-1-0-0
Chamberlain, Elijah	1-1-5-8	Camron, Daniel	1-0-0-0
Chamberlain, Thos.	1-0-0-0	Croft, Philip	1-0-0-0
Chamberlain, Elizabeth	0-0-0-6	Creswell, Joseph	1-0-0-0
		Commiger, Wm.	2-1-4-10
McClanahan, Thos.	1-2-10-9	Crim, Mich'l	2-0-0-0
Cameron, William	2-0-0-6	Cole, Abram	1-0-0-0
Collumba, Matthew	1-0-0-0	Cain, James	1-0-1-7
Clipper, Frederick	3-0-3-1	Cromwell, Stephen	1-0-3-13
Cleaveland, Levi	1-2-3-6	Combs, Christian	2-0-0-1
Campbell, Thomas	1-0-3-8	Crose, Dovolt	1-0-0-1
Crane, Joseph	1-1-10-13	Clarke, James	1-0-0-0
Collumba, Jesse	1-0-0-0	Correll, Wm.	1-0-0-0
Clarke, James and Wm. McSherry	2-1-0-1	Coltent, Nathan	1-0-0-0
		Chaplain, Isaac	1-0-1-3
Cleaveland, Jesse	1-1-3-7	Chaplain, Abram	2-0-0-2
Cleaveland, Alexander	1-0-6-10	Creamer, Peter	1-0-0-0
Crusin, James	1-0-0-0	Cookus, John	1-0-0-0
Conway, John	1-1-0-1	Crowl, Jacob Jr.	1-0-0-0
Cahill, William	1-0-0-1	Croff, Jacob	1-0-0-1
Crusin, Jacob	1-0-0-0	Cookus, Henry	1-0-1-1
Clemer, Isaac	1-0-0-1	Carlow, Francis	1-1-0-1
Clemer, Abram	1-0-0-1	Conrod, Henry	1-0-0-0
Catro, Jacob	2-0-0-2	Crain, George ?	1-0-0-0
Cage, Andrew	1-0-0-1	Crane, Peter	1-0-0-0
Coons, Abraham	3-1-0-4	Cox, William	1-0-0-1
Coons, Jacob Sr.	1-0-0-2	Cherry, Rich'd	1-0-0-0
Conklin, Henry	1-0-1-3	Carson, James	1-0-0-0
Coyl, William	1-0-0-1	Claspy, David	1-0-0-0
Coyl, James	1-1-0-3	Creps, John	1-0-0-0
Case, John	1-0-0-0	Crowl, Jacob	1-0-0-0
Cook, Hannah	2-0-0-5	Conrod, Henry	1-0-0-0
Cook, Andrew	1-0-0-1	Cloaninger, Henry	1-0-0-0
Cook, Michael	1-0-0-1	[in L section]	
Coons, Jacob Jr.	1-0-0-0	[following 14 entries appeared after U/V section]	
Clum, Jacob	1-0-0-4		
Crutcher, Henry	2-0-0-5	Collins, Fanny	0-1-4-3
Coons, John	1-1-0-3	Carson, Robert	1-0-0-0
Clemer, Joseph	1-0-0-2	Carson, John	1-0-0-0

Jefferson County, Virginia Personal Property Tax List
1812

Cook, Michael	1-0-0-1		Duke, John (cooper)	1-0-0-1
Cooper, George	1-0-0-0		Duke, John	1-0-0-0
Carter, Thomas	1-0-0-0		Dial, James	1-0-0-1
Crowl, Michael	1-0-0-0		Duff, Thomas	1-0-0-1
Cox, Samuel	1-1-0-0		Davanport, Saml	2-1-8-10
Croft, David	1-0-0-0		Davis, Leonard Y.	2-0-4-9
Claspy, John	1-0-0-0		Dowling, Cornelious	1-0-0-0
Crutcher, John	1-0-0-0		Daugherty, John	2-0-0-0
Creamer, Daniel	1-0-0-0		Duke, William	1-0-0-1
Creamer, Casper	1-0-0-0		Devall, Denton	1-0-0-1
Creps, Christian	1-0-0-0		Dandrige, Adam S.	2-6-32-40
Deen, Ezekial	1-0-0-1		Daugherty, Saml.	1-0-0-0
Downy, Edmond	2-0-2-1		Duffield, Rich'd	1-1-7-9
Davanport, John	2-1-3-8		Davis, Thomas	1-0-4-9
Duke, Joseph	1-0-0-0		Debostian, Elizabeth	0-0-0-2
Dobsen, Saml.	1-0-0-0		Donoldson, Stephen	1-0-2-1
Davis, Joseph W.	1-0-5-8		Daugherty, Patrick	1-0-0-0
Davis, John	1-0-0-0		Davis, Cornelious	3-0-0-1
Daugherty, Patrick	1-0-3-0		Devers, Isaac	1-0-0-0
Downs, Benjamin	1-0-0-0		Davis, Abram	1-0-0-0
Davanport, Abram	2-3-15-16		Dial, George	1-0-3-1
Dutro, Michael	1-0-0-1		Davis, Samuel	1-0-0-0
Davis, Clementious	2-2-7-11		Delgarn, Stephen	1-0-0-0
Duke, James	1-0-0-0		Donham, John	1-0-0-0
Duke, Thomas	1-0-0-0		Duke, Robt.	1-0-0-0
Downy, John	2-1-8-12		Duke, Francis	1-0-0-0
Downy, Wm.	1-0-0-0		Dalgarn, John	1-0-0-0
Dunn, Joshua	1-0-0-0		Endsley, Thomas	1-0-0-0
Dorsey, John	3-0-3-5		Edmonds, Benjamin	1-0-0-0
Duckwall, Joseph	1-0-1-3		Edwards, Abram	1-0-0-0
Dixon, John	1-0-2-2		Everheart, Jacob	1-0-0-2
Deborer, William	1-0-0-1		Evans, John	1-0-0-2
Davanport, Thomas	1-0-1-5		Edwards, Andrew	1-0-0-1
Dotts, George	2-0-0-2		Edwards, Hezekiah	1-0-0-3
Dillow, Thomas	1-0-0-1		Endsley, John	1-0-0-0
Dillow, William	1-0-0-3		Emmery, Hezekiah	1-0-0-0
Dillow, Joseph	3-0-0-4		Eaty, Sebastian	1-1-1-1
Davanport, Benjamin	1-0-4-7		Edwards, Joseph	1-1-2-7
Davis, Morris	1-0-0-2		Evans, George	1-0-0-0
Dillow, John	1-0-0-1		Ervin, John	1-0-0-0
Dillow, Peter	1-0-0-4		Ingram, John	1-0-0-6
Dullea, William	1-2-4-7		Eversole, Abram Jr.	4-0-0-6
Daniels, John	1-0-1-8		Eversole, Isaac	0-0-0-4
Davis, Ezekial	2-0-0-4		Eversole, Daniel	2-0-0-6
Dillowplain, Jacob	1-0-0-0		Eversole, Henry	1-0-0-2
Dust, Vallentine	2-0-2-8		Ellett, Benjamin	1-0-0-0

Jefferson County, Virginia Personal Property Tax List 151
1812

Name	Value	Name	Value
Engle, Philip Jr.	2-0-2-9	Frasier, William	1-0-0-2
Evans, Thomas B.	1-0-0-1	Fossett, Isaac	1-0-0-1
Evans, Thomas	1-0-0-1	Ferguson, James S.	2-0-4-7
Engle, Philip Jr.	1-0-0-7	Felch, James	1-0-0-1
Engle, George	1-0-0-4	Frumm, David	1-0-0-0
Engle, Mich'l	1-0-0-0	Foulk, Michael	2-0-0-0
Eigleberger, George	1-0-0-0	Fisher, Jacob	1-0-0-2
Entler, Philip	2-0-0-0	Francis, James	1-1-1-10
Eckheart, Mich'l	1-0-0-0	Folk, George (country)	2-1-0-5
Earnest, Martin	2	Forman, Benjamin	2-0-1-4
Engle, Saml	1-0-0-2	Folk, Frederick	2-0-0-3
Engle, Joseph	3-0-1-5	Folk, George	2-0-0-3
Engle, John	1-0-0-5	Folk, Daniel	1-0-0-1
Emberson, John	1-0-0-0	Fayman, George	4-0-0-2
Entler, George	3-0-0-1	Felzer, Henry	1-0-0-0
Emberson, Edw'd D.	1-0-1-6	Fardon, Ralph	1-0-0-0
Entler, Danl	2-0-1-1	Funk, Philip	1-0-0-0
Engle, Jacob	1-0-0-0	Ferrels, William	1-0-0-1
Engler, Jacob	1-0-0-0	Granthum, Jno. Jr.	1-0-0-3
Ellis, William	1-0-0-0	Goldsberry, John	1-0-0-0
Ernenshaw, John	1-0-0-0	Gibbons, Moses	1-0-7-9
Erwin, Frederick	1-0-0-1	Grubb, Curtis	1-0-0-0
Eader, Solomon	1-0-0-0	Grady, Thomas	3-0-0-1
Fouke, Charles	1-0-0-1	Goreley, William	1-0-0-0
Farnsworth, Saml	1-0-0-1	Games, Benjamin	1-0-0-0
Farnsworth, David	1-0-0-0	Gardner, John	1-0-0-0
Fulton, Robert	2-0-4-2	Griffith, Daniel	1-0-0-1
French, Samuel	1-0-0-0	Griggs, Thomas Jr.	1-0-1-1
Farnsworth, Jonathan	1-0-0-0	Grove, John	1-0-3-1
Frame, Matthew	3-2-9-12	Gibbs, Charles	1-1-1-1
Frasier, Jonathon	2-0-1-8	Goldsberry, Robert	1-0-0-0
Faro, Samuel	2-0-1-3	Gallaway, William	1-0-1-6
Farding, James	1-0-0-3	Griggs, John	1-1-7-11
Fisher, Jacob	2	Grove, William	1-0-0-1
Fairfax, Thomas	0-0-3-0	Gibbens, Gilbert (tailor)	1-0-0-0
Farr, Joseph	1-2-2-2		
Frasier, Thomas	1-0-0-1	Grubb, Adam	1-0-0-4
Fulton, James	1-2-9-12	Gantt, John Jr.	2-3-14-14
Fry, Abegail	1-0-1-5	Gantt, Henry	1-0-10-14
Fry, John (Cos)	0-0-0-6	Gordon, John	1-0-0-0
Fry, Daniel	1-0-0-1	Greenfield, Gab'l	1-2-21-14
Fryer, John	1-0-0-0	Gold, John	1-0-3-9
Frank, Henry	1-0-0-0	Griggs, Thomas Sr.	2-4-16-17
Fry, David	3-0-1-9	Glasscock, Peter	1-1-0-1
Flood, W. P.	1-3-9-12	Gill, John	1-0-0-0
Fairfax, Firdenondo	1-1-14-12	Grantt, John	1-0-1-4

Jefferson County, Virginia Personal Property Tax List
1812

Granthum, Joseph	1-0-0-4	Howell, Samuel	2-0-1-2
Granthum, John Sr.	3-0-0-6	Heafer, John	1-0-0-2
Granthum, William	1-1-0-2	Hanes, Henry	2-1-2-4
Groover, Allbright	3-0-0-6	Heskett, John	3-0-3-6
Gardner, James	1-0-0-0	Heanor, John	1-0-0-1
Glassford, Alexander	1-0-0-2	Hanes, Peter	2-0-0-0
Games, Robert	2-0-0-1	Hanes, John (carp'tr)	1-0-0-0
Gibbs, Lucus S.	1-0-0-1	Hughes, James	1-0-0-0
Gilbert, Henry	1-0-1-1	Hill, William (Downing)	1-0-0-0
Granthum, John (Cos)	0-0-0-1	Humphreys, David	1-0-2-1
Granthum, Joseph Sr.	2-0-4-7	Humphreys, George	1-1-2-2
Garrison, William	1-0-0-0	Humphreys, John	2-0-2-2
Goldsberry, Cornelious	1-0-0-1	Hanes, Daniel	1-1-0-1
Gilpin, William	1-0-0-2	Hammond, Thos. R.	1-1-5-8
Gibson, Francis	2-0-0-1	Hugh, McDonald	1-0-2-4
Garner, Francis	1-0-2-5	Hammond, Thomas Sr.	1-2-8-14
Garnheart, Henry	2-0-2-7		
Goll, James	1-0-0-0	Hostly, William	1-0-0-0
Grumm, Abram	1-0-0-3	Hanes, Nathan	2-0-0-10
Gleen, James	1-2-7-10	Hanes, John son of Nathan	1-0-0-9
Grooms, James	1-0-0-0		
Gabriel, John	1-0-0-0	Heath, Jonas	1-0-0-3
Gibbons, Elizabeth	0-0-2-3	Harris, John	0-0-0-0
Goomer, John	0-0-0-1	Hess, John	1-0-0-1
Goldsberry, John (widows son)	1-0-0-1	Hammilton, Hugh	1-0-0-0
		Heller, John	1-0-2-6
Gray, David	1-0-0-0	Homry?, John	1-0-0-0
Glare, Vandell	2-0-0-4	Haislip, Elijah	1-0-0-0
Gannen, William	1-0-0-0	Hawkins, John	2-0-0-2
Goomer, Christian	1-0-0-0	Hanes, William	1-1-0-1
Gay, William	1-0-0-0	Haley, Edward	1-0-0-1
Gorrel, Abraham	1-0-3-11	Hardesty, Richard	2-2-0-9
Green, James	1-0-0-0	Hiett, Thomas	2-0-0-6
Gray, William	1-0-0-0	Hays, Andrew	1-0-0-4
George, John	1-0-0-0	Handsucker, Peter	3-0-1-11
Gurney, Joseph	1-0-0-0	Howard, William	1-0-1-3
Graham, Matthew	1-0-0-0	Howard, Thomas	1-0-0-3
Graham, John	1-0-0-0	Hane, John	1-0-0-3
Gompf, Mich'l	1-0-0-0	Heleman, David	1-0-0-0
Garrett, Johnson	1-0-0-0	Hagy, John	1-0-0-1
Green, Luke	1-0-0-1	Hays, Samuel	1-0-0-6
Garrett, John	1-0-0-0	Hiett, William	2-0-0-7
Graham, Judeth [in J section]	0-0-3-4	Hiett, John	1-0-0-4
		Hale, Thomas	2-0-0-6
Hill, Thomas	2-0-0-1	Hale, Jacob	1-0-0-1
Hite, George	2-1-2-0	Heskett, Benjamin	1-0-0-4

Jefferson County, Virginia Personal Property Tax List 1812

Name	Values	Name	Values
Heskett, David	1-0-0-1	Hollis, William	1-0-0-0
Heskett, Solomon	1-0-0-1	Hurst, James	2-2-14-15
Heskett, William	1-0-0-1	Hamilton, Benjamin	1-0-0-5
Heskett, Everett	1-0-0-2	Harris, Saml. B.	1-1-4-10
Howell, Joseph	2-0-0-2	Humphreys, Roger	2-0-3-1
Honnell, Jacob	1-0-0-3	Haymaker, Thomas	1-0-0-0
Heath, Zachoriah	1-0-0-1	Hoffman, Robt	1-0-0-2
Heath, James	1-0-0-3	Heslong, David	1-0-0-1
Hickman, William	2-0-4-6	Hiser, John	2-0-1-1
Hinkle, Samuel	1-0-3-7	Hilton, Matthew	1-0-0-0
Hewett, John	1-0-0-1	Harris, David	3-0-0-1
Hart, Thomas	1-0-2-6	Heller, Benjamin	1-0-0-0
Hurkle, John	1-0-3-8	Harris, William	1-0-0-1
Hartness, John	1-0-0-1	Haner, Michael	1-0-0-0
Hall, John	1-0-0-1	Hall, Joshua	1-0-0-3
Hamilton, John A.	1-0-3-5	Hanes, Jacob (S. T.)	4-0-3-3
Hageley, George	2-0-0-7	Hill, Christ	1-0-0-0
Hall, William	1-0-0-0	Hamilton, Thomas	1-0-0-2
Hiett, John	1-0-0-0	Hull, Peter	3-0-0-0
Hendricks, Daniel	1-0-0-6	Hamilton, Elizabeth	0-0-1-0
Hiett, James	1-0-0-6	Hartman, Martin	1-0-0-0
Hoover, Peter	1-1-0-3	Hall, Jonathan	1-0-0-0
Heleman, Jacob	1-0-1-4	Hoopwood, Saml	1-0-0-0
Hite, Joseph Sr.	2-0-3-8	Hightchew, John	1-0-0-0
Hite, Joseph Jr.	2-0-0-4	Hoffman, John	1-0-0-0
Hite, James	1-1-13-24	say Peter	
Hite, Samuel	1-2-1-5	Hoffman, Philip	1-0-0-0
Hiett, Leonard	1-0-0-2	Hoffman, Joseph	1-0-0-0
Homes, Christian	1-1-0-1	Heckman, Robt.	1-0-0-0
Harnecy, Mark	1-0-0-0	Hardon, Edward	1-0-0-0
Hart, Miles	1-0-0-1	Hall, Thadeous	1-0-0-0
Hoffman, John	1-0-1-5	Hope, Henry	1-0-0-0
Hoffman, David	1-0-0-1	Hawkins, John	1-0-0-1
Hout, Rudolph	3-0-0-6	Harris, Jacob	1-0-0-0
Hurst, John	2-2-8-9	Heller, John	1-0-0-0
Hendricks, James	2-0-2-8	Hibbins, Syrus	1-0-0-2
Hoffman, John (Sha. Town)	1-0-0-0	Holt, John	1-0-0-0
		Hendricks, Joseph	1-0-0-0
Hunter, Ann	0-1-13-13	Heafer, John	1-0-0-0
Hill Abram	1-0-0-2	Ingram, John	1-0-0-6
Harris, Jeremiah	1-0-1-4	[in E section]	
Harris, George	1-0-0-1	Jackson, William	1-0-0-1
Hensil, Mich'l	1-0-2-4	Isler, William	3-0-0-2
Hays, Ruth Hawkins	0-0-2-0	say Henry	
Hiser, Adam	3-0-0-0	Johnson, Benjamin	1-0-0-0
Holtstetler, Samuel	1-0-0-0	Jones, William	3-0-1-1

Jefferson County, Virginia Personal Property Tax List
1812

Jefferson, Hamilton (minister)	0-0-0-1	Kearsley, Jonathon	2-0-3-7
Jones, William	1-0-0-0	Keys, Thomas	2-1-2-8
Johnson, William	1-0-0-0	Kearney, James	2-3-11-20
Jackson, George	1-0-0-0	Kearney, William	1-0-2-6
Judeth Graham	0-0-3-4	Kearney, Anthony	1-0-0-5
Johnson, David	1-0-0-3	Kearney, Olly	2-0-0-3
Jones, Joseph H.	1-0-0-1	Kenseley, Jacob	1-0-0-4
Johnson, Hugh	1-0-0-0	Kidwell, John	1-0-0-1
Jackson, James	2-0-03	Krout, Daniel	1-0-0-0
Jenkins, Jane	1-0-0-1	Kaneer, John & James	2-0-0-0
Jacobs, John	1-0-0-2	Krimes, Henry	1-0-0-0
Jones, Sarah	1-0-0-3	Krimes, Wm.	1-0-0-0
Jones, Francis	1-1-0-10	Keplinger, Adam	2-0-0-0
J[e]nkins, Thomas	1-0-1-3	Kearsley, John	5-0-5-8
J[e]nkins, Edward	1-0-0-3	King, Rich'd	1-0-0-0
Jackson, John	1-0-0-2	Keeth, Harle	1-0-0-0
Jordon, Jacob	1-0-1-1	Kearney, Hiram	1-0-0-0
Insworth, William	1-0-0-0	Kaylor, John	1-0-0-0
Jones, Matthew	1-0-0-0	Likins, Thomas	4-0-1-1
Johnson, Thomas	1-0-0-0	Lee, Robt. C.	1-0-1-1
Johnson, Rich'd	1-0-0-2	Lane, John N.	1-0-0-1
Jett, Peter	1-0-0-0	Laboo, Mich'l	1-0-0-1
Jewett, Aaron	1-0-0-1	Laman, John	1-0-0-1
James, Thomas	1-1-1-1	Lewis, John H.	3-5-12-16
[following entry appear after section Z]		Little, William	1-1-4-8
		Little, Charles	1-1-1-3
Jett, Archabald	1-0-0-0	Little, Thomas	1-0-0-0
Jacobs, Rudolph	1-0-0-0	Laurence, James	1-0-0-1
Jones, Henry	1-0-0-0	Lane, Willoughby W.	2-0-2-1
Jett, Washington	1-0-0-1	Lyons, John	1-0-3-7
Johnson, Daniel	1-0-0-0	Lyons, George	1-0-0-1
Kenedy, John	1-0-0-0	Lang, John	2-0-0-1
Kerby, William	1-0-0-1	Lewelling, Rich'd	1-2-6-8
Kerchabal, John	1-0-0-3	Lock, John Jr.	1-0-2-6
Keller, George	1-0-0-0	Lock, James	1-1-1-6
Kerchaval, Elizabeth	0-2-1-3	Lee, Lancelott B.	1-0-0-1
Kerchaval, Saml	1-0-0-2	Lock, John Sr.	2-2-3-9
Kime, Jacob	3-0-0-6	Lee, Lancelott	2-1-11-11
Keys, Gershum (ferryman)	0-0-5-8	Lee, William	1-5-26-18
		Lighthiser, Matthew	1-0-0-1
Kelly, Thomas	1-0-0-0	Laman, Thomas	1-0-0-1
Kerns, Adam	1-0-0-0	Lownds, Charles	1-0-10-13
Kendle, Henry	2-1-0-3	Linkheart, George	1-0-0-3
Kline, John	1-0-0-0	Lowder, Frederick	1-0-0-1
King, Philip	1-0-0-0	Lock, Alexander	1-0-0-1
		Lowder, John	1-0-0-1

Jefferson County, Virginia Personal Property Tax List
1812

Name	Values	Name	Values
Lee, John	1-0-0-0	McCormick, James	2-0-0-1
Ledman, Wm.	1-0-0-0	Miller, John (BS)	1-0-0-0
Lancaster, Malin	1-0-0-0	Miller, John (Taylor)	1-0-0-0
Little, Thomas	2-0-0-5	McCartney, Joseph	2-0-0-0
Leighliter, Conrod	3-0-1-6	Morrow, William	4-0-1-1
Link, Adam	2-3-0-9	McGowen, John	1-0-0-1
Lucus, Edward	1-0-1-1	Markwood, John	1-0-0-0
Lancaster, Joseph	1-0-0-4	McMakin, James	1-0-0-2
Linkins, Ramsay	1-0-0-0	McMakin, Robt	1-0-0-2
Langbrake, Jacob	1-0-1-6	Muse, George A.	1-0-0-1
Lucus, Robt	1-1-5-14	McCloy, Alexander	2-0-0-8
Lafferty, George	1-0-3-5	McPherson, William	1-0-0-4
Laman, Robert Jr.	1-0-0-0	Moore, John	1-2-3-5
Lafferty, Thomas	4-0-4-9	McWilliams, Robt	1-0-0-0
Layle, Michael (S. T.)	1-0-0-0	McPhillin, Hugh	2-0-0-3
Lindsycum, Nathan	2-0-0-0	McWilliams, Wm.	1-0-0-0
Lindsey, Alexander	1-0-0-0	Medler, Sebastian	1-0-0-1
Lackins, Joseph	2-0-0-0	McKenny, Thomas	1-0-0-1
Ludrick, John	1-0-0-0	McComb, Jonathan (fuller)	1-0-0-1
Lang, Andrew	1-0-0-1	Morgan, William	1-0-0-1
Lang, Mary	2-1-2-5	McDonold, James	1-0-0-0
Laman, Robt	3-0-0-5	McKendre, William	1-0-5-8
Laman, James	1-0-0-2	McKee, James	1-0-0-0
Laman, William	1-1-0-4	Messer, William	1-0-0-0
Laman, Massy	0-0-1-3	McPherson, Saml & John	2-0-0-11
Laman, Vasy	1-0-0-1	McPherson, Daniel	1-0-4-14
Long, Jacob (Cos)	0-0-0-1	Muse, Margarett	0-0-5-2
Cloaninger, Henry	1-0-0-0	McCoughtry, James	1-0-1-1
Line, John	4-0-1-1	Mendenall, Saml	3-0-0-10
Lay, Jacob	1-0-0-0	Mouser, George	1-0-0-5
Lane, James S.	4-1-4-2	Mullinix, Henry	1-0-0-3
Line, Henry	4-0-2-5	McClanan, William	1-0-0-2
Legett, James Jr.	2-0-0-0	McKenny, Mary	0-0-0-2
Locksinger or Noftsinger, John	1-0-0-0	McSherry, Richard	3-0-7-16
Larkin, Samuel	1-0-0-0	McSherry, William	1-0-0-1
Lindsey, Evans	1-0-0-0	Myers, John	1-0-0-4
Leeper, George	1-0-0-1	Moudy, Adam	1-0-1-1
Largent, James	1-0-0-0	Mullinix, John	1-0-0-2
Lindsey, John	1-0-0-1	McKnight, Herman	2-0-0-1
Leps, Henry	1-0-0-0	Moody, James	1-0-0-0
Little, George	1-0-0-0	McKan and Burns	2-0-0-1
Laman, Elizabeth	0-0-0-3	McCloy, James	1-0-0-1
McClanahan, Thos. [in C section]	1-2-10-9	McCloy, David	1-0-0-1
Murphy, Jonathon	1-0-0-0	Moore, Jane	2-0-1-5

156   Jefferson County, Virginia Personal Property Tax List
1812

Name	Values
Mouser, Jacob	1-0-0-5
McCoughtry, William	3-0-4-6
McBride, Benjamin	1-0-0-0
Muse, Battail	1-1-8-14
Matheny, Jonas	1-0-0-2
Matheny, John (Expt)	0-0-0-2
Melton, James & Robt	2-1-6-5
Maddocks, Hezekiah	1-0-0-1
Moore, James	0-0-0-2
Myers, Isaac	2-0-0-1
Murphey, John	1-0-0-1
Miller, Henry	1-0-1-6
Miller, Philip	1-0-1-1
Miller, William	1-0-0-1
Mosier, Christopher	1-0-0-3
Manning, Jacob H.	1-1-14-15
McWilliams, George	1-0-0-1
Melvin, Thomas	2-0-2-6
Melvin, Silas	1-1-0-5
Melvin, Benjamin	1-2-0-5
Moler, Jane	1-0-0-5
Moler, Jacob	1-0-0-1
Moore, Francis	1-0-2-5
McKenny, Hiram	1-0-0-0
McKenny, James	1-0-0-0
McKenny, William	1-0-0-0
McMakin, John	1-0-0-2
Mires, Ludwick	1-0-0-0
McCormick, William	1-0-0-1
McGloughlin, Isaac	1-0-0-0
Melvin, Samuel	2-1-1-6
Morgan, Margarett	1-0-3-5
Morgan, Andrew	2-0-0-4
McClaur, Eli	1-0-0-1
Montgomery, Thomas	1-0-0-1
Middleton, Hutcheson	1-0-0-0
Moler, Sarah	2-0-4-8
Moore, Jesse	1-0-3-8
Murphy, William	1-0-0-0
Midleton Murphey say Fulton	1-0-0-5
Moler, Adam	2-0-3-7
McMasters, John	1-0-0-0
McGloughlin, Danl	2-0-0-0
McDonald, John	1-0-0-2
McKinny, Francis	1-0-1-4
Myers, Frederick	1-0-0-1
Miles, John	1-0-0-0
Miracle, Daniel	3-0-0-0
Morgan, Daniel	1-1-4-6
Morgan, Jacob	0-0-1-1
Morgan, Elizabeth	0-0-1-0
Moore, David	1-0-3-6
Morgan, Richard	1-0-0-7
McAnelly, Thomas	1-0-0-0
McQuitting, Thomas	1-0-0-6
Mires, Jacob	1-0-0-2
McMurran, Joseph	2-0-0-10
Miller, Jacob	1-0-0-4
Morgan, William Sr.	1-2-4-39
Martin, Levi	1-0-1-7
Moore, Garland	2-3-7-9
Mark, John	0-0-2-6
Moore, Vincent	2-0-5-5
Martin, Cavileer	3-0-0-8
Melvin, John	1-0-2-8
McGarry, John	3-0-2-8
McCance, Thomas	1-0-0-1
Martin, Peter	1-0-0-1
Morgan, Rawleigh	1-0-13-19
Moler, Frederick	1-0-0-5
Miller, George and Jno.	2-0-0-1
McIntush?, Joseph	1-0-0-0
Miller, John	2-0-0-1
Mitchel, Samuel	1-0-0-0
Marmaduke, Pressly	1-1-0-1
Morrow, John	1-0-5-2
Moore, Cato	1-0-0-1
Mooler, Mich'l	2-0-4-13
Morland, James	1-0-0-0
Metts, George	1-0-0-0
McCluar, Daniel	1-0-0-0
Mallery, George	1-0-1-1
Miller, Henry	1-0-0-0
Milborn, Michael	1-0-0-0
McCoy, Hugh	1-0-0-0
McAbee, William	1-0-0-0
McAbee, Ninian	1-0-0-0
Marlatt, William	1-0-0-0
Mallery, William	1-1-0-0
McClerann?, John	1-0-0-1

Jefferson County, Virginia Personal Property Tax List 1812

Mallery, Thomas	1-0-0-0	O'Daugherty, Bernard	1-0-0-0
McKimmer, George	1-0-0-0	Osborn, David Sr.	1-0-10-9
Murphy, Benjamin	1-0-0-0	Orendorf, Henry	3-0-4-8
McCay, Daniel (Boy)	1-0-0-0	Osborn, Joseph	1-0-0-0
Maham, William	1-0-0-0	Osborn, George	1-0-0-0
McClelland, Arch'd	1-0-1-0	Orrick, Wm. R.	1-0-0-0
Melhorn, Mich'l	1-0-0-0	Perry, Charles M.	2-0-1-1
Miller, Hen[r?]y	1-0-0-0	Price, Saml	2-0-0-0
Miller, Josiah	1-0-0-0	Perry, Thomas	1-0-0-0
Miller, William	1-0-0-0	Parson, Jacob	1-0-0-1
Morlatt, John	1-0-0-0	Painter, John	1-0-0-2
McAbee, Allin	1-0-0-0	Painter, Jacob	1-0-0-0
Moreland, Jett (Boy)	1-0-0-0	Portridge, Matthew	2-3-7-14
Locksinger or Noftsinger, John [in L section]	1-0-0-0	Packett, John	0-1-2-3
		Pulse, David	1-0-0-5
		Pepper, William	1-0-0-2
Neel, Thomas	2-0-0-1	Pulse, Jacob	1-0-0-3
North, George	1-1-3-3	Pulse, Jacob son of Jas.	1-0-0-5
Neel, Rebekah	0-0-0-1		
Neer, Samuel	1-0-0-0	Patterson, Thomas	1-0-0-0
Neceswanger, John	1-0-0-1	Pulse, George	1-0-0-5
Nichol, Michal	5-0-0-6	Pane, George	2-0-0-4
Norris, Hornwell	1-0-0-2	Say Jno.	
Nace, Jacob	1-0-0-3	Piles, Robert	1-0-0-1
Nicely, Henry	1-0-0-1	Palmer, David	2-0-1-2
Nixon, James	1-0-0-0	Painter, William	1-0-0-2
Newcomer, Jacob	1-0-1-1	Potts, David	1-0-0-0
Nicol, Jacob	1-0-0-0	Piles, Stephen	1-0-0-0
Nanimaker, George	1-0-0-0	Perry, John	1-1-1-5
Night, Jacob	1-0-0-0	Palua?, Samuel	1-0-0-0
Near, James	1-0-0-0	Pope, Pollick	1-0-0-0
Oneel, Gregory	1-0-0-0	Perry, John (S. T.)	2-0-0-2
Oneel, John	1-0-0-1	Perry, George	1-0-0-0
Offutt, Saml	1-0-0-4	Pierce, John	1-0-0-0
Obanion, John	1-0-2-5	Pherer, Jacob	2-0-0-0
Ott, Philip	1-0-0-0	Parratt, William	1-1-3-10
Opea, Hiram L.	1-0-4-1	Powell, George	1-0-1-7
Oneel, Francis	1-0-0-0	Powell, John	1-0-0-3
Orum, Moses	2-0-0-4	Perril, John	1-0-0-0
Orsborn, David	1-1-1-4	Pierce, John Jr.	1-0-0-0
Ogdon, Charles	2-0-0-3	Pierce, John Sr.	1-0-0-0
Ogdon, John Sr.	1-0-0-5	Paler?, Samuel	1-0-0-0
Ogdon, ___ Jr.	1-0-0-1	Prier, Saml	1-0-0-0
Ott, John	1-0-0-7	Prier, James	1-0-1-1
Osborn, William	1-1-5-7	Reed, Thomas	1-0-0-0
Ox, George	1-0-0-1	Russel, Samuel	4-0-0-1

Jefferson County, Virginia Personal Property Tax List
1812

Name	Values	Name	Values
Reighter, Charles G.	1-0-0-0	Russeler, John	1-0-0-0
Reynolds, George	2-0-1-1	Riley, Frederick	1-0-0-0
Roper, Nicholass	2-1-6-8	Reasin, John	1-0-0-0
Ranson, Matthew	2-2-5-9	Riley, James	1-0-0-0
Roby, William	1-0-0-1	Rogers, John	1-0-0-0
Rochenbough, Jacob	1-0-0-0	Roderick, Abraham	1-0-0-0
Rochenbough, Saml.	1-0-0-1	Rochenbough, John	1-0-0-1
Robertett, James	1-1-2-3	Rowlins, Thomas	1-0-0-0
Riley, Alexander	1-2-5-9	Reed, Robert	1-0-0-0
Reynolds, Jeremiah	1-0-0-2	Roderick, John	1-0-0-0
Ronemous, Christian	1-0-0-1	Riley, Joshua	1-0-0-0
Roseberry, Frederick Sr.	1-0-1-3	Riley, John	1-0-0-0
		Riley, William	1-0-0-0
Roseberry, Frederick Jr.	1-0-0-4	Reed, William	1-0-0-0
		Sherley, Ephraim	1-0-0-1
Richcrick, Philip	1-0-0-2	Starry, Nicholass	1-0-0-1
Riley, Zachariah	1-0-0-3	Stephenson, James	3-0-1-1
Riley, W. Thomas	1-0-0-0	Stott, Robt	1-0-0-0
Roleman, Joseph	1-0-0-0	Sherley, William	1-0-0-1
Ridenhour, Christopher	3-1-1-5	Sherley, John	2-0-1-3
		Sanks, George	1-0-0-0
Ronemous, Lewis	2-2-1-6	Sanks, John	1-0-0-0
Ronemous, Conrod	2-0-1-6	Sutton, John	1-0-0-0
Rockenbough, Jacob	2-0-0-1	Sherley, Jarvis	3-0-0-4
Ripple, Peter	1-0-0-3	Spangler, John	1-0-0-0
Reynold, George	3-1-6-4	Smith, Henry	1-0-0-2
Ripple, Philip	1-0-0-3	Splint, Patrick	1-0-0-0
Remley, Samuel	1-0-0-1	Statton, Jacob	3-0-1-4
Ripple, John	1-0-0-0	Stewart, Archabald	1-0-0-1
Roberts, William	1-0-0-3	Steadman, Thomas	1-0-0-2
Roberts, Samuel	2-0-0-6	Steadman, James	1-0-0-1
Richard, Elizabeth	1-0-0-0	Steadman, John	1-0-0-1
Richardson, William	1-0-0-1	Slusher, George	2-0-1-5
Ronimous, George	1-0-0-3	Swayne, Saml & Hez'h ?	2-0-0-10
Randle, Rebeckah	1-0-0-2		
Rutherford, Van	1-0-0-1	Smallwood, Thomas (Cos)	0-0-0-1
Ropp, Solomon	1-0-1-2		
Rutherford, Drusilla	0-2-4-7	Shirley, James	2-1-4-8
Russel, Arthur	1-0-0-0	Saunders, W. B.	1-1-5-6
Russell, Robert	1-0-0-1	Staley, Melchiah	1-0-0-0
Rolseman, John	1-0-0-0	Smart, Zachariah	1-0-2-5
Reichstine, Wm.	1-0-0-1	Sheveley, Jacob	2-1-2-4
Ragan, William	1-0-0-0	Sinclair, John	2-4-18-18
Reetz, Charles C.	1-0-0-1	Stricker, Wolf	1-0-0-1
Riley, George	1-1-7-10	Saunders, Syrus	2-1-0-1
Russell, Robert	1-0-0-0	Saunders, John Sr.	1-3-21-17

Jefferson County, Virginia Personal Property Tax List 159
1812

Name	Values	Name	Values
Scolly, Samuel	1-0-0-0	Strider, Isaac	1-0-2-5
Smith, Slaughter [backwards?]	1-1-8-10	Stanhoop, William	1-1-5-6
		Strother, Anthony	1-1-5-7
Smith, Seth	1-2-2-5	Speack, John	1-0-0-0
Strath, Alexander	1-2-5-9	Speacks, William	1-0-0-3
Stewart, John	2-0-0-2	Sagel, Henry	2-0-0-3
Shepherd, Godfrey	2-0-0-3	Staley, Peter	1-0-0-7
Smith, Frederick	2-0-1-7	Staley, Stephen	2-0-0-6
Smith, Moses	1-0-0-1	Snider, John Sr.	2-0-0-6
Spicknard, Basil	2-0-0-3	Smurr, Andrew	1-0-0-0
Single, Conrod	1-0-0-4	Slayer, Peter	1-0-0-0
Shepherd, Jacob	1-0-1-3	Shaner, John	1-0-0-0
Sumproad, John	1-0-0-1	Stephens, Thomas	1-0-0-0
Smithy, Moses	1-0-0-1	Shindler, Conrod	2-0-0-0
Shaul, Nicholass	2-0-0-8	Stephens, Robert	2-0-0-0
Shaul, Jacob	1-0-0-4	Stayly, Daniel	2-1-0-5
Shaul, Mich'l	1-0-0-6	Shaner, George	1-0-0-0
Simons, Stephens	1-0-0-0	Snider, John Jr.	1-0-0-3
Stone, Philip	1-0-0-1	Snider, Christian	1-0-0-0
Smith, Henry	2-0-0-1	Shunk, Simon	1-0-0-2
Stephenson, William	1-0-1-1	Stephens, John	1-0-0-2
Showers, Joshua	1-0-0-0	Show, Jacob	1-1-0-3
Shaul, George	2-0-0-5	Stip, John Jr.	2-0-1-7
Smith, Lewis	3-0-0-2	Smith, John	1-0-0-0
Showalter, Isaac	1-0-3-6	Stip, Susana	0-0-0-3
Smith, James	1-0-0-0	Swearingen, Hezekiah	1-1-5-4
Sly, Matthias	1-0-0-3	Shepherd, Abraham	3-1-10-10
Strider, Jacob	1-0-3-6	Swearingen, Joseph	1-3-16-19
Swans, John	1-0-1-0	Swan, James	1-0-0-0
Spangler, George	1-0-0-0	Selby, Walter B.	4-1-4-1
Shewbridge, William	1-0-0-1	Staley, John	1-0-0-0
Smallwood, Gab'l	1-0-0-4	Shoeman, Mich'l	1-0-0-1
Strider, Saml	3-1-4-14	Snider, Abram	1-0-0-4
Sherley, Robert	3-0-0-6	Steadman, James Sr.	2-0-1-5
Swagler, Matthias	2-0-0-3	Steadman, James Jr.	1-0-0-0
Showman, Mich'l	1-0-0-0	Steadman, William Jr.	1-0-0-0
Smallwood, Saml	1-0-0-0	Steadman, John	1-0-0-0
Sellers, Henry	1-0-0-0	Steadman, Saml	1-0-0-0
Spencer, John	1-0-0-0	Steadman, William	1-0-0-0
Stall, Jesse	2-1-1-6	Spencer, Saml	1-1-0-7
Steadman, Wm.	2-0-0-3	Spencer, Nathan	1-0-0-3
Show, Henry	1-0-1-7	Shoebridge, John	1-0-0-0
Sullivan, Hartly	1-0-0-0	Settlemire, George	1-0-0-0
Strider, Henry	1-1-2-2	Seegert, John	1-0-0-0
Strain, Samuel	2-0-3-5	Shanten, Charles	1-1-1-4
Smither, George	1-0-5-7	Shanten, Zadock	1-0-0-1

Jefferson County, Virginia Personal Property Tax List
1812

Name	Value	Name	Value
Sheetz, Jacob	3-0-0-0	Taylor, John	1-0-0-0
Shepherd, Thomas	2-0-0-0	Traisy, James	2-0-0-2
Stephens, James	1-0-0-0	Turk, Isaac	1-0-0-0
Sapington, Thomas	2-0-1-9	Tucker, Christopher	1-0-0-0
Shepherd, Jones	1-0-0-0	Tompson, John	3-0-1-5
Shafer, George	1-0-0-0	Tool, John	2-0-0-5
Smurr, Andrew	1-0-0-0	Twig, Samuel	1-0-0-1
Shutt, Philip	2-0-0-2	Taylor Syvanis	1-0-0-0
Swearingin, Van	1-1-2-7	Trail, Nathan	1-0-0-0
Smurr, Peter	1-0-0-0	Thomas, James	1-0-0-0
Sprinkle, Anthony	1-0-0-0	Taylor, William	1-0-3-8
Souther, Christopher	1-0-0-0	Turner, Anthony	1-1-6-16
Serarick?, Christian	1-0-0-1	Tabb, Robert	3-0-1-6
Strickland, John	1-0-0-0	Thornburgh, Thomas	1-0-1-5
Staley, Jacob	1-0-0-0	Turner, Jesse	1-0-0-0
Sheetz, Michael	1-0-0-1	Turner, Joseph	3-2-2-8
Stipes, Henry	1-0-0-0	Taylor, Richard	3-0-0-2
Stubblefield, James	1-2-1-0-	Thornburg, Drusilla	1-0-3-3
Sinaka, George	1-0-0-0	Talbott, John	1-1-4-5
Stephenson, Levi	1-0-0-0	Traner, Barbary	1-0-0-4
Saffle, Isaac	1-0-1-0	Tool, Thomas	1-0-0-1
Steadman, Thomas	1-0-0-0	Terman, George	1-0-0-0
Shrigley, John	1-0-0-0	Thompson, John	1-1-0-0
Shaffer, John	1-0-0-0	Thompson, Cary	1-0-0-0
Smith, John	1-0-0-0	Tompkins, M. Jona	1-0-0-0
Stipes, Ezekial	1-0-0-0	Taylor, Alexander	1-0-0-0
Sites, Peter	1-0-0-0	Volraven, Jonas	2-1-2-8
Smurr, John	1-0-0-0	Vestal, David	2-0-0-0
Saffel, Thomas	1-0-0-0	Urquheart, Hugh	1-0-0-0
Speaks, John	1-0-0-0	Vestal, William	1-0-1-3
Steadman, James	1-0-0-0	Vanhorn, Joseph	1-0-0-3
Stephenson, William	1-1-0-0	Umpahour, Philip	1-0-0-2
Sickafuse, Saml	1-0-0-0	Vanhorn, John	1-0-0-2
Shunk, Isaac	1-0-0-0	Vanvactor, Joseph	1-1-2-3
Sickafuse, John	1-0-0-0	Upperman, John	1-0-0-0
Throgmorton, John	1-3-16-18	Underdunk, Henry	1-0-0-2
Tate, William	1-2-7-11	Varder, James	1-1-5-12
Toys, Andrew	3-2-9-16	Varner, Jacob	2-0-0-0
Timberlick, Harfield	1-3-8-8	Vorble, Matthias	2-0-0-4
Tillett, Samuel	1-0-3-7	Unseld, John Jr.	4-0-0-1
Turner, Henry S.	1-3-21-28	Unseld, John Sr.	1-0-0-0
Taylor, James	1-0-0-0	Vanmetor, Abraham	2-0-0-6
Taylor, Bennett	1-4-12-16	Wysong, Joseph	1-0-0-0
Taylor, Levi Admrs	0-0-1-0	West, Thomas	1-0-0-0
Thomas, Samuel	1-0-0-3	Wilson, Moses Sr.	4-0-0-1
Throgmorton, Robt	1-0-2-3	Wilson, Hugh	1-0-0-5

Jefferson County, Virginia Personal Property Tax List
1812

Name	Values	Name	Values
Williams, Rich'd	2-0-1-1	Waters, Robert	1-0-0-1
Whaley, James	1-0-0-1	Williams, Samuel	1-0-3-12
Wilkins, John	2-0-1-4	Waters, William	1-0-0-2
Widows, John	1-0-0-0	Wormeldorff, John	1-0-0-6
Widows, Isaac	1-0-0-0	Webberd, John B.	1-0-0-0
Wysong, Mich'l	2-0-1-0	Wallingford, James	2-0-0-5
Woods, Andrew	3-0-0-1	Wallingford, Nicholass	1-0-0-4
Wood, James	2-0-0-2	Willis, Richard	2-2-9-16
Whitson, John	1-0-0-0	Weaver, Adam	1-1-3-4
Whiting, Beverly	1-2-20-23	Wood, Thomas	1-0-0-1
Wright, Samuel	2-1-4-9	Wiltshire, Benj'n	3-0-0-6
Wright, William	1-0-0-0	Weaver, Casper W.	2-0-0-1
Washington Saml	1-1-8-8	Wolf, Henry	1-0-0-4
Welch, Richard	1-0-5-12	Welch, Jacob	1-0-0-2
West, William	1-0-0-0	Winters, John	1-0-0-0
Widdle, Jacob	1-0-0-0	Welch, John	0-0-0-2
Wright, James	1-0-0-0	Wycoff, Peter	1-0-0-0
Wright, Jonathon	1-0-0-1	Watson, John	1-0-0-0
Wilson, Benjamin	1-0-1-1	Wise, George	1-0-0-1
Wager, Massy	0-1-1-1	Wiley, George	1-0-0-0
Washington, J. T. Augustus	1-4-12-12	Welshons, David	1-0-0-3
		Wilts, Henry	1-0-0-6
Washington, Rich'd H. J.	1-2-23-15	Watkins, Rich'd	1-0-0-1
		Wigley, John	3-0-0-3
Whiting, Francis	1-4-14-14	Ward, John	1-0-0-1
Washington, Jno. A.	0-6-24-14	Walperd, Casperd	2-0-3-9
Washington, Bushrod C.	1-10-20-23	Williams, Jacob	2-0-2-4
		Wager, John	0-1-3-4
Washington, Bushrod	0-0-0-2	Whillett, Robert	1-0-1-1
Washington, George's heirs	0-0-6-1	Wissinger, John	1-0-0-0
		Water, Christian G.	1-0-0-0
Warson, James	1-0-0-0	Welshamer, Catherine	0-0-1-0
Way, James	1-0-0-2	Waltz, John	1-0-0-0
Willis, Carver	1-3-10-11	White, Thomas	1-0-0-0
Whittington, Benj'n	1-0-0-0	Worthington, Robt	1-2-2-1
Williams, Isaac	2-0-0-1	Ware, Raphel	1-0-0-0
Williams, Elijah	1-0-0-1	Wingard, John	1-0-3-3
Watson, Thomas	1-0-0-5	Welshans, Jacob	2-0-0-1
Waladon, Isaac	1-0-0-0	Williams, Benjamin	1-0-0-3
Wright, Isaac	1-0-0-1	Wysong, Jacob	2-0-0-1
Wilson, John	1-0-0-5	Wisenall, Bernard	3-0-0-1
White, William	2-0-0-1	Wright, James	1-0-0-1
Whip, Peter	2-1-0-6	Wycoff, Peter Jr.	1-0-0-0
Wilson, Thomas	1-0-0-7	Wycoff, James	1-0-0-0
Wilson, David	1-0-1-1	Wilson, Ace	1-0-0-0
Wilson, Samuel	1-0-0-1	West, Edward	1-0-0-1

Jefferson County, Virginia Personal Property Tax List
1812 Free Negroes Chargeable with Tax

Warner, Thomas	1-0-0-0	Young, John	1-0-0-0
Wagoner, William	1-0-0-0	Yates, John	2-5-26-19
Wigginton, John	1-0-0-0	Youts, Conrod	1-0-0-1
Wilson, Samuel	1-0-0-0	Yerkus, Joshua	1-0-0-3
Wolverton, John	1-0-0-0	Yerkus, Josiah	1-0-0-2
Whetstone, Jacob	1-0-0-1	Young, Daniel	1-0-0-0
Wallis, William	1-0-0-0	Young, James	2-1-0-5
Wintersmith, Charles	1-0-0-0	Youts, John	2-0-1-0
Waltz, George	1-1-0-0	Young, Chrestly	1-0-0-0
White, James	1-0-0-0	Young, Peter A.	1-0-0-0
Young, John	1-0-0-0	Zarger, George	1-0-0-0
Young, Saml	2-1-0-0	Zimmerman, Mich'l	1-0-0-0
Young, Joseph	2-0-0-2	Zilinger, George	1-0-0-0
Young, John	1-0-0-0		

1812 Free Negroes Chargeable with Tax

Gab'l Tolls and Benjamin Johnson - bound to Danl. Collett
Billy Carrell – baker at Jno. Wilsons
James Gowins – labourer at Chas. Town
Isaac Gilbert – labourer at Chas. Town
Evan Briscoe – labourer at Chas. Town
Samuel Johnson – labourer at Thos. Neels
Walker Jones – labourer at Chas. Town
Frank Webb – 1 horse, labourer at J. Bonds
Basil Brown – 1 horse, labourer at W. Clarks
Negro William – labourer at W. Clarks
Thompson Thompson – labourer at N. Hanes
Jesse Burwell - labourer at R'd Welches
Johnson Burwell – labourer at R'd Welches
Samuel Coxson – labourer at G. Slushers
Negro girl Hanor – labourer at Dr. Cowans
James Hogin and hired man – labourer at Chas. Town
Sarah Nash – labourer at Dr. Cowans
Henry Parker – labourer at Dr. Cowans
Jack Macky – labourer at Ridenhours
David Smith – 2 horses, labourer at Wm. McPhersons
Gasper Thompson – labourer at W. Camerons
Rich'd Moore – labourer at Jno. Hanes
William Hatter – labourer at W. Camerons
Henry Thompson – labourer at W. Camerons
James Brooks – 1 horse, blacksmith at John Griggs
Bristo Smith – blacksmith at F. Clippers
Peter Jackson – 1 horse, labourer at S. McPhersons
Cephas Johnson – labourer at S. McPhersons

Jefferson County, Virginia Personal Property Tax List
1812 Free Negroes Chargeable with Tax

Leonard Gibs – labourer at Jno. Sinclares

Jacob – labourer at Jas. Locks

Dennis Berry – Nelly, Ananers? and Julia – Berry family – 3 horses, labourer at T. Fairfax's

David Thomas – labourer at Chas. Town

Alexander Stewart – labourer at Chas. Town

Locks Elick – labourer near White House

Baker Moore – labourer near White House

Thomas Kirk – labourer at J. Granthums

Jeffery – labourer at W. Granthums

George Harris – labourer at W. Granthums

Joe Moore – shoemaker at Baker Moores

Solomon Dunbar – labourer at N. Hayns

Frederick – labourer at Danl Hayns

Jack Stump – blacksmith at Jno. Throgmortons

John Thompson – shoemaker at Jno. Youngs

Jonathon Waters – labourer at Wm. Clarks

Hamilton Fargoson – labourer at Smithfield

Francis Hurst – labourer at Chas. Town

James Willis – labourer at Smithfield

Anthony – labourer on the mountain

Francis Underdunk – labourer near J. Hellers

Lottee and 5 children, Lucy, Lett, ??nny and 3 childring – at Wm. Taylors and Jno. Morks

Charles – labourer at Wm. Moores

John Williams – labourer at Capt Kerneys

Berkeley Homes – labourer at Brinns land

Thomas Spriggs – labourer at Harpers Ferry

John Wood – labourer at H. Ferry

Thomas Conn Sr. – labourer at Harpers Ferry

Thomas Conn Jr. – labourer at Harpers Ferry

John Carns – labourer at H. Ferry

John Lanthern – labourer at Harpers Ferry

George Butler – labourer at Harpers Ferry

Thomas Sprigg – labourer at Harpers Ferry

James Banks – labourer at Harpers Ferry

Benjamin Grimes – labourer at Henry Millers

Isaac Harper (Sentee) – labourer at F. Moores

Sampson Blackson – labourer at Striders Farm

Samuel Grimes his wife Fanny and 2 childring – labourer at Henry Striders

Samzel? Bell – labourer at Shep'd Town

Fanny and 3 ch., Nancy and 2 ch., Beky and 4 ch., Harriott and 2 ch., Beky and son – rest subject to taxation

Thomas – labourer at Levi Martin

Benjamin Bell – labourer at Harpers Ferry

John Butler – labourer at Keep Tryst Furnace

John Clayborn – labourer at S. Annin Ferry

Molly Johnson – labourer at Harpers Ferry

Andrew Reed – labourer at Harpers Ferry

Jefferson County, Virginia Personal Property Tax List
1812 Free Negroes Chargeable with Tax

Moses McCubins and wife –
labourer at H. Striders

Jefferson County, Virginia Personal Property Tax List
1813

1813

Column numbers refer to: White males above 16 – Black males above 12 & under 16 years old – Black males above 16 years of age -- Horses, Mares &c

Name	Values	Name	Values
Avis, John	1-0-0-0	Bradley, Patric	1-0-0-0
Avis, William	1-0-0-1	Bell, Hezekiah	0-0-8-11
Appleby, William	1-0-0-0	Beeler, Benjamin	2-0-12-17
Anderson, James	1-0-1-3	Burton, Joshua	2-0-2-6
Allemong, Christian	1-0-3-8	Briscoe, John Sr.	2-3-19-19
Addy, William	1-0-0-1	Bealer, Benjamin	7-0-5-5
Atwell, Thomas	1-0-2-6	Bond, Robert	1-0-0-1
Athea, Townly	2-0-0-2	Bowley, Benjamin	1-1-1-4
Allstott, John	1-0-2-6	Bowley, Elizabeth	0-0-2-4
Allen, David	0-0-5-9	Buckmaster, John	2-0-0-4
Anderson, John	2-0-3-5	Bell, Thomas	2-0-0-6
Adams, Henry	1-0-0-3	Bell, Joseph Sr.	1-0-1-2
Alley, Kerney	1-0-0-3	Bushman, David	1-0-0-3
Ault, Jacob Jr.	1-0-0-4	Bell, Benjamin	1-1-2-5
Able, John	1-1-8-18	Bilmires, Andrew	1-0-0-1
Avis, David	1-0-0-6	Blackord, Joseph	1-0-1-2
Allstott, Daniel	4-0-3-9	Bradshaw, Uriah	1-0-0-0
Avis, Robert	1-0-1-1	Bideman, Dederick	1-0-0-2
Anin, Samuel	2-0-3-2	Branton, Weldon	0-0-3-3
Allstott, Jacob	3-0-4-18	Buckmaster, Theophilus	1-0-0-1
Alder, Markus	1-0-2-6	Breeden, Robert H.	1-0-1-0
Ault, Jacob Sr.	1-0-0-4-	Brown, James	2-0-2-1
Allnutt, Jesse	1-1-4-4	Butler, Henry	1-0-0-1
Bryant, Charles	1-0-0-1	Broom, John	1-0-0-0
Bowley, John	1-0-0-1	Brooks, William	1-0-0-2
Bradshaw, Joseph	1-0-0-0	Buckles, Daniel	1-1-2-5
Bowley, John	1-0-6-12	Buckles, William Sr.	1-1-3-3
Brown, Thomas	2-1-2-2	Buckles, James	1-1-1-3
Brown, William	1-0-0-1	Barnard, Philip	1-0-0-0
Buckmaster, Zecheriah	1-0-0-1	Brown, Charles	1-0-0-0
Brown, Adam	1-0-0-1	Bennett, Thomas	4-0-2-1
Bowen, Shederick	1-0-0-1	Blue, Michael	2-0-0-4
Brackenridge, Thomas	1-0-6-7	Butler, William	1-2-8-11
Bennett, Thomas	1-0-0-0	Burkett, Michael	1-0-2-7
Beesley, Cornelius	1-0-0-0	Baylor, Lucy	0-0-2-1
Brown, Esther G.	0-0-1-0	Boyd, William	3-0-0-1
Brown, John	1-0-0-0	Burr, James	1-0-0-4
Bennett, Mason	2-0-2-12	Blue, Joel	3-0-0-7
Blackburn, William	1-0-0-1	Bilmire, Martin	2-0-1-9
Burgoyne, John	2-0-0-2		

Jefferson County, Virginia Personal Property Tax List
1813

Name	Values	Name	Values
Bowers, John Sr.	1-0-1-7	Bussell, Benjamin	1-1-1-4
Bowers, Frederick	2-0-0-5	Bryant, Elizabeth	0-0-0-2
Brentner, Frederick	2-0-0-3	Barnheart, Philip	1-0-0-0
Baker, Liken	1-0-1-5	Cassady, John H.	1-1-0-2
Byers, Isaac	1-0-0-2	Chambers, Aaron	1-0-0-1
Byers, Sarah	0-0-0-2	Craighill, William P.	1-1-2-5
Bird, Andrew	1-0-0-0	Carlile, John	1-0-1-1
Bridgman, Frank	1-0-0-0	Conner, Charles	1-1-1-5
Baker, Elizabeth	0-0-2-1	Collett, Daniel	1-0-0-1
Banks, Clements	1-0-0-1	Craw, William	2-0-0-2
Bryson, William	1-0-0-0	Connell, Reason	1-0-0-0
Bernard, Henry	2-1-0-1	Creamer, Samuel J.	1-3-2-2
Buckles, Henry	2-0-0-5	Clarke, William	1-0-1-4
Banks, Samuel	1-0-0-0	Chamberlain, Elijah	1-1-4-8
Bowers, John Jr.	1-0-0-2	Chamberlain, Elizabeth	0-0-1-6
Bennett, Van	1-2-3-8		
Berry, John	2-0-0-0	Chamberlain, Thomas	1-0-0-1
Blue, John S.	1-0-1-4	Craighill, Nathaniel	1-0-7-21
D. Boston, Elizabeth	0-2-0-1	Cowan, David	2-0-0-6
Bird, Thomas	1-0-0-0	Casse, Thomas	1-0-0-1
Best, John	1-0-0-0	Camaron, William	2-0-0-6
Badan, John	1-0-0-1	Crusin, Levi	1-0-0-0
Bird, Andrew	2-0-0-1	Conway, William	1-0-0-0
Bridgman, Joseph	1-0-0-0	Cooper, Jones	1-0-0-0
Baylor, Richard	1-1-22-22	Clarke, Michael & Mrs. Lashells	1-1-2-5
Burns, Philip	1-0-0-1		
Banks, John	1-0-8-8	Carlile, John B.	1-0-2-1
Bova, John	1-0-0-4	Cleaveland, Levi	1-0-5-8
Baker, Walter	1-0-7-11	Cross, John	1-0-0-0
Butler, Douglass	1-0-1-4	Campbell, Thomas	1-1-5-9
Bryan, Jane	0-0-3-1	Crane, Joseph	1-1-9-12
Burnett, William	1-0-3-6	Cleaveland, Jesse	1-1-3-6
Blackburn, Thomas	2-13-7	Clarke, James	2-0-0-1
Burr, Moses	1-0-2-3	Chamberlain, John	1-0-0-0
Bishop, George Sr.	2-3-1-2	Chamberlain, James	2-0-0-3
Butt, Charles	1-0-0-0	Conrod, Robert R.	1-0-0-1
Butt, William	1-0-0-0	Christy, Robert	1-0-1-1
Baker, John	1-0-0-0	Craighill, William	1-0-0-1
Boylstone, Benjamin	1-0-0-1	Clipper, Frederick	1-0-4-1
Bedinger, Daniel	1-1-6-4	Cockrell, Thomas	1-2-1-6
Bedinger, Jacob	0-1-0-3	Crumpton, John	1-0-0-2
Byers, John	1-0-0-0	Cummager, William	1-1-6-12
Baker, John	2-2-2-2	Cage, Andrew	1-0-0-0
Blackburn, John	1-0-0-4	Conklin, Henry	1-0-0-4
Briscoe, John Jr.	1-1-1-1	Conklin, David	1-1-0-1
Busy, Henry	4-0-0-3	Chaplain, Abraham	2-0-0-2

Jefferson County, Virginia Personal Property Tax List
1813

Chaplain, Isaac	1-1-1-3	Coons, Jacob	1-0-0-0
Cook, Andrew	1-0-0-2	Clumm, Jacob	1-0-0-5
Cook, Hannah	2-0-0-5	Dobson, Samuel	1-0-0-0
Climer, Isaac	1-0-0-2	Deen, Ezekiel	1-0-0-1
Climer, Abraham	1-0-0-1	Davis, Joseph W.	1-0-5-7
Catro, Jacob	2-0-0-4	Daugherty, Patrick	1-0-3-0
Coon, Adam	1-0-0-1	Duke, James	1-0-0-0
Cramer, Jacob	1-0-0-0	Duke, John	1-0-0-0
Cramer, Abraham	1-0-0-3	Davenport, Thomas	1-0-1-8
Cook, Giles Sr.	2-2-13-11	Dixon, John	1-1-3-2
Collins, Fanny	0-1-4-3	Dutro, Michael	1-0-0-1
Conn, James	1-2-1-5	Downing, William	1-0-0-0
Coyl, James	1-1-0-3	Duke, Samuel	1-0-0-0
Coyl, William	1-0-1-2	Downey, John	1-1-6-15
Crimm, Michael	2-0-0-0	Dorsey, James	1-0-0-1
Catlett, James	1-0-0-6	Dillow, Peter	1-0-0-4
Cole, Abraham	1-0-0-0	Dillow, William	1-0-0-3
Conn, Nathaniel	1-0-0-0	Dillow, Joseph	2-0-0-3
Cookus, John	2-0-0-0	Davis, Clementius	2-2-9-10
Calbush, Nathaniel	1-0-0-0	Dorsy, John	1-0-2-3
Carmon, Henry	1-0-0-0	Davenport, Benjamin	2-0-3-8
Cramer, Frederick	1-0-0-0	Duckwall, Joseph	1-0-2-4
Chopper, Philip	1-0-0-0	Davis, James	1-0-0-0
Croft, Philip	1-0-0-0	Duckwall, Daniel	1-0-0-1
Creps, John	1-0-0-0	Davenport, John	2-2-3-9
Coons, Jacob	1-0-0-0	Downy, William	1-0-0-0
Cahill, William	1-0-0-0	Downy, Edmund	2-1-0-1
Coons, Abraham	3-1-0-5	Dillow, John	1-0-0-1
Coons, John	1-1-0-3	Davis, Morris	1-0-0-2
Coons, Jacob Sr.	1-0-0-2	Davenport, Abram	2-3-14-16
Coons, Jacob Jr.	1-0-0-2	Downs, Benjamin	1-0-0-1
Cameron, Daniel	2-0-0-0	Dust, Valentine	2-0-2-9
Crowl, Jacob Jr.	1-0-0-0	Dowlin, Christopher	1-0-0-0
Cramer, Philip	1-0-0-0	Davis, Ezekiel	1-0-0-2
Criswell, Joseph	1-0-0-0	Davenport, Samuel	2-1-8-10
Crown, Joseph	1-0-0-0	Dulley, William	1-0-5-8
Crowl, Jacob Sr.	2-0-0-6	Duvall, Denton	1-0-0-0
Crimmonger, George	2-0-0-1	Duvall, Benton	1-0-0-0
Cramer, Philip	1-0-0-0	Dandridge, Adam S.	2-8-32-41
Cramer, Peter	1-0-0-0	Davis, Leonard Y.	2-0-4-8
Croft, Jacob	2-0-0-1	Davis, Thomas W.	1-0-4-9
Cime, Henry	1-0-0-0	Dillow, Thomas	1-0-0-0
Conway, John	1-1-0-1	Dougherty, Bernard O.	1-0-0-0
Carlow, Francis	1-1-0-1	Dilgern, John	1-0-0-0
Cookus, Henry	2-0-0-2	Davis, Samuel	1-0-0-0
Cookus, Michael	1-0-0-0	Davis, Cornelius	1-0-0-1

Jefferson County, Virginia Personal Property Tax List
1813

Name	Values	Name	Values
Daugherty, Patrick O.	1-0-0-0	Farr, Joseph	1-2-1-3
Daugherty, John	1-0-0-0	Frazier, Jonathan	3-0-2-6
Daniels, John	1-0-1-7	Fairfax, Thomas	0-0-2-0
Dillowplain, Jacob	6-0-2-4	Fardin, James	1-0-0-2
Edmonds, Benjamin	2-0-0-0	Farr, Samuel	2-0-1-4
Edwards, Abraham	2-0-0-0	Fulton, James	1-1-8-12
Everheart, Jacob	1-0-0-2	Fouke, Charles	1-0-0-1
Emery, Hezekiah	1-0-0-0	Fry, David	3-0-1-9
Edwards, Hezekiah	2-0-0-4	Flood, William P.	1-2-11-17
Edwards, Andrew	1-0-0-1	Frazier, Thomas	1-0-0-1
Edwards, Joseph	2-1-2-7	Fry, Daniel	1-0-0-1
Evans, George	1-0-0-0	Frank, Henry	1-0-0-0
Eaty, Sebastian	1-1-1-1	Fairfax, Ferdinando	1-3-16-10
Endsley, Thomas	1-0-0-3	Fisher, Jacob	1-0-0-2
Engle, Joseph	4-1-1-8	Foreman, Benjamin	2-0-1-7
Eversole, Abram Sr.	2-0-0-5	Fraley, John	1-0-0-0
Eversole, Isaac	1-0-0-3	Fiser, Jacob	1-0-0-0
Eversole, Henry	1-0-0-3	Fiser, Henry	1-0-0-0
Engle, Philip Jr.	2-0-2-9	Frumin, David	1-0-0-0
Evans, Thomas B.	1-0-1-1	Folck, Daniel	1-0-0-0
Emmerson, Edward D.	1-0-2-8	Folck, Frederick	1-0-0-3
Engle, Michael	2-0-0-1	Fisher, Peter	1-0-0-0
Engle, Samuel	1-0-0-2	Folck, George	1-1-1-4
Eversole, Abram Jr.	1-0-0-0	Faman, George	2-0-0-2
Engle, William	1-0-0-7	Foulke, Michael	2-0-0-0
Ervin, Elias Jr.	1-0-0-1	Griffin, Henry	1-0-0-0
Engle, Philip Sr.	1-0-0-4	Gibbs, Charles	2-0-1-1
Ervin, John	1-0-0-0	Griggs, Thomas Jr.	1-0-2-1
Entler, Philip Sr.	3-0-0-0	Grubb, Curtis	1-0-0-1
Entler, George	3-0-0-1	Grady, Thomas H.	1-2-0-1
Entler, Solomon	1-0-0-0	Grove, William	1-0-1-1
Ernest, Martin	1-0-0-0	Grubb, Adam	1-1-0-4
Entler, Daniel	3-0-0-0	Goldsberry, Robert	1-0-0-0
Entler, Joseph	1-0-0-1	Gibbins, Moses	1-1-7-11
Eckheart, Michael	1-0-0-0	Griffith, Samuel	1-0-0-0
Eversole, Daniel	1-0-1-5	Griffith, Marshall	1-0-1-0
Enhoof, Elijah	1-0-0-0	Grant, John	1-0-0-5
Fisher, Jacob	1-0-0-1	Gill, John	1-0-0-1
Fisher, Samuel	0-0-0-0	Glasscock, Peter	1-0-1-1
Frame, Ann	0-0-1-0	Griggs, John	2-1-9-16
Fulton, Robert	2-1-7-2	Gorrell, William	1-0-2-5
Frame, Matthew	2-2-10-9	Gold, John	2-0-3-8
Fry, John	1-2-0-6	Gallaway, William	1-0-1-5
Farnsworth, David	1-0-0-0	Gray, Zebedee	1-0-0-0
Farnsworth, Samuel	1-0-0-0	Grantham, John Sr.	3-0-0-7
French, Samuel	1-0-0-0	Grantham, William	1-0-1-5

Jefferson County, Virginia Personal Property Tax List
1813

Name	Values	Name	Values
Groover, Allbright	3-0-0-7	Humphreys, George	1-1-2-1
Groover, Christian	1-0-0-3	Hite, George	1-0-4-0
Griggs, Thomas Sr.	3-4-16-20	Hill, Thomas	2-0-0-1
Grantham, Joseph Jr.	1-0-0-4	Hooper, John	1-0-0-0
Grantham, Joseph Sr.	2-0-6-10	Hess, John	1-0-0-0
Glasford, Alexander	1-0-0-2	Hammond, Thomas R.	1-1-5-8
Grantham, John Jr.	1-0-0-3	Howell, Joseph	1-0-1-1
Grove, Jacob	1-0-0-2	Hickman, William	2-0-3-7
Gantt, Henry	1-0-11-14	Harris, Daniel	1-0-1-1
Gantt, John Jr.	2-3-14-14	Heath, James	1-0-0-2
Gibbs, Lucus S.	1-0-0-2	Holm, Jesse	1-0-0-0
Games, Robert	1-0-0-1	Hanes, John	1-0-0-10
Gilbert, Henry	1-0-0-2	Hanes, Nathan	2-0-0-9
Grantham, John (Cos)	1-0-0-1	Hanes, David	1-0-0-0
Green, John	1-1-0-4	Heskit, Benjamin	2-0-0-4
Games, Benjamin	1-0-0-0	Heskit, Solomon	1-0-0-2
Grove, John	1-0-3-3	Heskit, Everett	1-0-0-2
Gibbs, Fanny	0-0-1-0	Heskit, David	1-0-0-1
Grisham, James	1-0-0-1	Hiett, Thomas	1-0-1-5
Gibbins, Gilbert	1-0-0-0	Hains, William	1-1-0-1
Grove, Joseph	1-0-0-3	Heskit, John	3-1-1-6
Garrett, William	1-0-0-0	Horney, John	1-0-0-1
Glenn, James	1-1-6-10	Hall, David	1-0-0-0
Garnheart, Henry	2-0-2-7	Haley, Edward	1-0-0-1
Gilpin, William	0-0-0-2	Hiett, John	1-0-0-4
Goldsberry, John	1-0-0-0	Hale, Thomas Jr.	1-0-0-0
Ginkins, Leonard	1-0-0-2	Hiett, William	2-0-0-7
Gray, David	1-0-0-0	Hawkins, John	2-0-0-2
Goomert, John	1-0-0-1	Hardesty, Richard	3-2-1-8
Grimes, Philip	1-0-0-0	Hays, Andrew	1-0-0-4
Gardner, James	1-0-0-0	Henry, Richard	1-0-0-1
Gardner, John	1-0-0-0	Handsucker, Peter	3-0-1-10
Goldsberry, Edward	1-0-0-1	Hays, Samuel	1-0-0-4
Graham, William	1-0-0-0	Hale, Thomas Sr.	1-0-0-2
Griffin, Hezekiah	3-0-0-6	Heller, John	1-0-2-7
Hanes, Henry	1-2-2-3	Hehn, John	1-0-0-4
Hanes, John	1-0-0-0	Howard, William	1-0-1-3
Henrick, John	1-0-0-0	Hiett, Leonard	1-0-0-1
Hanes, Peter	1-0-0-0	Hagee, John	2-0-0-1
Hanes, Philip	1-0-0-0	Haymaker, John	1-0-0-0
Howell, Samuel	3-0-0-2	Hughs, Thomas	1-0-0-0
Heinor, John	1-0-0-1	Heath, Zacheriah	1-0-0-1
Humphreys, David	1-0-3-1	Honnell, Samuel	1-0-0-2
Humphreys, John	3-0-2-1	Hammond, Thomas	1-2-9-15
Howard, Thomas	1-0-0-3	Hiett, James	1-0-0-6
Henrick, Benjamin	1-0-0-0	Hartness, John	1-0-0-2

Jefferson County, Virginia Personal Property Tax List
1813

Name	Values	Name	Values
Hileman, Jacob	1-0-0-3	Isler, Henry	3-0-0-1
Hinkle, Samuel	1-0-3-9	Jackson, Thomas	1-0-0-0
Hamilton, Benjamin	2-0-0-6	Jackson, William	1-0-0-0
Hinkle, John	2-0-3-9	Johnson, Benjamin	1-0-0-0
Hamilton, William	1-0-0-0	Johnson, Thomas	1-0-0-0
Harris, Samuel B.	1-2-4-10	Jones, William	2-0-0-1
Hess, Jacob	2-0-1-4	Jones, Silas P.	1-0-0-0
Hoffman, John	1-1-1-5	Jackson, James	1-0-0-3
Hite, Samuel	1-2-1-6	Johnson, David	1-0-0-3
Hammilton, Elizabeth	0-0-1-1	Jones, William	1-0-0-0
Hull, Peter	3-0-0-1	Jones, Joseph H.	1-0-0-1
Harris, Jeremiah	1-0-3-6	Jones, Francis	1-1-0-8
Harris, George	1-0-0-2	Jones, James	1-0-0-0
Hollis, William	1-0-0-1	Jones, Sarah	1-0-0-4
Hunter, Ann	0-0-11-12	Johnson, Richard	1-0-0-3
Hall, John	1-0-0-1	Jordan, Jacob	1-0-1-1
Hall, Joshua	1-0-3-2	Jackson, John	1-0-0-0
Hite, James	1-4-14-20	James, Thomas	1-1-2-1
Hite, Joseph Sr.	2-0-4-10	Ingram, John	1-1-0-6
Hurst, John	3-1-10-9	Johnson, Thomas	1-0-0-0
Hendricks, Daniel	1-0-0-7	Kennedy, John	1-0-0-0
Hoffman, David	2-0-0-0	Kerby, William	1-0-0-1
Hout, Rudolph	2-0-0-6	Keller, Philip	1-0-0-0
Hout, George	1-0-0-0	Kime, Jacob	3-0-0-6
Hart, Miles	1-1-0-2	Kerchival, Elizabeth	1-1-2-5
Hammilton, Thomas	1-0-1-1	Kerchival, John	1-0-0-2
Hoover, Peter	1-0-0-3	Krusin, James	1-0-0-0
Hart, Thomas	1-0-1-10	Kelly, Aaron	1-0-0-1
Heath, James	1-0-0-3	Keys, Gersham	0-0-5-10
Henry, John B.	1-0-0-2	Kerney, William	1-2-2-6
Harden, Job	1-0-0-3	Keys, James	1-0-0-0
Haymaker, Thomas	1-0-0-0	Kendle, Henry	2-0-0-3
Hiser, John	2-0-0-0	Kerchival, James	1-0-0-1
Hiser, Adam	2-0-0-0	Kearns, Adam	1-0-0-0
Hoffman, John	1-0-0-0	Kerney, Anthony	1-0-0-5
Hay, Ruth	0-0-1-0	Kearsley, Jonathan	1-0-3-7
Hartman, Jacob	1-0-0-1	Krouk, Daniel	1-0-0-0
Humphreys, Roger	2-0-3-1	Kline, John	1-0-0-0
Hewett, John	2-0-0-1	Kane, William	1-1-0-1
Hains, Jacob Sr.	4-0-3-4	Krimes, William	1-0-0-0
Harris, David	1-0-0-0	Krutcher, Henry	2-0-0-4
Hickson, Robert	2-0-0-1	Kennedy, Thomas	1-0-1-1
Hill, Christian	1-0-0-0	Keys, Thomas	1-2-2-6
Hoffman, Robert	1-0-0-3	Kearsley, John	3-1-4-2
Hurst, James	2-3-15-12	Kerney, James	2-3-11-20
Hageley, George	2-0-1-7	Kensel, Jacob	1-0-0-4

Jefferson County, Virginia Personal Property Tax List
1813

Lemon, John	1-0-0-0	Lamon, Vasey	1-0-0-1
Lee, Robert C.	1-0-1-1	Lamon, Morgan	1-0-0-1
Lott, Robert	1-0-0-0	Layle, Michael	1-0-0-0
Likens, Thomas	5-0-1-1	Linthecum, Nathan	2-0-0-0
Lane, Willoughby, W.	1-0-2-1	Likens, Joseph	1-0-0-0
Lane, Joseph E.	1-0-0-0	Ludrick, John	1-0-0-0
Little, Charles C.	1-0-0-5	Long, Andrew	1-0-0-1
Lee, John	1-0-0-0	Lowry, John	3-0-0-0
Leech, Archibald	1-0-0-0	Lay, Jacob	1-0-0-0
Laboo, Michael	1-0-0-0	Line, Henry	4-1-2-2
Lay, John	1-0-0-0	Lindsey, Alexander	1-0-0-0
Little, William	1-2-5-7	Lane, James S.	4-1-2-2
Lyons, John	1-0-3-1	Lucas, Robert	2-2-5-14
Lee, Thomas W.	1-0-4-4	Loftsinger, John	1-0-0-0
Lee, Martha	0-0-3-3	Line, John	2-1-0-0
Lock, John Jr.	1-0-1-5	Lay, George	1-0-0-1
Lang, Thomas	1-0-0-0	Long, Jacob	1-0-0-1
Lock, James	1-0-1-5	Morrow, William	3-0-1-1
Lyons, George	2-0-0-0	Moore, Jesse	1-0-2-3
Lewis, John H.	2-3-11-17	Miller, John	1-0-0-0
Lang, John	1-0-0-1	Miller, John	1-0-0-0
Llewellin, Richard	2-2-5-9	McGowen, John	1-0-1-3
Lock, John Sr.	2-2-5-8	McKenney, James	1-0-0-1
Lownds, Charles	1-0-9-12	Murphy, Jonathan	1-0-0-0
Lamon, Thomas	1-0-0-1	McMakin, James	1-0-0-3
Lighthaser?, Matthias	1-0-0-1	McMakin, Abagail	0-0-0-2
Lee, Lancelot B.	1-0-0-1	McCaughtry, William	2-0-4-6
Lee, William	1-8-27-19	McCleland, William	1-0-0-2
Lowry, Thomas T.	1-0-4-6	McDonald, Hugh	1-0-1-5
Lowder, Frederick	1-0-0-1	Maddox, Hezekiah	1-0-0-2
Likens, James	1-0-0-1	McWilliams, William	1-0-0-1
Litler, David	1-0-0-4	McPherson, Samuel	2-0-1-13
Litler, Thomas	2-0-0-4	& also Widow Neal	
Lucas, Edwards	1-0-1-1	McPherson, Daniel	1-0-4-12
Longbrake, Jacob	1-0-1-5	Melton, Robert	2-1-6-7
Lancaster, Joseph	1-0-0-4	McPherson, William	1-0-0-3
Lafferty, Thomas	3-0-4-10	McComb, Jonathan	1-0-0-1
Lannum, John	1-0-0-0	Massey, Samuel	1-0-0-2
Link, Adam	2-1-2-10	McLaughlin, Isaac	1-0-0-0
Lafferty, George	1-0-2-6	McKindree, William	1-0-5-3
Long, Abraham D.	1-0-0-1	Mendinall, Samuel	2-0-1-10
Long, Mary	2-1-2-5	Mouser, George	1-0-0-5
Lamon, Robert Sr.	3-0-0-6	Muse, Battaile	1-3-10-15
Lamon, James	1-0-0-2	Mullenix, John	1-0-0-2
Lamon, Robert Jr.	1-0-0-1	Morgan, William	1-0-0-1
Lamon, William	1-1-0-5	Mullenix, Henry	2-0-0-5

Jefferson County, Virginia Personal Property Tax List
1813

Name	Values	Name	Values
Mouser, Jacob	1-0-0-5	Murphy, John	1-0-0-2
McCormick, James	2-0-0-1	McMarran, Joseph	3-0-0-12
McSherry, William	1-0-0-1	Moore, David	1-0-0-0
Moore, Jane	2-0-1-5	Moler, Adam	2-0-3-8
McSherry, Richard	2-0-8-16	Middleton, Hutchinson	1-0-0-0
McFillin, Hugh & son	2-0-0-3	Morgan, William Sr.	1-1-6-40
McKee, James	1-0-0-0	Melvin, Benjamin	1-1-1-5
Moyers, John	1-0-1-7	Moler, Jane	2-0-0-5
McKenney, Mary	0-0-0-2	Moler, Jacob	1-0-0-1
Morgan, Richard	1-1-1-7	Melvin, Silas	1-1-0-4
McFarlin, Obadiah	1-0-0-0	Moser, Stophel	1-0-0-3
McClanahan, Thomas	1-2-11-19	Mallory, William	1-0-1-0
McCloy, Alexander	2-1-0-6	McAnally, Thomas	1-0-0-0
Moudy, Adam	1-0-1-1	Marly, John	1-0-0-0
McKnight, Harman	2-0-0-1	McQuilting, Thomas	1-0-1-6
McCloy, David	1-0-0-0	McGarity, John	1-0-0-0
McCloy, James	2-0-0-1	Melvin, John	1-1-2-8
McCloy, John	1-0-0-0	Miller, John Jr.	1-0-0-0
McCaughtry, James	1-0-0-1	Myers, Ludwick	1-0-0-1
Matheny, Jonas	1-0-0-2	McCelroy, William	1-0-0-0
McWilliams, George	1-0-0-0	Miller, William	1-0-0-0
Mahony, William	1-0-0-2	Merikle, Daniel	1-0-0-0
Matheny, John	0-0-0-2	Mark, John	0-2-4-6
Markwood, John	1-0-0-1	Morgan, Daniel	1-1-5-7
Muse, Margaret	0-1-3-4	Morgan, Elizabeth	0-0-1-1
McPherson, John Sr. & son	2-0-0-0	Moler, Frederick	1-0-0-4
		Mallory, George	1-0-2-1
Miller, Henry	1-0-1-6	Melvin, Samuel	1-1-1-6
Miller, William	1-0-1-1	McGarry, John	3-0-1-7
Martin, Cavalier	4-0-0-8	McCoy, Uriah	1-0-0-2
Martin, Peter	1-0-0-4	Moore, Francis	1-0-2-5
Miller, Jacob	1-0-1-5	Moore, Cato	1-0-0-1
Myers, Jacob	1-0-0-2	Miller, John Sr.	1-0-0-1
Manning, Jacob H.	1-1-12-13	Miller, George	1-0-0-0
Middleton, Robert F.	1-1-0-6	Morgan, Rawleigh	1-0-13-15
McCartney, Joseph	1-0-0-0	Miles, John	1-0-0-0
McDaniel, John	1-0-0-2	Morrow, Joseph	2-0-0-0
Morgan, Margaret	1-0-2-2	Marmaduke, Presley	3-0-1-1
McCully, James	4-0-3-5	Morrow, John	1-0-5-2
Marshall, Thomas	2-0-0-0	McMakin, John	1-0-0-0
Montgomery, Thomas	1-0-0-1	McCormick, Cornelious	2-0-0-1
Morgan, Andrew	1-0-0-6		
Myers, Isaac	0-0-0-2	McCormick, William	1-0-0-1
Moore, James	0-0-0-1	Moler, Sarah	1-0-2-7
Melvin, Thomas	3-0-2-6	Moler, John	1-0-1-2
Murphy, William	1-0-0-0	Moore, John	1-2-3-5

Jefferson County, Virginia Personal Property Tax List
1813

Name	Tax	Name	Tax
McMasters, John	1-0-0-0	Pulse, Jacob	2-0-0-7
Motter, John	3-1-2-2	Patterson, Thomas	1-0-0-0
Moler, Michael	2-0-4-13	Pulse, George	1-0-0-6
Mason, Edward	1-0-0-1	Partridge, Matthew	2-0-10-14
McKinny, Francis	1-1-0-3	Painter, John	1-0-0-4
Neal, Thomas	2-0-0-1	Parrott, William	1-0-3-11
Nichols, Michael	5-0-0-6	Perry, John	2-1-0-6
Needler, Andrew	1-0-0-0	Powell, George	2-0-0-8
Nicely, Henry	1-0-0-1	Potts, David	1-0-0-0
Neer, John	1-0-0-3	Parker, Henry	1-0-0-0
Nysinger, John	1-0-0-1	Perry, George	2-0-0-0
Nace, Jacob	1-0-0-3	Pearl, John	1-0-0-0
Nickson, James	1-0-0-0	Pile, Stephen	1-0-0-0
Neel, John	1-0-0-0	Reed, Thomas	1-0-0-0
Oneal, Gregory	1-0-0-0	Russell, Samuel	4-0-1-1
Oneal, John	1-0-0-0	Ranson, James L.	1-0-0-0
Offutt, Samuel O.	1-0-0-4	Rector, Charles G.	1-0-0-0
Oneal, Francis	1-0-0-1	Roper, James	1-0-3-5
Obanion, John	1-0-3-5	Roper, Nicholas	1-0-3-3
Ogelvie, Humphrey	3-0-0-1	Roberdett, James	1-0-2-6
Oram, Moses	2-0-2-4	Ridgeway, Rebeckah	0-0-0-1
Opia, Hiram	1-7-12-12	Richcrick, Philip	2-0-0-5
Oldfield, James	1-0-0-1	Reynolds, Jeremiah	1-0-0-3
Osborn, David Jr.	1-1-2-7	Randolph, Edmund	1-1-0-1
Orendorf, William	1-0-0-0	Riley, Alexander	1-2-5-13
Ogden, Charles	1-0-1-3	Rockenbough, Samuel	3-0-0-1
Osborn, Thomas	1-1-2-7	Roseberry, Frederick Sr.	1-0-1-3
Ogden, John Jr.	1-0-0-1		
Ogden, John Sr.	1-0-0-5	Roseberry, Frederick Jr.	1-0-0-3
Orendorf, Henry	3-0-4-9		
Ott, John	2-0-0-6	Roley, William	1-0-0-1
Osborn, Joseph	1-0-0-0	Ransone, Matthew	1-2-13-16
Ox, George	1-0-0-1	Robinson, Joseph	1-0-0-0
Osborn, David	1-1-10-9	Riley, Thomas W.	1-0-0-0
Osborn, William	1-1-5-7	Rutherford, Drucilla	0-2-4-7
Price, Samuel	2-0-1-0	Riley, George	1-0-3-11
Parson, Jacob	2-0-1-1	Roberts, Abram	1-0-0-1
Perry, Charles M.	2-0-1-0	Roberts, William	1-0-0-3
Perry, Thomas	1-0-0-0	Roberts, Samuel	2-0-2-7
Pile, Robert	1-0-0-1	Ronimous, Conrad	2-0-0-6
Palmer, David	2-0-0-2	Ronimous, Lewis	2-1-2-6
Pusy, David	3-0-0-1	Rice, James	1-0-0-1
Painter, William	1-0-0-1	Ronimous, George	1-0-0-3
Piper, William	1-0-0-1	Ridenhour, Christopher	2-0-2-4
Packett, John	0-0-1-3		
Paine, John	2-0-0-5	Riley, Zacheriah	1-0-0-4

Jefferson County, Virginia Personal Property Tax List
1813

Richardson, William	1-0-0-1	Smith, David	1-0-0-4
Ragen, William	1-0-0-0	Smith, Lewis	2-0-0-2
Richart, Elizabeth	1-0-0-0	Shaul, Jacob	1-0-0-4
Ripples, Admrs.	1-0-0-4	Shaul, Michael	2-0-0-6
Reetz, Charles	1-0-0-1	Shaul, Nicholas Sr.	2-0-0-7
Robinson, John	1-0-0-0	Steed?, Jesse	1-0-0-0
Richstine, William	1-0-0-0	Shaul, Nicholas Jr.	1-0-0-2
Russell, Robert	1-0-0-1	Shaul, George	1-0-0-7
Russell, Arthur	1-0-0-0	Shepherd, Jacob	1-0-04
Rockenbough, John	1-0-1-5	Sumprote, John	1-0-0-1
Ropp, Solomon	1-0-1-2	Shively, Jacob	1-1-3-3
Reynolds, George Jr.	3-1-6-14	Smith, Moses	1-0-0-1
Shirley, Jarvis Sr.	3-0-0-4	Stone, Philip	1-0-0-1
Shirley, William	1-0-0-1	Smith, Henry	3-1-0-1
Shirley, Ephraim	1-0-0-1	Stephenson, William	1-0-1-1
Shirley, John	2-0-0-4	Showers, Joshua	1-0-0-1
Swift, Lewis	1-0-0-0	Stidman, Thomas	1-0-0-1
Starry, Nicholas	1-0-0-1	Stidman, James	1-0-0-1
Sutton, John	2-0-0-0	Stidman, John	1-0-0-0
Statten, Jacob	1-0-0-5	Stidman, William	1-0-0-2
Spangler, John	1-0-0-0	Saunders, John Sr.	1-2-23-15
Stephenson, James	3-0-1-1	Smallwood, Thomas	1-0-0-1
Slaughter, Smith	1-1-8-10	Staley, Peter	1-0-0-3
Smithy, Moses	1-0-0-0	Slemmons, Robert	1-0-2-4
Saunders, William B.	1-1-4-5	Straine, Samuel	2-0-3-7
Scolly, Samuel	1-0-0-1	Sly, Matthias	1-0-0-4
Smith, Henry	1-1-0-2	Smallwood, Gabrial	2-1-0-2
Smith, Seth	1-0-2-5	Shanton, Charles	1-1-1-4
Spotts, Andrew	1-0-0-0	Swearingen, Van	1-1-2-6
Sprint, Patrick	1-0-0-0	Shanton, Zadoc	1-0-0-1
Stewart, Archibald	1-0-0-1	Showalter, Isaac	1-0-2-6
Strath, Alexander	1-2-2-13	Snider, John	1-0-0-6
Slusher, George	1-0-1-5	Savington, Thomas	2-0-1-6
Stanford, Joseph	2-0-0-0	Shepherd, Abraham Sr.	2-1-9-17
Swayne, Rebeckah	0-0-0-1		
Smart, Zacheriah	1-0-0-0	Stine, John	1-0-0-5
Shirley, James	2-0-4-8	Sharp, John Sr.	4-0-0-10
Smith, Daniel	1-0-0-2	Strider, Henry	1-1-3-5
Simpson, John	1-0-0-1	Strider, Isaac	1-1-2-6
Stricker, Wolf	1-0-0-1	Swagler, Matthias	2-0-0-4
Sinclair, John	2-4-16-20	Strother, Anthony	1-0-5-7
Shepherd, Frederick	2-0-0-3	Stein, Henry	1-1-0-4
Smith, Elizabeth	2-0-1-6	Stephens, John	1-0-0-3
Steed?, Thomas	1-0-0-1	Snider, John	1-0-0-3
Shindler, Richard	1-0-0-0	Slyer, Peter	1-0-0-0
Stewart, John	1-0-0-2	Smallwood, Samuel	1-0-0-1

Jefferson County, Virginia Personal Property Tax List
1813

Name	Values	Name	Values
Strider, John	1-0-1-2	Shirley, Robert	1-0-0-8
Strider, Polly	0-0-0-2	Throckmorton, Robert	1-0-2-3
Showman, Michael	1-0-0-1	Tate, William	1-0-8-9
Shunk, Simon	1-0-0-2	Thomas, John	1-0-0-1
Spencer, Samuel	1-0-2-7	Thompson, William	1-0-0-2
Sagle, Henry	2-0-0-3	Turner, Henry S.	1-3-20-20
Shewbridge, William	1-0-0-1	Taylor, James	2-0-0-1
Speaks, William	1-0-0-3	Taylor, Francis	0-0-3-2
Stephens, Robert	1-0-0-1	Tracy, James	2-0-0-3
Spangler, George	1-0-1-1	Taylor, Jesse	2-0-0-1
Stephens, James	1-0-0-0	Taylor, Bennett	1-2-17-17
Smurr, Andrew	1-0-0-0	Taws, Andrew	3-3-10-16
Shanor, John	1-0-0-0	Thomas, Grandison	2-0-0-5
Stephens, Thomas	2-0-0-0	Thomas, Samuel	1-0-0-3
Strider, Samuel	2-1-6-15	Throckmorton, John	2-2-20-19
Spangler, George	1-0-0-1	Taylor, John	1-0-0-0
Stubblefield, James	1-1-1-0	Tillett, Samuel	1-0-3-5
Suttlemire, George	1-0-0-0	Thornburg, William	1-0-0-0
Snider, Abram	1-0-0-4	Turner, Joseph	4-2-2-7
Shindler, Conrod	1-0-0-0	Tool, John	2-0-0-5
Shepherd, James	2-0-0-0	Taylor, William	2-0-3-6
Staley, Stephen	2-0-0-0	Thompson, John	3-0-1-5
Sprinkle, Anthony	1-0-0-0	Trig, Jeremiah	1-0-0-2
Shepherd, Thomas	1-0-0-0	Thomas, Archibald	1-0-0-1
Souther, Christopher	1-0-0-0	Twig, Samuel	1-0-0-3
Stephens, Dennis	1-0-0-0	Tool, Thomas	1-0-1-1
Stephens, William	1-0-0-0	Tabb, Robert	3-1-1-8
Sheetz, Jacob	3-0-0-0	Thornburg, Thomas	1-0-2-6
Staley, Daniel	2-0-1-5	Thomas, James	1-0-0-0
Staley, John	1-0-0-1	Tays, John	1-0-0-0
Staley, Jacob Sr.	1-0-0-0	Tolbert, John	1-1-4-7
Staley, Stephen	2-0-0-5	Turner, Anthony	1-2-5-16
Sheets, Philip	1-0-1-2	Tarney, Richard	1-0-0-0
Smurr, Peter	1-0-0-0	Thornburg, Solomon	1-0-0-0
Stockwell, Francis	0-0-0-0	Trail, Nathan	1-0-0-0
Smith, James	1-0-0-0	Threadkill, Nancy	0-0-2-0
Smither, George	1-1-2-7	Timberlake, Harfield	1-3-8-7
Selby, Walter B.	4-1-2-2	Vestal, David	1-0-0-0
Shepherd, Abraham Jr.	1-0-1-2	Vanvactor, Joseph	2-0-2-5
		Umpahour, Phillip	1-0-0-1
Stall, Jesse	1-1-1-6	Vanhorn, John	1-0-0-1
Stanhope, William	1-0-8-9	Vestal, William	1-1-2-6
Stidman, William	1-0-0-5	Varner, Jacob	2-0-0-0
Swearningen, Hezekiah	1-1-5-4	Vandiver, Jacob	0-0-1-2
		Upperman, John	1-0-0-0
Swearngin, Joseph	1-3-16-19	Verdier, James	2-0-5-11

Jefferson County, Virginia Personal Property Tax List
1813

Name	Values	Name	Values
Unseld, George	1-0-0-0	Williams, Isaac	1-0-0-1
Unseld, John Jr.	3-0-0-1	Williams, Elijah	1-0-0-0
Unseld, John Sr.	1-0-0-0	Whitenack, John	1-0-0-1
Vanmetre, Abram	2-0-0-6	Wade, William	1-0-0-0
Wilson, Moses Sr.	3-0-1-1	Wright, Isaac	1-0-0-1
Wilson, John	1-0-1-1	Willis, Elizabeth	0-2-3-2
Wilson, Matthew	3-0-0-0	Washington, John A.	1-5-26-15
Wilkins, John	2-0-0-1	Wright, Samuel	2-2-3-9
Wilson, Hugh	1-0-0-5	Washington, Bushrod C.	1-9-16-23
Willitt, Aquilla	1-0-0-1		
Williams, Richard	2-0-1-1	Whitson, John	1-0-0-0
Woods, Andrew	2-0-0-1	Wood, Thomas	1-0-0-1
Ware, John	1-0-0-0	Wolgermott, David	1-0-0-0
Whaley, James	1-0-0-1	Welshans, David	1-0-0-1
Wysong, Michael	2-0-1-0	Ward, John	1-0-0-2
Wysong, Joseph	1-0-1-0	Wolf, Henry	1-0-0-4
Wood, James & brother	2-0-2-3	Womeldorf, John	1-0-0-4
		Wingard, John	1-0-3-2
Whiting, Beverley	1-2-20-23	Wallingsford, James	2-0-0-9
Wimmer, John	1-0-0-0	Wallingsford, Nicholas	1-0-0-4
Wright, Jonathan	1-0-0-1	Wever, Adam	1-0-4-2
Wright, James	1-0-0-0	Wever, Casper W.	1-0-3-8
Washington, Samuel	1-1-8-9	Wiltshire, Benjamin	3-0-0-8
Weldon, John	1-0-0-1	Welsh, Jacob	1-0-0-4
Wright, James	1-0-0-1	Walker, William	1-0-0-0
Washington, John T. A.	1-4-13-11	Walpert, Casper	2-1-1-9
		Waters, William	1-0-0-2
Walravin, James Jr.	1-0-2-8	Williams, John	1-0-0-1
Walravin, James Sr.	0-1-0-2	Wagley, John	4-0-0-2
Washington, Richard H. L.	0-2-22-18	Wilson, Jane	0-0-0-1
		Wayne, Moses	1-0-0-1
Whiting, Francis	1-4-14-20	Wiltz, Henry	3-0-0-4
Wager, Massy	0-1-1-1	Williams, Recker	1-0-0-2
West, Thomas	1-0-0-0	Worthington, Robert	2-2-2-1
West, William	1-0-0-0	Welshamer, Katharine	0-0-1-0
Watson, James	1-0-0-0	Waters, John	1-0-0-0
Watson, Thomas	1-0-0-5	Wise, George	1-0-0-1
Watson, Abram	1-0-0-1	Wisenall, Barnard	2-0-0-0
Watson, Thomas	1-0-0-0	Williamson, Basil	1-0-5-2
Way, James	2-0-0-3	Whitett, Robert	1-0-0-0
Willis, Carver	1-2-9-11	Wager, John	0-1-2-3
Welsh, Richard	1-0-8-10	Wysinger, John	1-0-0-0
Wilson, John	1-0-0-0	Wise, Henry	1-0-0-0
Washington, George's heirs	0-0-6-1	White, Thomas	1-0-0-0
		Waltermire, Philip	1-0-0-2
Wilson, Benjamin	1-0-1-1	Wysong, Jacob Jr.	1-0-0-0

Jefferson County, Virginia Personal Property Tax List

1813 Harpers Ferry List

Wysong, Jacob Sr.	1-0-0-1	Young, Samuel	2-0-0-0
Ware, Raphal	1-0-0-0	Young, Joseph	2-0-0-1
Wysong, Josep[h?]	1-0-0-0	Yontz, Conrod	1-0-0-1
Williams, Samuel	1-1-5-10	Young, John	1-0-0-0
Williams, Samuel	1-1-5-10	Yerkes, Cyrus	1-0-0-3
Welshans, Joseph	3-0-0-4	Yerkes, Joshua	1-0-0-4
Whip, Peter	2-1-0-6	Young, John	1-0-0-0
Welshans, Jacob	2-0-0-1	Young, James	2-1-0-6
Whitley, William	1-0-2-2	Young, Peter A.	1-0-0-0
Wycoff, Peter	1-0-0-0	Young, Daniel	1-0-0-0
Williamson, Jacob	2-0-2-1	Young, Christly	1-0-0-0
Widdys, Isaac & John	0-0-0-0	Yontz, John	1-0-1-0
Young, John	1-0-0-0	Yates, John	2-6-22-20

1813 Harpers Ferry List

Hartman, Martin	1-0-0-1	Stipes, Henry	1-0-0-0
Stricklin, John	1-0-0-0	Larkin, Samuel	1-0-0-0
Engle, Jacob	1-0-0-0	Roderick, Abraham	1-0-0-0
Greer, James	1-0-0-0	Balis, John	1-0-0-0
Staley, Jacob	1-0-0-0	Beltz, John	1-0-0-0
Miller, Henry	1-0-0-0	Hoffman, Philip	1-0-0-0
Conrod, Henry	1-0-0-0	Hoffman, Joseph	1-0-0-1
Boyd, Robert	1-0-0-0	Mallory, Thomas	1-0-0-0
Russell, Robert	1-0-0-0	Keath, Hoff	1-0-0-0
King, Richard	1-0-0-0	Balis, John Sr.	1-0-0-0
Crane, Peter	1-0-0-0	Johnson, Daniel	1-0-0-0
Welshans, Michael	1-0-0-0	Rogers, John	1-0-0-0
Cox, William	1-0-0-1	McAbee, Allen	1-0-0-0
Russler, John	1-0-0-0	Hendricks, Joseph	1-0-0-0
McCoy, Hugh	1-0-0-0	Graham, John	1-0-0-0
Riley, Frederick	1-0-0-0	Funk, Philip	1-0-0-0
McAbee, Nineman	1-0-0-0	Best, Jacob	1-0-0-0
Thompson, John	1-0-0-0	Barnes, Alexander	1-0-0-0
Reason, John	1-0-0-0	Pryor, Samuel	1-0-0-0
Gray, William	1-1-0-1	Prior, James	1-0-1-1
Beltz, Andrew	1-0-0-0	Tompkins, Jona. M.	1-0-0-1
Hopwood, Samuel	1-0-0-0	Shunk, Isaac	1-0-0-0
Thompson, Samuel	1-0-0-0	Cramer, Daniel	1-0-0-0
Nickle, Jacob	1-0-0-0	Taylor, Alexander	1-0-0-1
Riley, James	1-0-0-0	Garrett, John	1-0-0-0
McLanan, John	1-0-0-1	Cramer, Casper	1-0-1-0
Wycoff, James	1-0-0-0	Little, George	1-0-0-2
Cherry, Richard	1-0-0-0	Bridenbough, Martin	1-0-0-0
Zarger, George	1-0-0-0	Grumph, Martin	1-0-0-0
Wilson, Ace	1-0-0-0	Kaylor, John	1-0-0-0

Jefferson County, Virginia Personal Property Tax List
1813 Harpers Ferry List

Name	Values	Name	Values
Creps, Christian	1-0-0-1	Entler, Jacob	1-0-0-0
Hoffman, Peter	1-0-0-0	Leiper, George	1-0-0-1
Burleen, Abraham	1-0-0-0	Wilson, Samuel	1-0-0-0
Zimmerman, Michael	1-0-0-0	Fitzer, Henry	1-0-0-0
Reed, William	1-0-0-0	Sergent, James	1-0-0-0
Garratt, Johnson	1-0-0-1	Erninshaw, John	1-0-0-0
Heafer, John	1-0-0-0	Shafer, John	1-0-0-0
Cox, Samuel	1-0-0-1	Cooper, George	1-0-0-0
Croft, David	1-0-0-0	McCoy, Daniel	1-0-0-0
Roderick, John	1-0-0-0	Wolverton, John	1-0-0-0
Seites, Peter	1-0-0-0	McClanan, Archibald	1-0-1-0
Keller, John	1-0-0-0	Border, Daniel	1-0-0-1
Bayley, Joshua	1-0-0-0	Whetstone, Jacob	1-0-0-1
Thompson, Cary	1-0-0-0	Goney, Joseph	1-0-0-0
Wintersmith, Charles	1-0-0-0	Welshans, Michael	1-0-0-1
Ferils, William	1-0-0-1	Orwin, Frederick	1-0-0-1
Morland, Jett	1-0-0-0	Donoldson, Stephen	1-0-1-1
Leps, Henry	1-0-0-0	Dunham, John	1-0-0-0
Clasby, John	1-0-0-0	Lindsey, John	1-0-0-1
Hibbins, Cyrus	1-0-0-2	Miller, Joseph	1-0-0-0
Riley, John	1-0-0-0	Smith, John	1-0-0-0
Holt, John	1-0-0-0	Duke, Robert	1-0-0-0
Speaks, John	1-0-0-0	Haines, Jacob	1-0-0-0
Stidman, James	1-0-0-0	Wallace, William	1-0-0-0
Stephenson, William	1-1-0-1	Miller, William	1-0-0-1
Syckafust, John	1-0-0-0	Crowl, Michael	1-0-0-0
Syckafust, Samuel	1-0-0-0	Stipes, Ezekiel	1-0-0-1
Kretcher, John	1-0-0-0	Brewer, John	1-0-0-1
Riley, William	1-0-0-0	Eader, Samuel	1-0-0-1
Benton, Erasmus	1-0-0-0	Fardin, Ralph	1-0-0-0
Hall, Shadrick	1-0-0-0	Carter, Thomas	1-0-0-0
Near, James	1-0-0-0	Marlatt, John	1-0-0-0
McKenney, Hiram	1-0-0-0	Rawlins, Thomas	1-0-0-0
Ott, Jacob	1-0-0-1	Graham, Matthew	1-0-0-0
Crowl, Jacob	1-0-0-0	Reed, Robert	1-0-0-0
McKimmer, George	1-0-0-0	Nonamaker, George	1-0-0-0
Conrod, Henry	1-0-0-0	Carson, James	1-0-0-0
Lindsey, Evans	1-0-0-0	Jett, Archibald	1-0-0-0
Stidman, Thomas	1-0-0-0	Boyls, Edward	1-0-0-0
Jacob, Rodolph	1-0-0-0	Clasby, David	1-0-0-0
Pierce, John Jr.	1-0-0-0	Knight, Jacob	1-0-0-0
Carson, Robert	1-0-0-0	Creps, John	1-0-0-0
Carson, John	1-0-0-0	Beckham, Townsend	1-0-0-0
Pile, Samuel	1-0-0-0	Hickson, Robert	1-0-0-0
Wigenton, John	1-0-0-0	Davis, Samuel	1-0-0-0
Cook, Michael	1-0-0-1	Hardin, Edward	1-0-0-0

Jefferson County, Virginia Personal Property Tax List
1813 Negroes Chargeable with Tax

Hall, Thomas	1-0-0-0	Tully, Samuel	1-0-0-0
Butts, Ezekiel	1-0-0-0	Drue, Samuel	1-0-0-0
Sycafust, Henry	1-0-0-0	Stipes, Reubin	1-0-0-0
Allstods, Russ	1-0-0-0	McAbee, William	1-0-0-1
Taylor, David	1-0-0-0	Banner, David	1-0-0-0
Owens, Thomas	1-0-0-0	Clark, Alfred	1-0-0-0
Krusin, Jacob	1-0-0-0	Norman, Joel	1-0-0-0
Larkin, Elisha	1-0-0-0	Forman, Simon	1-0-0-0
Mintzell?, Alexander	1-0-0-0	Crockett, John	1-0-0-0
Bell, Nathaniel	1-0-0-0	Best, John	1-0-0-0
Jenkins, Nathaniel	1-0-0-0	Best, John Jr.	1-0-0-0
Spangler, John	1-0-0-0	Bird, Jacob	1-0-0-0
Turk, Nathaniel	1-0-0-0	Jett, Peter Jr.	1-0-0-0
King, Horatio	1-0-0-0	Jett, Peter P. Sr.	1-0-0-0
Sappington, William	1-0-0-0	Stidman, John	1-0-0-0
Gill, Jacob	1-0-0-0	Compton, George	1-0-0-0
Erninshaw, John	1-0-0-0	Russell, John	1-0-0-0
Spangler, George	1-0-0-0	Kaler, John	1-0-0-0
Keller, William	1-0-0-0	Clark, James	1-0-0-0
Gibson, William	1-0-0-0	Morland, James	1-0-0-0
Best, Henry	1-0-0-0	Moler, Jestin	1-0-0-0
Neer, David	1-0-0-0	Shoebridge, John	1-0-0-0
Jones, William	1-0-0-0	Bosworth, William	1-0-0-0
Criswell, Robert	1-0-0-0	Robertson, John	1-0-0-0
Gafford, Joseph	1-0-0-0	Erninshaw, Thomas	1-0-0-0
Reynolds, John	1-0-0-0	Blackburn, Thomas	1-0-0-0
Avis, Samuel	1-0-0-0	Foreman, John	1-0-0-0

1813 Negroes Chargeable with Tax

Billy Connell – baker at C. Town
Jason Goings – labourer at Charles Town
James Goings – labourer at Charles Town
David Thomas – shoemaker at Charles Town
Isaac Gilbert – shoemaker at Charles Town
Molly – cook at Chas. Gibbs
Warner Webb – labourer at Chas. Town
Walker Jones – 1 horse, labourer at Chas. Town
Basil Brown – labourer at M. Clarks
Lucy Swainy – weaver at C. Town
Fanny Swainey – weaver at Chas. Town
Nancy Goings – weaver at Chas. Town
Hannah Swany – midwife at Chas. Town
Jenny – spinster at Chas. Town
Westly Goings – labourer at Chas. Town
Henry Parker – labourer at Keys's
George Ware – labourer at Keys's
Frank Summers – labourer at Breckenridge's
Grandison Ware – labourer at Breckenridge's

Jefferson County, Virginia Personal Property Tax List
1813 Negroes Chargeable with Tax

James Hogan – labourer at Chas. Town
Sarah Hogan – labourer at Chas. Town
Grace Peace – labourer at Chas. Town
Patty Peace – labourer at Chas. Town
Patty – labourer at Chas. Town
Dennis Berry – 3 horses, labourer at Fairfax
Nelly Berry – housekeeper at Fairfax
Beverley Cooly – waiter at Chas. Town
Jesse Burwell – labourer at John Bowly's
George Mason – labourer at Chas. Town
Nace Burwell – labourer at George Slusher's
Samuel Coxon – labourer at George Slusher's
Frank Joe – labourer at Saml. Swayne's
Daniel – labourer at Shanandoah
George – labourer at Shanandoah
Gabriel – labourer at Shanandoah
Abraham – labourer at Shanandoah
Charles – labourer at Shanandoah
Billy – labourer at Shanandoah
Charles – labourer at Shanandoah
Fanny – spinster at Shanandoah
Fanny of Betty – spinster at Shanandoah
Lydia – spinster at Shanandoah
Jake Freeman – labourer at Mountain
Polly Redman – spinster at James Fultons
Betsy Redman – spinster at James Fultons
Old Jake Freeman – labourer at Mountain
Authesey Freeman – labourer at Mountain
Polly Freeman – spinster at Mountain
Esther – spinster at Meltons Farm
Fanny Bores – spinster at Mrs. Swaneys
Johnson Burwell – labourer at Capt. Hammond
Billy Halter – labourer at Thos. Atwells
Henry Thompson – labourer at Wm. Camrons
Gasper Thompson – labourer at McPhersons
Thos. Thompson – labourer at Nathan Haines
Gabriel Tooles – labourer at Thos. Hietts
David Smith & wife – 2 horses, labourer at Wm. McPhersons
Elsy Smith – spinster at Wm. McPhersons
Nelly – spinster at B. Muses
Eve – spinster at B. Muses
Brester Smith – blacksmith at John Dorseys
Dean Johnson – blacksmith at John Dorseys
Peter Jackson – cooper at Saml. McPherson
Beverley – labourer at Jno. Allstotts
James Brooks – 2 horses, blacksmith at Richd. Washingtons
Baker Moore – labourer
Joseph Moore – 1 horse, labourer near White House
Judith Moore – spinster near White House
Richard Moore – labourer near White House
Winny Moore – spinster near White House
Peggy Moore – spinster near White House

Jefferson County, Virginia Personal Property Tax List
1813 Negroes Chargeable with Tax

Lucy Moore – spinster near White House

Maria Moore – spinster near White House

Thomas Kirk & Hannah his wife – 1 horse, labourer & spinster at Jno. Granthams

George Harris & Nancy his wife – 1 horse, labourer & spinster at Swearengins Mill

James Willis and Polly his wife – labourer & spinster at Smithfield

Hamilton Forge – labourer at Swearengins Mill

Lucy Adams – spinster at J. Shauls

Sarah Cullember – spinster at S. field

Ephraim Adams – labourer at J. Shauls

Orange – 1 horse, labourer at McSherrys

Rachel Vanhorn – house maid at Jas. McCaughtrys

Mary Vanhorn – housekeeper at Smithfield

Jack Stump – 1 horse, blacksmith as Jos. Brooks

Old Curry – labourer above Washingtons

Benjamin Grimes – labourer at Hancy Millers

Samuel Grimes – labourer at Furnace

Winny – spinster at Jno. Marks

Harry – labourer at Joseph Hites

Ned Newton – labourer at Furnace

Charles Backus – labourer at Danl Eversoles

John Butler – labourer at H. Ferry

Joseph Grimes – labourer at P. Hoffmans

Moses Cubbins – at J. Striders

Charlotte – at J. Striders

Titus Gates & Nancy his wife – lab. & spinster at J. Striders

Sarah Grimes – spinster at J. Striders

Reuben Wood & Lucy his wife – 1 horse, lab. & spinster at Furnace

Samuel Blackburn – labourer at H. Ferry

Thomas Conn, his 2 sons & Airy Conn his wife – labs. & spinster at H. Ferry

John Conn – lab. at H. Ferry

Evans Briscoe – labourer at H. Striders

John Lantham - labourer at H. Striders

Tom Duckett – labourer at Striders

Loudon Higens & Lucy his wife – 2 horses, labourer & spinster at H. Ferry

Joseph Ween – labourer at Joseph Hites

Tully – labourer at L. Ranamus's

Gabriel Douglas – labourer at H. F.

Jeffy Corbile & Caty his wife – labourer & spinster at H. Ferry

Peter Manly – labourer at Jacob Allstott's

Dick – labourer at Jacob Allstott's

Winny – spinster at S. Town

Fanny – spinster at S. Town

James Banks – labourer at S. Melvins

Miles Wheeler – labourer at H. Ferry

Anna Owens – spinster at H. Ferry

Mary A. Cubbins – spinster at H. Ferry

Rebeckah A. Moudy – spinster at H. Ferry

Timothy – labourer at Jas. Young's

Rebeckah & her son Top – labourer & spinster at W. Bakers

Jefferson County, Virginia Personal Property Tax List
1813 Coaches, Carriages, etc.

1813 Coaches, Carriages, etc.

Fulton, James
Gibbins, Moses
Washington, Samuel
McPherson, Samuel
Washington, John T. A.
Roberdett, James
Randolph, Edward
Taylor, Bennett
Throckmorton, John
Flood, William P.
Crane, Joseph
Gantt, Henry
Gantt, Henry
Gantt, John
Lee, William
Muse, Margaret
Fairfax, Ferdinando
Saunders, John Sr.
Clipper, Frederick
Camron, William
Sinclair, John
Opia, Hiram
McSherry, Richard
Washington, Bushrod C.
Briscoe, John
Whiting, Beverly
Wood, Andrew
Baker, John
Morgan, Daniel
Dust, Valentine
More, Vincent

Wever, Adam
Able, John
Baylor, Richard
McMurran, Joseph
Orendorf, Henry
Verdier, James
Dandridge, Adam S.
Baker, Walter
Whiting, Francis
Bedinger, Daniel
Stubblefield, James
Line, Henry
Brooks, William
Morgan, Rawleigh
Hearsley, John
Motter, John
Moore, David
Williams, Samuel
Cook, Giles Jr.
Yates, John
Gibbs, Charles
Davis, Joseph W.
Slaughter, Smith
Brown, Thomas
Craighill, William P.
Humphreys, George W.
Lee, Robert C.
Straith, Alexander
O'Banion, John
Turner, Henry S.

1813 Grist & Saw Mills

Craghill, William P. – grist
Bond, Joseph's heirs – grist, saw
Haines, Daniel – grist
Slusher and Taylor – grist
McPherson, Samuel – grist
Beeler, Benjamin – grist
Heskett, Benjamin – saw
Lewis, John H. – grist, saw
Mussleman, Daniel – grist

Muse, Margaret – grist
Haines, John – grist, saw
Wilson, Thomas – grist
Wilson, Thomas lower mill – grist
Downey, John – grist, saw
Bell, Benjamin – grist
Vestal, William – grist
Smith, John – saw
Worthington, Robert – grist

Jefferson County, Virginia Personal Property Tax List
1813 Printing Presses, Tanyards, Ferries

Yontz, John – grist
Bilmire, Martin – grist, saw
Hoffman, David – grist
Shepherd, Abraham Sr. – grist, saw
Shepherd, Abraham Jr. – grist
Shepherd, Thomas – grist
Morgan, Rawleigh – grist, saw

Line, John – saw
Payton, John's heirs – grist, saw
Hall, John – grist
Beall, Thomas – grist
Strider, Isaac – grist
Wever, Adam – grist, saw
Roberts, William – saw

1813 Printing Presses, Tanyards, Ferries

Clarke & McSherry – tanyard
Humphreys, David – tanyard
Howell, Samuel – tanyard
Fairfax, Ferdinando – ferry
Wager, John – ferry

Line, Henry – tanyard
Motter, John – tanyard
Kearsley, John – tanyard
Williams, Richard – press

1813 Ordinary Licenses

Hanes, Henry
Fulton, Robert
Grubb, Curtis
Anderson, John
Price, Saml.
Moudy, Adam
Tabb, Thomas
Gilbert, Henry
Lock, John Jr.
Hanes, John Jr.
Robertson, John D.
James, Thomas

Walferd, Casper
Kenedy, Thos.
Staley, Danl.
Hartman, Jacob
McCance, Thos.
Conway John
Kensill, Jacob
Luis, Mary
Garnheart, Henry
Williamson, Basil
Welshonse, Catharine

1813 Store Licenses

France, Ann
Frame, Matthew
Humphrys & Keys
Gibbs, Charles
Wilson, Moses & son
Carlile, John
Lane, Willoughby W.
Stephenson, James
Brown, Thos. and Wm.
Daugherty, Partrick
Anderson, John

Stephenson, Wm.
Eaty, Sebastian
Fry, Danl.
Burnett, Thos. S.
Lane, Jas. S.
B. Worthington Cookus & Co.
Marmaduke, Pressly
Tool, Thomas
James Brown Brother & Co.
Humphreys, Roger
W. B. Selby & Swearingin

Other Heritage Books by Patricia B. Duncan:

1850 Fairfax County and Loudoun County, Virginia Slave Schedule

1850 Fauquier County, Virginia Slave Schedule

1860 Loudoun County, Virginia Slave Schedule

Clarke County, Virginia Death Register, 1853-1896, with Birth Records, 1855-1856, Entered on Death Register

Clarke County, Virginia Marriages, 1836-1886

Clarke County, Virginia Will Book Abstracts: Books A-I (1836-1904) and 1A-3C (1841-1913)

Fauquier County, Virginia, Birth Register, 1853-1880

Fauquier County, Virginia, Birth Register, 1881-1896

Fauquier County, Virginia, Marriage Register, 1854-1882

Fauquier County, Virginia, Marriage Register, 1883-1906

Fauquier County, Virginia Death Register, 1853-1896

Hunterdon County, New Jersey 1895 State Census, Part I: Alexandria-Junction

Hunterdon County, New Jersey 1895 State Census, Part II: Kingwood-West Amwell

Genealogical Abstracts from The Lambertville Press, *Lambertville, New Jersey: 4 November 1858 (Vol. 1, Number 1) to 30 October 1861 (Vol. 3, Number 155)*

Genealogical Abstracts from The Democratic Mirror *and* The Mirror, *1857-1879, Loudoun County, Virginia*

Genealogical Abstracts from The Mirror, *1880-1890, Loudoun County, Virginia*

Genealogical Abstracts from The Mirror, *1891-1899, Loudoun County, Virginia*

Genealogical Abstracts from The Mirror, *1900-1919, Loudoun County, Virginia*

Genealogical Abstracts from The Telephone, *1881-1888, Loudoun County, Virginia*

Genealogical Abstracts from The Telephone, *1889-1896, Loudoun County, Virginia*

Jefferson County, Virginia/West Virginia Death Records, 1853-1880

Jefferson County, West Virginia Death Records, 1881-1903

Jefferson County, Virginia 1802-1813 Personal Property Tax Lists

Jefferson County, Virginia 1814-1824 Personal Property Tax Lists

Jefferson County, Virginia 1825-1841 Personal Property Tax Lists

1810-1840 Loudoun County, Virginia Federal Population Census Index

1860 Loudoun County, Virginia Federal Population Census Index

1870 Loudoun County, Virginia Federal Population Census Index

Abstracts from Loudoun County, Virginia Guardian Accounts: Books A-H, 1759-1904

Abstracts of Loudoun County, Virginia Register of Free Negroes, 1844-1861

Index to Loudoun County, Virginia Land Deed Books A-Z, 1757-1800

Index to Loudoun County, Virginia Land Deed Books 2A-2M, 1800-1810

Index to Loudoun County, Virginia Land Deed Books 2N-2U, 1811-1817

Index to Loudoun County, Virginia Land Deed Books 2V-3D, 1817-1822

Index to Loudoun County, Virginia Land Deed Books 3E-3M, 1822-1826

Index to Loudoun County, Virginia Land Deed Books 3N-3V, 1826-1831

Index to Loudoun County, Virginia Land Deed Books 3W-4D, 1831-1835

Index to Loudoun County, Virginia Land Deed Books 4E-4N, 1835-1840

Index to Loudoun County, Virginia Land Deed Books 4O-4V, 1840-1846

Loudoun County, Virginia Birth Register, 1853-1879

Loudoun County, Virginia Birth Register, 1880-1896

Loudoun County, Virginia Clerks Probate Records Book 1 (1904-1921) and Book 2 (1922-1938)

(With Elizabeth R. Frain) *Loudoun County, Virginia Marriages after 1850, Volume 1, 1851-1880*

Loudoun County, Virginia 1800-1810 Personal Property Taxes

Loudoun County, Virginia 1826-1834 Personal Property Taxes

Loudoun County, Virginia Will Book Abstracts, Books A-Z, Dec. 1757-Jun. 1841

Loudoun County, Virginia Will Book Abstracts, Books 2A-3C, Jun. 1841-Dec. 1879 and Superior Court Books A and B, 1810-1888

Loudoun County, Virginia Will Book Index, 1757-1946

Genealogical Abstracts from The Brunswick Herald, *Brunswick, Maryland: Mar. 6 1891-Dec. 28 1894*

Genealogical Abstracts from The Brunswick Herald, *Brunswick, Maryland: Jan. 4 1895-Dec. 30 1898*

Genealogical Abstracts from The Brunswick Herald, *Brunswick, Maryland: Jan. 6 1899-Dec. 26 1902*

Genealogical Abstracts from The Brunswick Herald, *Brunswick, Maryland: Jan. 2 1903-June 29 1906*

Genealogical Abstracts from The Brunswick Herald, *Brunswick, Maryland: July 6 1906-Feb. 25 1910*

CD: *Loudoun County, Virginia Personal Property Tax List, 1782-1850*

www.ingramcontent.com/pod-product-compliance
Lightning Source LLC
Chambersburg PA
CBHW050802160426
43192CB00010B/1613